【1】炎帝（上）·黃帝（下）

中國同胞把兩位風馬牛不相及的頭目，硬認作祖先，自稱為「炎黃子孫」。嗚呼，自稱為「黃帝子孫」，還可原諒；自稱為「炎黃子孫」，就有點邪門，使人有一種「老爹何其多」之感。

（《中國一百帝王圖》，盧延光／繪圖．提供）

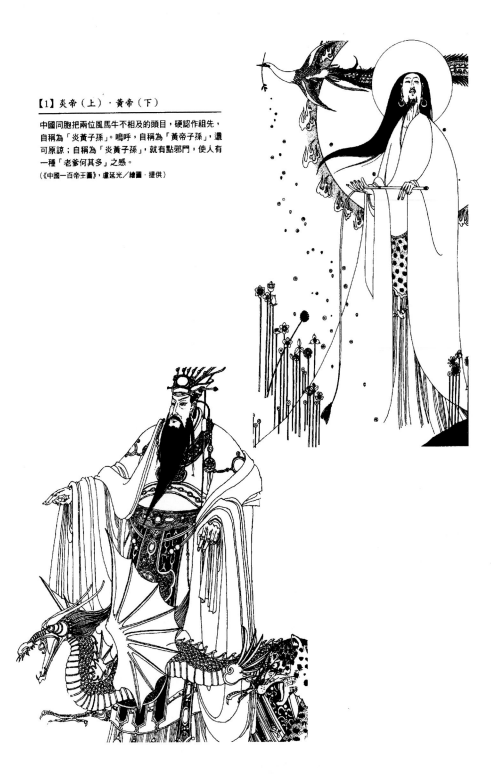

【2】伊祁放勳

伊祁放勳被後世尊稱為「堯帝」，堯帝者，好心腸的君王也，而好心腸的結果卻是家破人亡，死於至親的女婿毒手。

（《中國一百帝王圖》，盧延光／繪圖．提供）

【3】姚重華

姚重華先生被尊稱為「舜帝」，意思是仁慈的君王。他從一個山野窮苦農夫，攀登到中央政府高位，奪取政權，又被披上美麗的外衣，有一段童話般的歷程。

（《中國一百帝王圖》，盧延光／繪圖・提供）

【4】姒履癸

事實上，姒履癸先生跟姚重華先生，同樣不是好東西，不過姚重華先生的惡被掩蓋，姒履癸先生的惡被擴大，幸與不幸而已。

（《中國一百帝王圖》，盧延光／繪圖・提供）

子受辛先生被追稱為「紂帝」。紂，殘害忠良之意。跟姒履癸先生「桀帝」的「桀」字一樣。「桀」「紂」二字，從此成為萬惡不赦暴君的代名詞。

（《中國一百帝王圖》，盧延光／繪圖．提供）

【6】姬宮涅

姬宮涅先生是一個渾貨，卻因為一場烽火，死人千萬，連自己老命也都斷送，才聲名大噪。

（《中國一百帝王圖》，盧延光／繪圖．提供）

【7】羋槐

羋槐先生的才能既不能應付複雜的國際關係，又無力改革楚王國內部根深柢固的腐敗政治。再加上他貪心和愚昧，使他扮演的不僅是一個悲劇角色，更是一個令人失望的悲劇角色。

（《中國一百帝王圖》，盧延光／繪圖．提供）

【8】趙雍

趙雍先生跟羋槐先生，是同時代人物，下場同樣是一場悲劇。但羋槐先生，一輩子窩囊。而趙雍先生，卻是萬人崇拜的一代英雄。

(《中國一百帝王圖》，盧延光／繪圖・提供）

柏楊精選集

柏楊精選集

帝王之死．可怕的掘墓人．忘了他是誰（三版平裝本）

作　　者——柏　楊
總監暨總編輯——林馨琴
編　　輯——游奇惠
發 行 人——王榮文
出版發行——遠流出版事業股份有限公司
臺北市 104005 中山北路 1 段 11 號 13 樓
電話／2571-0297　　傳真／2571-0197
郵撥／0189456-1
著作權顧問——蕭雄淋律師
2016 年 2 月　二版一刷
2022 年 3 月　三版一刷
售價新台幣 380 元
（缺頁或破損的書，請寄回更換）

ISBN　978-957-32-7787-3

YLib 遠流博識網
http://www.ylib.com　　e-mail: ylib@ylib.com

帝王之死

可怕的掘墓人
忘了他是誰

帝王之死

可怕的掘墓人

第1集

《可怕的掘墓人》提要

李瑞騰

一九八三年，柏楊在《美洲中國時報》寫讀史專欄「帝王之死」，結集的第一本書便是《可怕的掘墓人》。

所謂「掘墓人」，柏楊在本書的〈序〉裏說：「有力量幹掉帝王的，只有帝王自己，也只有他才有資格充當可怕的掘墓人——掘他自己性命的墓，掘他自己王朝政權的墓，和掘百千萬別人的墓。」

專欄首四篇合成本書的〈引言〉，維持柏楊一貫的史觀及筆調，大體交代此一系列寫作的用意，特別說明他想探索帝王之死於非命的前因後果。這裏面最有趣的是柏楊提出炎（帝）、黃（帝）被中國人認爲是他們的祖先，此事「有點邪門」；而所謂的「王」就是英文的King，本書將從被稱爲「堯帝」的伊祁放勳開始談起，他們都是曾經擁有權位，最後卻不得善終的「王」。

第一集從黃帝時代到春秋時期，介紹了伊祁放勳（堯帝）、姚重華（舜帝）、姒相和后羿、寒浞、姒孔甲、姒履癸（桀帝）、子受辛（紂帝）、姬瑕（周昭王）、姬靖（周宣王）、姬宮涅（周幽王）、姬穨、姬帶、芈熊艱（杜敖）、芈熊惲（楚成王），柏楊不稱其「尊號」，皆直呼其名，但在每位帝王之前都做了一個小檔案，包括時代、王朝、綽號、在位、遭遇等五項，內文則大量使用古史文獻，夾敍夾議，說得我們如見其人，而各種敗亡之因果，亦昭然若揭了。

序

夫帝王之死，不比你我小民之死，而帝王復又死於非命，那就更他媽的嚴重。你我小民死啦，就是死啦，即令被人在黑巷子裏暗下毒手，或「被一位年輕丈夫一槍打死」，報紙上能刊出「無名男屍」新聞，就很體面矣。而帝王也者，如果也上演這種節目，恐怕就勢如山崩，絲毫不爽的引起百千萬人頭落地。所以，帝王死於非命，不僅關係他一個人，也關係百千萬人，甚至關係他身家所繫的王朝或政權。

小民赤條條來去無牽掛，一旦得罪了尾大不掉之輩，就人人得而「誅」之。帝王老爺不然，他們像一個嚴重的傳染病患者，生活在刀槍劍戟構成的嚴密保護罩之下，不要說照他御肚上捅刀子，縱是見他一面，都難如上天。結果竟然勢同豬狗，被殺被宰，其中一定有非凡的奧祕。這奧祕探討起來也稀鬆平常，蓋任何人都沒有力量幹掉一個帝王，有力量幹掉帝王的，只有帝王自己，也只有他才有資格充當可怕的掘墓人——掘他自己性命的墓，掘他自己王朝政權的墓，和掘百千萬別人的墓。當他閣下掘得起勁時，興高采烈，意氣軒昂，誰都阻擋不住。膽敢有人阻擋，勸他兩句，諫他兩聲：「老哥，別掘啦！」景觀可是大銀幕的，他會立刻翻臉，口中唸唸有詞，嗖的一聲，鐵帽祭出。於是，忠臣義士，入獄的入獄，殺頭的殺頭。

在政治掛帥下，中國史書成爲詐欺大本營。遇到帝王老爺們哎喲哎喲，端不起嘴臉，栽倒在地時，總是「諱」個沒完。或語焉不詳，或根本成了沒嘴葫蘆，把人氣得吐血。嗚呼，要想中國現代化成功，第一件事應該是砸碎政治掛帥的枷鎖，先使史蹟顯示出來眞正面目。這是一個開端，用它訓練我們的思考，思考他爲啥有那麼一天，思考他爲啥恐懼大家知道眞相？柏楊先生只希望藉着不斷的報導，使漿糊的一代早日死光，下一代起，將是思考的一代。孫觀漢先生曰：「尊重事實。」中國人必須有能力、有膽量說眞心話、說老實話，洗清塗抹在事實頭上身上的任何東西，不管它是汚垢，或是脂粉。

因之，當設在紐約的中國時報美洲版，要我寫稿時，我就大喜以應。最初每天一千字，後來自動膨脹，每天一千五百字。寫着寫着，三個月下來，已寫了十萬字左右，時間從紀元前二十四世紀到紀元前七世紀——黃帝王朝到春秋時代，可出版一集矣。讀者老爺眞是三生有幸，可以看到史蹟眞相。如果換了從前，作者不是坐牢，就是屠滅三族，我固然倒楣，貴閣下也就沒有這份福氣。念及至此，你如果再不猛買，還有天理良心，國法人情乎哉。

是爲序。

柏楊　一九八三年五月十二日於台北

《可怕的掘墓人》目錄

姚重華

第1集

引言

四個時代

中國歷史，可分為四個時代，曰：神話時代、傳說時代、半信史時代、信史時代。

每個民族都有關於開天闢地的神話，中國人的神話是：一個沒有人知道從哪裏來的盤古先生，忽然大怒，巨斧一劈，宇宙被攔腰劈開，清清上昇者為天，濁濁下降者為地，而他閣下，就是中國人的祖先。

神話時代當然雲天霧地，信口開河。話說：盤古先生翹了辮子之後，「三皇」出焉。「皇」就是神，神就是「皇」。有天皇、有地皇、有人皇，他們的壽命教人張口結舌。蓋不活則已，一活就以一萬年為單位。不過史書上的話好像嘴裏塞滿了乾屎橛，有點口齒不清，並沒有肯定的說他們「活」一萬年，而只含糊的說「有天下」一萬年。「有天下」可以解釋為他們自身當頭目，一當就是一萬年，也可以解釋為他這個部落組成的中央政府，控制全國一萬年。反正他們既然是神，當然花樣百出，怎麼解釋都行。「三皇」了賬，「五氏」順序登場，曰：有巢氏、燧人氏、伏羲氏、女媧氏、神農氏。「氏」的意義已不再是神，而是部落，五位先生的神性隨着時間而遞減。可是，遞減雖然遞減，卻沒有完全泯滅，所以仍屬半仙之體——像神農氏，他閣下遍嚐百草，竟然沒有中毒。

神話時代過去後，接着是傳說時代，歷史從天上返回人間，神性已衰退殆盡，人性栩栩如生。中國的傳說時代，就是黃帝王朝（黃帝王朝這個名稱，可是我閣下給他起的，只是為了總括方便，並非別有居心，請勿扣帽），擁有七個頭目：姬軒轅、姬己摯、姬顓頊、姬㚤、姬摯、伊祁放勳、姚重華，至少其中三位的名字響叮噹和叮噹響，受過小學堂教育的中國人，或對中國文化稍微有點深入接觸的洋大人，提起該三位的尊姓大名——姬軒轅、伊祁放勳，和姚重華，無不如雷貫耳。而就在這個傳說時代——自紀元前二十七世紀到紀元前二十三世紀，五百年間，他們不再稱「皇」稱「氏」，而改稱「帝」。「帝」是純人性的，不要說不能開天闢地，連壽命也納入正軌，以黃帝姬軒轅先生之尊，也不過活了一百零一歲。

七位頭目相互間的關係，十分散漫，這不能怪史書糊塗，他們既然是傳說時代的產物，當然無法如數家珍，有個大致的輪廓，已經難能可貴矣。從史記上可看出來，用那麼一星點的資料，來塡補五百年漫長時光，也只有司馬遷先生這位中國史學之父，有此功力。

有點邪門

盤古先生明明是中國人的祖先，史書俱在，白紙印黑字。可是中國同胞似乎不買他閣下的賬，反而一口咬定祖先是黃帝姬軒轅先生，拍胸脯曰：「俺可是黃帝子孫。」把盤古先生一腳踢到陰山背後。盤古先生既沒有爲當時新開的世界帶來災難，也沒有做過使後世臉上蒙羞的糗事，卻落得如此下場，教人百思不得其解。

——中國人除了一口咬定黃帝姬軒轅先生是祖先外，有時候還來個三級跳，一口咬定被稱爲炎帝的神農氏先生，也是祖先。問題是，姬軒轅先生和神農氏先生之間，根本沒有血緣關係，不但沒有血緣關係，而且兩大部落，還一直纏鬥不休，直到紀元前二十七世紀末葉，神農氏先生的八世孫榆罔先生，才罩不住，被姬軒轅強大的有熊兵團，打得落花流水。最後在阪泉（河南省扶溝縣）作最後決鬥，三戰三敗，徹底瓦解。榆罔先生的下落，史書沒有交代，可能逃之夭夭，再不敢露面，也可能一塊石頭砸下去，腦漿迸裂。那時候似乎仍在石器時代，大刀長槍還沒有出籠。

——中國同胞把這兩位風馬牛不相及的頭目，硬認作祖先，自稱爲「炎黃子孫」。嗚呼，自稱爲「黃帝子孫」，還可原諒；自稱爲「炎黃子孫」，就有點邪門，使人有一種「老爹何其多」之感。其中道理如何，有考據癖的朋友，應該考據考據，查查民族的根，究在何處。

——考據這玩藝，在中國歷史上佔重要地位。自從十七世紀清王朝屢次大興文字獄，殺人如麻，血流成河之後，文化人心膽俱裂。寫吧，隨時有被幹掉的危險；不寫吧，文化人除了寫之外，還能幹啥？不但心癢，手也很癢；千挑萬選，終於發現鑽到故紙堆裏最爲安全。三百年來，東抄抄、西抄抄、左引證、右引證，遂自誇爲史學的主流。於是，只要抄得多，引得廣，就能把人唬得心服口服，認爲這才是天下第一等學問。——我們並不是看不起考據，但專門搞考據的卻只能算二流貨色，只會在資料裏翻觔斗打滾。沒有一個歷史學家不懂考據，蓋考據就是判斷史料眞僞。可是僅只搞考據，卻並不是史學。猶如僅只會挖散兵坑，不見得會指揮大軍作戰一樣。

好啦，拉得太遠，快拉到外太空啦。撥轉馬頭，回到本題。中國同胞所以拒絕盤古先生當老祖宗，可能因爲盤古先生在民間傳說中出現得較晚之故。大概三世紀前後，他閣下才冒出來。而此時，「黃帝」姬軒轅先生，在歷史上留名已久矣。盤古先生以後起之秀，要爬到前人頭上，雖然用盡了吃奶力氣，仍不能佔絕對優勢。

王就是King

傳說時代過去後，到了紀元前二十二世紀，中國進入半信史時代。

半信史時代，並非是所有的史跡，絕對的一半可信，一半不可信，而只是說有些史跡確實可信。這個時代約有一千四百年，包括夏王朝、商王朝，以及周王朝初期，也就是史書上所稱的「三代」——三個古色古香的王朝。在這三個古色古香的王朝之中，夏商兩個王朝，繼承黃帝王朝的稱呼，頭目仍叫「帝」，不過另外創造了一些花草，那就是頭目死後，再給他一個特別的稱呼，也就是「廟號」和「尊號」。蓋死鬼頭目一旦埋葬在荒郊野外，那時候既沒有汽車火車，甚至連個腳踏車摩托車也沒有，全靠兩條腿走路，實在地角天涯。爲了投機取巧，聰明的聖人發明了廟祭之舉，就在城市之中，給死鬼頭目蓋上一座大廟——大廟不叫大廟，而叫太廟，以示與普通大廟不同；裏面擺上死鬼頭目的木刻牌位，過年過節或其他祭祀的大日子，就不必忽咚忽咚跑到野外；只兩步路就到了該廟，生死兩利，皆大歡喜。可是，死鬼頭目越來越多，太廟像春雨後的狗屎苔一樣，林林總總。如果不加以特別標幟，就分不清誰是張三，誰是李四，誰是王二麻子矣。於是乎，到了紀元前十三世紀的商王朝第二十三任帝子武丁先生挺屍之後，就在他的太廟門框上，掛起「高宗」招牌。這是一個創舉，不久就像痲瘋病一樣，猛烈的傳染起來，成爲中國帝王政治下，死鬼頭目們的特徵之一。拜讀中國所有史書，除了我老人家柏楊先生的中國人史綱外，無不被這種無聊的「廟號」和周王朝興起的「尊號」，累得鼻涕橫流，而這都是半信史時代種下的禍根。

另一項變異，發生在紀元前十二世紀末期，那時候周王朝興起，頭目不再稱「帝」，改稱爲「王」。周王朝的「王」，官文書正式用語是「天王」，也就是「國王」。天王、國王，英文裏的 King 也。本書帝王之死中的「王」，就是指這一類的「王」。

信史時代起自紀元前八世紀七〇年代・前七二二年，中國歷史開始有正式的文字記載，從那一年起，直到今天，發生的大事，或被認爲是大事的小事，一樁樁，一件件，都寫在竹簡上或白紙上。所謂「信史」，並不保證字字都可信。政治掛帥傳統下，謊話多如驢毛。我們只是說，從那一年起，中國歷史已有文字記載。

王不是King

信史時代最早的一項改變，發生在紀元前三世紀七〇年代・前二二一年，秦王國國王嬴政先生，統一中國，忽然發現「皇」「氏」「王」「帝」等單音單字，不足以顯示他閣下的蓋世武功。就重新設計，另行開張，自稱「皇帝」。這是「皇」「帝」二字第一次結合，也是從此之後再不分離的結合。「王」的關係位置，也跟着有新的詮釋。

第一、當中國分裂，獨立政權紛紛崛起之際，誰也不服誰，誰也管不了誰，互相間打得天昏地暗。獨立政權的頭目，各以勢力的強弱大小，來決定自己的頭銜。兵強將廣的，仍以「帝國」的「皇帝」自居；瞧瞧自己的攤子沒啥了不起的，只好委屈求全，自甘墮落的當「王國」的「國王」，以示距皇帝寶座，還差一截。像大分裂時代的晉帝國焉，北魏帝國焉，頭目都稱皇帝，乃屬自命不凡之輩；西秦王國焉，北涼王國焉，則偈促一隅，頭目自顧形慚，姑且稱「王」自娛。不過，雖然偈促一隅，自顧形慚，他們可是自己當家作主，不聽別人吆喝，所以仍然是King。

第二、當中國統一，只有一個中央政府時，頭目都繼承嬴政先生的一套，一律「皇帝」無誤，沒有一個例外。此時的「王」，便非昔時的「王」。有「國王」焉，封建采邑的頭目也。有「親王」焉，皇家血統，皇帝的伯叔子侄也。有「封王」焉，與皇家血統無關，跟皇帝也不同姓，靠着對國家的貢獻，或靠着對皇帝的馬屁功，博得高位的人物也。這三種「王」，可不是King，只不過一個爵位罷了。在本書中，沒他們的份。

從黃帝姬軒轅先生起，到最末一個帝王愛新覺羅溥儀先生——這個可憐的傢伙止，也就是從紀元前二六九八年，到紀元後一九四五年止，共四六四三年間。中國共出現了八十三個像樣的或不像樣的，長命的或短命的王朝。也共有五五九個像樣的或不像樣的，長命的或短命的帝王，包括三九七個「帝」「皇帝」，和一六二個「國王」King。這個數字是柏楊先生努力坐牢時，專心統計出來的。不過我並不堅持，如果有算術考過第一名的朋友，能夠重新算上一算，那才是定論。在這五五九個稱帝稱王的頭目之中，粗略的估計，約有三分之一左右，死於非命。不是因疾病的緣故，在床上斷了氣；而是被絞死，被餓死，肚子上被戳個洞，等等手法，一命歸陰。很少頭目在慘死時候，仍能保持他們活着時的威儀。大多數都如豬如狗，醜態畢露。我們就針對這三分之一左右的帝王，一一研究，尋覓他們死於非命的來龍去脈，探討所以死於非命的的前因後果，看看其中眞相。嗚呼，每一樁凶殺案都是一幕悲劇；而把帝王幹掉的凶殺，除了是一幕悲劇，還是一首悲歌。它包涵了太多的音符，人性的和獸性的，人權的和官權的，智慧的和愚昧的，供人沉思。

現在，我們從被稱爲「堯帝」的伊祁放勳開始。

伊祁放勳

時代　紀元前二十四世紀四〇年代—紀元前二十三世紀四〇年代
王朝　黃帝王朝第六任帝
綽號　堯帝
在位　一百年（前二三五七—前二二五八）
遭遇　囚死

雪白的羔羊

傳說時代的黃帝王朝，是一個奇異的政治結構。雖然它只是一個傳說時代，可是後世白紙寫黑字，追述上古的這些傳說，卻咬定牙關，言之確鑿。像王朝的開山老祖黃帝姬軒轅先生，雖然身屬人體，卻有觀世音菩薩和赤腳大仙的神通，不但推翻了「五氏」中最後一「氏」神農氏先生子孫政權，還跟當時最強大的敵人、苗族蚩尤部落對抗。蚩尤部落的巫法師，口中唸唸有詞，立刻大霧迷茫，姬軒轅先生就發明指南車，一場大戰下來，把蚩尤先生捉住，砍下尊頭，從此奠定了王朝的基礎，並被中華民族尊為祖先。

——盤古先生固然被一棒揮出界外，就是姬軒轅先生的列祖列宗，也被一棒揮出界外，好像姬軒轅先生跟孫悟空先生一樣，都是從石頭縫裏跳出來的。看情形，盤古類似耶和華，而姬軒轅類似亞伯拉罕。只是盤古先生運氣較差，屁股沒坐上「上帝」寶座。

黃帝王朝共有七個君王，都有血緣關係，第一任君王黃帝姬軒轅先生，無人不知，無人不曉。第二任君王姬己摯，是姬軒轅先生的兒子。第三任君王姬顓頊，是姬軒轅先生的孫子。第四任君王姬夋，是姬軒轅先生的曾孫。第五任君王姬摯，是姬軒轅先生的重孫。

上述五位頭目，除了姬軒轅先生威不可當外——數年之前，台北出現了軒轅教，姬軒轅先生除了扮演亞伯拉罕角色，也扮演耶穌角色。其他四位老哥，實在沒啥，一個比一個沒沒無聞，歷史上毫無地位

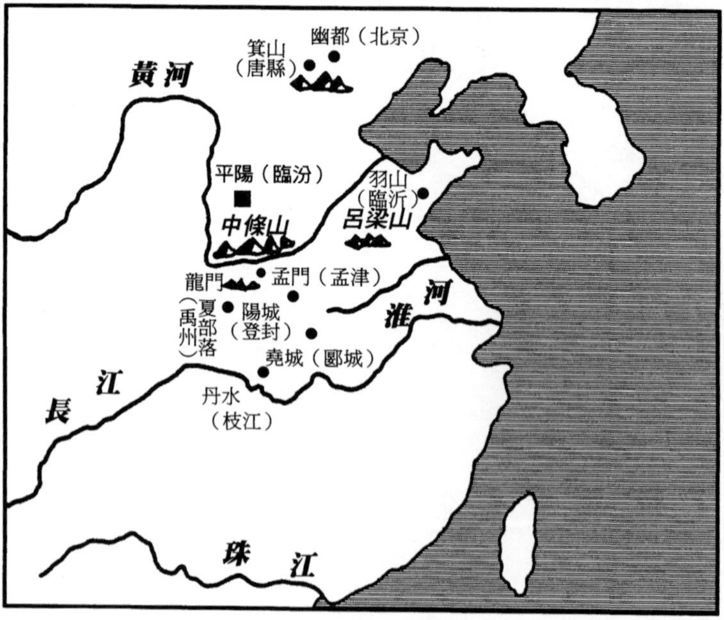

。一直等到紀元前二三五七年，第六任君王堯帝伊祁放勳先生登場，接着第七任君王舜帝姚重華先生登場，才忽然間鑼鼓喧天，大鬧特鬧。所謂大鬧特鬧，一方面是他們在當時的政治舞台上親身鬧；一方面是後世儒家系統史學家替他們鬧。政治舞台上鬧，我們馬上就要揭起蒙頭紗，讓讀者老爺瞧瞧眞實面目。至於儒家系統史學家鬧，情節離奇，他們把這兩位頭目在位期間（前二三五七—前二二〇八）的日子，一百五十年間，稱爲「堯天舜日」「堯舜時代」，把他們兩位美化得像兩隻雪白的小綿羊。

攀梯爬天

伊祁放勳先生是黃帝王朝第四任君王姬嚳先生的兒子，第五任君王姬摯先生的弟弟。姬摯先生的下場很糟，史書上說他：「荒淫無度，不修善政」，如何荒淫無度？以及如何不修善政？因沒有片字記載，所以我們無法深究。反正是，他於前二三六七年即位，到了前二三五八年，各部落酋長，也就是所謂「諸侯」，就把他趕下寶座。他的下落不明，死的可能性當然有，但也可能饒他一命，然後把他的弟弟，也就是本文的男主角伊祁放勳先生，擐弄上台，成爲黃帝王朝第六任君王，天下共主。

伊祁放勳先生老爹姓「姬」，他閣下卻忽然姓了「伊祁」，現代人不容易了解，常聽有些大爺傲然曰：「老子我，行不改名，坐不改姓。」表示是一條英雄好漢，可是古時候改名改姓，卻稀鬆平常。嗚呼，古時之人也，尤其是小民，根本沒有姓，只有貴族才有姓，「姓」好像現代「官銜」，你閣下如果是個失業群眾或待業青年，在名片上你就不能印上表示你職位的頭銜，對方拿了你的名片一瞧，雖然知道你姓甚名誰，卻不知道你是何方神聖？幹啥勾當？

貴族有姓，小民無姓。貴族不愁吃不愁穿，中國又是多妻的國度（這種多妻制度的男性樂園的傳統文化，被一些居心叵測的自由派人士，把它的命革掉，使人痛心），閒着沒事，就猛生孩子，孩子又猛生孩子，不久滿坑滿谷。爲了辨識，有些孩子被大權在握的傢伙，賞賜給他一個姓，有些孩子則索性自己爲自己起一個姓。

伊祁放勳先生的爹雖然姓「姬」，他卻姓「伊祁」，是別人爲他起的？或是自己起的？爲啥姓「伊祁」，而不姓別的？史書上沒有提及。只有一本書上說，「伊祁」是他娘的姓，可是凡介紹他娘慶都女士時，從沒有人交代過她的來歷。其實這種發展，我們知不知道都沒關係，只要知道他閣下改了姓，姓「伊祁」就行啦。

伊祁放勳先生的娘慶都女士，懷胎十四個月才生下他（這表示他不同凡品，儒家系統史學家最喜歡敎這類傢伙不同凡品）。十五歲的時候，身高十尺。老哥姬摯先生封他爲侯爵（唐侯），率領他所分到的聚落群和牛馬群，駐屯平陽（山西省臨汾市）。二十歲那年，繼承他老哥的寶座。別瞧不起這個平凡的毛頭小伙，史書上對他的讚美之詞，三座樓房都裝不下。

帝王世紀曰：

「（伊祁放勳）小時常夢見攀着梯子往天上爬，所以二十歲就登上帝位（柏老按：他閣下可是中國歷史上第一個『亂做春夢』的君王，以後大家紛紛跟進）。巫法師告訴他，他是『烈火命運』，不同於哥哥『樹木命運』，所以他的部落，駐屯平陽。」

聖人不是聖人

帝王世紀續曰：

「伊祁放勳定都平陽之後，在中央政府門前，設置一面大鼓，凡對政治缺點提出建議的人，都可擂鼓要求改革，於是全國一片昇平。伊祁放勳指派重臣羲和的四個能幹的兒子：羲仲、羲叔、和仲、和叔。分別擔任四個軍區的司令官。遠在南方的苗部落，不接受政府命令，伊祁放勳派軍攻打，在丹水（湖北省枝城市）大獲全勝，苗部落屈服。遂任命尹壽、許由二人，擔任宰相（師）。又指派大臣伯夔，訪問山川谿谷，諦聽風聲水聲，制定音樂六篇。於是，全國和睦，天下太平。」

這一段的原文，抄在下面，供讀者老爺參考。

——以後遇到這種情形，我們都援例如此這般。蓋照抄原文，有兩大妙。一妙是：亮出老根，以示字字有來歷。儒家學派崇古成癖，非字字有來歷，便不足以把他唬得一楞一楞的。二妙是：文章是算字數給銀子的，字數越多，銀子也越多。抄上一段，尚不覺有何不同，不斷猛抄，成績就必然可觀矣。這就跟台北電視上的「連續劇」一樣，能拖就拖，不必經過大腦，卻能使人起敬起畏，實在窩心。

帝王世紀原文曰：

「帝堯（伊祁放勳），陶唐氏，祁姓也（柏老按：這裏又姓了祁），母曰慶都，孕十四月而生堯（伊祁放勳）於丹陵（不知何處），名曰放勳，或從母姓伊祁氏。年十五而佐帝摯（姬摯）。授封於唐（山西省霍縣）為諸侯。身長十尺，常夢攀天而上之，故年二十而登帝位，以火承木，都平陽。置敢諫之鼓，天下大和。命羲和四子：羲仲、羲叔、和仲、和叔，分掌四嶽。諸侯有苗氏，處南蠻而不服，堯（伊祁放勳）征而克之於丹水之浦，乃以尹壽、許由為師。命伯夔訪山川谿谷之音，作樂六章，天下大和，百姓無事。」

帝王世紀對伊祁放勳先生的讚揚，不過是普通的讚揚。到了通鑑外紀，作者簡直蠢血沸騰，五體投地，曰：

「（伊祁放勳）建都平陽（山西省臨汾市），喜愛白色，祭祀時，把白玉放到白綢緞上奉獻。生活十分儉樸，草屋上的草，都不修剪。房簷下的樑柱，都保持原狀，不加刀削。副樑之間，連承受茅草的細椽都省掉。車輛簡陋，不雕刻，也不油漆。飯桌上的葡萄，僅夠自己下肚。飲食簡單，不計較滋味調和。五穀雜糧，從不挑剔。樹葉豆葉，都用來下嚥。飯都裝在陶器的碗盆之上，盛水都用瓦罐。不帶任何手飾，既不睡柔軟床舖，也不蓋錦緞繡花被。對稀奇古怪的東西，看都不看。對引人入勝的寶物，也不瞧一眼。柔情蜜意的音樂，從不入耳。政府和宮廷建築，一仍本色，毫不裝飾……」

譯到這裏，不由得嘆一口氣，如果所說屬實，伊祁放勳先生把自己苦成這個樣子，活着實在沒啥意思。在儒家學派要求下，聖人不是聖人，而是一塊木頭。

吸塵器

通鑑外紀續曰：

「（伊祁放勳）夏天只穿布衣服，冬天只穿一件鹿皮襖，不等到全部稀爛，絕不換新。他閣下不因爲自己的利益，去差遣小民做事，妨礙他們的耕作。對忠正守法的官員，予以升遷。對廉潔愛民的官員，提高待遇。小民中有孝順父母，努力耕田種桑的，予以表揚。制定公平嚴正的法律規章，對詐欺虛僞，厲行禁止。對失去父母的孤兒，失去丈夫的寡婦，由國家維持他們的生活。對遭到天災人禍的家庭，由政府救濟。伊祁放勳生活十分簡單，加到小民身上的賦稅和差役，寥寥無幾。他閣下去各地方觀察，西到山西省南部，教育沃土上的民眾；東到山東省中部，教育黑齒部落，一心要把國家治理強大。關心社會，一個小民飢，則曰：『是我使他挨餓。』一個小民受凍，則曰：『是我使他受冷。』一個小民有罪，則曰：『是我害了他。』全國人民擁護他，把他當做天上的太陽，地上的父母。他的道德仁義，籠罩天下，發出強烈的感召。所以，不必有任何獎勵，小民自然勤奮。不必有任何懲罰，小民自然井井有條。伊祁放勳的手段是，懷着寬恕仁厚之心教化小民，不單靠刑罰。」

原文是：

「帝堯（伊祁放勳），帝嚳（姬夋）之子，年十五，長十尺。佐兄摯（姬摯）受封唐侯，姓伊祁，號陶唐，都平陽（山西省臨汾市）。尚白，薦玉以白繒，茅茨不剪，樸桷不斲，素題不枅，大路不畫，越席不緣，大羹不和，粢食不鑿，藜藿之羹，飯於土簋（簋，音guǐ【鬼】），飲於土鉶，金銀珠玉不飾，錦繡文綺不展，奇怪異物不視，玩好之器不寶，淫役之樂不聽，宮垣室屋不堊色，布衣揜形，鹿裘御寒，衣履不敝盡不更爲也。不以私曲之故，害耕稼之時。吏忠正奉法者尊其位，廉貞平絜愛民者厚其祿，民有孝慈力耕桑者，遣使表其閭。正法度，禁詐僞。存養孤寡，賑亡禍之家。自奉甚薄，賦役甚寡，巡狩行教，周流五嶽。西教沃民，東至黑齒。存心於天下，加志於窮民。一民飢，則曰我飢之也。一人寒，則曰我寒之也。一民有罪，則曰我陷之也。百姓戴之如日月，親之如父母，仁昭而義立，德博而化廣。故不賞而民勸，不罰而民治，先恕而後教，單均刑法以儀民。」

通鑑外紀的作者劉恕先生，像一個吸塵器似的，把散見於各種古籍，如左傳、三統記、尚書註、史記、淮南子、六韜、說苑等等，凡是往伊祁放勳先生臉上抹粉貼金的話，全吸到口袋之中，傾到書籍之上。

孔丘熱情如火

中國歷史上的君王，受到傾盆大雨式讚美的，只有兩人，其中之一是我們將要介紹的姚重華先生，另一就是本文的男主角伊祁放勳。這位紀元前二十四世紀，被稱爲「天下共主」的國家元首，事實上不過是一個力量強大的部落酋長，他那鬆懈的政治組織，似乎連雛形的政府都談不上，只是一個大村落裏的一個大莊院而已。然而，他比任何君王都吉星高照，諺云：「來得早，不如來得巧。」伊祁放勳先生既來得早，而又來得巧，他閣下在位時，窩窩囊囊的醜事，馬尾巴提豆腐，根本提不起來，想不到一千五百年後，時來運轉，到了紀元前八世紀，儒家學派開山老祖孔丘先生，目睹當時亂糟糟兼糟糟亂的社會，芳心大急，他雖然沒有能力像耶穌先生一樣，提出一個嶄新的，和前瞻性的理想，但他卻把全副精力用在「托古改制」上。西洋學術總是向前看的，中國卻恰恰相反，「千萬情絲捨不得，一步一回首」，恨不得扭身狂奔，奔到「古」洞穴，一頭栽到「古」懷裏，與「古」白頭偕老，共存共亡。

於是，忽然之間，伊祁放勳先生和姚重華先生，被隆重選中，一條又僵又冷的死蟲，經過孔丘先生吹口仙氣，立刻變成了花蝴蝶。論語——孔丘先生語錄，對伊祁放勳先生，就來一個霸王硬上弓，不由分說，連珠而出：

「大哉，堯（伊祁放勳）之爲君也，巍巍乎唯天爲大，唯堯（伊祁放勳）則之。蕩蕩乎民無能名焉，巍巍乎其有成功也，煥乎其有文章。」

譯成現代語文，就是：

「偉大呀，伊祁放勳當了君王！高高在上呀，誰都沒有『天』那麼大，只有伊祁放勳可比。無邊無涯呀，小民說不出它叫啥名堂。到了最後，光芒四射，只有伊祁放勳有那麼多的貢獻，有那麼美的品德。」

論語是一部性質平實的儒家學派經典，孔丘先生更是一位世故的老頭——老頭未必一定世故，世故也未必一定是老頭，而世故更不一定就是老奸巨滑。柏楊先生年紀越老，越忍受不了醬缸產物：鄉愿、孑孓、醬缸蛆、醬蘿蔔、變形蟲、順調份子、溫柔敦厚的法利賽人。見了這種玩藝，我就火發三丈、鼻孔冒煙。以致醬缸系統紛起反擊，給我老人家上尊號曰：「老三八」「十三點」，以及「神經病」；還有些政治性的尊號和大批鐵帽，往頭上猛扣，每一頂都可使人腦漿迸裂。孔丘先生可是老老實實，從不說一句激情的話，縱然發誓賭咒，也文質彬彬：「天厭之，天厭之。」不像我老人家，動輒髒話出籠。然而，孔丘先生一遇到伊祁放勳先生和姚重華先生，就情不自禁。大戴禮上，當宰我先生向他打聽伊祁放勳先生身世時，孔丘先生熱情如火，號曰：

「其仁如天，其智如神。就之如日，望之如雲。富而不驕，貴而不豫。」

譯成現代語文，就更可觀：

「他（伊祁放勳）的愛心像天一樣大，他的智慧像神一樣靈，跟他接近，就好像跟春天的太陽接近，感到溫馨。看到他就好像看到天上的雲，莫測高深。他地位崇高，卻不端架子。身價尊貴，卻平易近人。」

孔丘先生因為從沒有激情過，所以他不是一個詩人。可是拜讀了這一段對伊祁放勳先生的讚詞，不由大吃一驚。看樣子孔丘先生不但是一個詩人，還是一位唱「蓮花落」的高手。這種如醉如癡的詩句，連莊周先生和孟軻先生都被感動得情不自禁，跟着他無理取鬧。

天下大旱

孔丘先生對伊祁放勳先生的讚詞，只是為後世君王——或其他名稱的政治頭目，提供一個行為標準。同時，孔丘先生也代表小民心聲，盼望最高掌權的傢伙，最好如此這般。

——偏偏的，後世君王的表現，使孔丘先生和儒家學派垂頭喪氣。嗚呼，「愛心」「智慧」固然很難，縱是「不端架子」「平易近人」，也不容易。這是人性弱點，只有民主、自由、平等、法治，才能達到那種境界。因為民主、自由、平等、法治，專醫政治上的濾過性病毒。西洋哲人早鑒及此，中國哲人則獨缺這種大腦。孔丘先生只提供了「想當年」的思古幽情，卻沒有為我們繪出未來的藍圖，依儒家學派看，最好的未來，就是過去。

情緒不能代替理性，詩篇不能代替事實。事實是，伊祁放勳先生在位的一百年間——真正掌握權柄的日子，只有六十年。六十年中，中國充滿了大苦大難。

第一個大苦大難是旱災。現代科學進步，灌溉發達，偶爾堤壩崩潰，水災倒是有的，旱災在現代化國家中，因灌溉系統發達，已很少再見。水災和旱災最大的不同是，水災的面積小，只限於堤壩崩潰下游的有限城鎮鄉野。旱災就不這麼小家子氣啦，不來則已，一來就是赤地千里，餓殍遍地，尤其是「大旱之後，必有凶年」，情況更慘。

——提起旱災，我老人家可是學人專家兼專家學人，年輕人已沒有我這種龐大學問矣。記憶中最近的一次大旱，發生在對日抗戰中期一九四〇年代末期，河南省那些大學堂的女學生，一個個千嬌百媚，學富五車，躑躅在街頭或車站，拉着開拔的軍爺，泣曰：「救救我，帶我走，就給你當小老婆！」

水災易去，旱災難熬。旱災跟世界性的經濟衰退一樣，不開始則已，一開始就以「年」爲單位，慢慢謀殺。

就在伊祁放勳先生當權期間，中國大旱。

又有大水

大旱是因爲不下雨，不下雨是因爲太陽太烈，雲不能聚。太陽太烈是因爲當時並不只有一個太陽，而是有十個太陽。無論十個太陽是親如兄弟，一齊懸掛高空；還是來一個車輪戰，魚貫上陣，結論都是一樣。

淮南子透露小民的慘境，曰：

「十日並出，焦禾稼，殺草木，而民無所食。猰貐（食人怪獸）、鑿齒（長牙怪獸）、九嬰（水怪）、大風（壞人屋舍的妖精）、封豨（野豬）、修蛇（毒蟒），皆爲民害。堯（伊祁放勳）乃使羿（華羿）誅鑿齒（長牙怪獸）於疇華之野，殺九嬰（水怪）於凶水之上，繳（阻擋）大風（壞人屋舍的妖精）於青丘之澤。上射十日而下殺猰貐（食人怪獸），斷修蛇（毒蟒）於洞庭，擒封豨（野豬）於桑林，萬民皆喜。」

上述的災害，以十個太陽最爲嚴重。從書上記載，可看出華羿（羿，音 yì【亦】）先生是人類有史以來最偉大的神射手，當十個太陽把世界烤得幾乎成了一團火炭，「焦禾稼，殺草木，而民無所食」，大饑饉已經形成時，華羿先生奉命要幹掉九個（這故事一直流傳下來，直到二十世紀二〇年代，遇到久旱不雨，太陽天天升空，有些地方軍閥大怒，還用大炮向它閣下猛轟，希望它心驚膽戰，躲到家裏一天兩天，讓海龍王露露臉，降點甘霖）。華羿先生不負交付給他的任務，眞的射下來九個。每一次，他一箭中的，一個太陽就氣絕身死，忽咚一聲，掉將下來，跑近一看，卻變成了一隻烏鴉。九個太陽，成了九隻烏鴉，當然是九隻死烏鴉。

——請讀者老爺注意華羿先生，他跟四百年後，紀元前二十世紀，夏王朝第六任君王后羿先生，可不是一個人。不過他們的神射武功，卻完全一樣。

——中國文學作品上，把太陽稱爲「金烏」，淵源於此。「金」只是形容詞，形容太陽的尊貴。

第二個大苦大難是水災。旱災發生的年代，史書上沒有說明；水災卻記載得淸淸楚楚，是從紀元前二二九七年開始的。比較起來，旱災面積雖大而水災面積雖小，不過，黃帝王朝時的中國版圖，不過現代版圖的百分之一，像一顆橫放的落花生一樣，壓在黃河中游地區。頭枕山西省南部，尾置山東省中部。一旦大水爲禍，因全國面積太小，所以到處都是一片汪洋。

——後來，中國版圖不斷擴張，「全國」的意義也跟着不斷擴張，黃帝王朝時，從首都到最南方邊境，不過兩百公里，清王朝時從首都到最南方邊境，卻是兩千公里。伊祁放勳先生時代十萬方公里的全國大水，後世子孫一時不思量，大筆一揮，就成了一千萬方公里的全國大水矣。

大悲慘時代

紀元前二十三世紀的空前水災，據說是世界性的，不僅在中國，就是西方世界，正是諾亞先生的方舟時代，也到處波浪滔天。

大水從哪裏來的？西方的傳說是大雨不止，中國史書卻沒有明確交代。有人說，可能是冰河最後一次融解之後，積水一時流不到大海。但也有人說，根據已知的資料，冰河共融解過四次，第一次距今五十萬年，第二次距今四十萬年，第三次距今十七萬年；第四次，也就是最後一次，平原上的冰河融解罄盡，一寸不剩，距今也有五萬年。而伊祁放勳先生距今才不過四千餘年，連邊都沾不上。於是，只有西方模式，才能解釋。

中國人史綱曰：

「（伊祁放勳）他在位的一百年期間，發生了空前可怕的大災難。紀元前二二九七年，天不停的落雨，河流氾濫，山洪暴發，房屋家畜和田畝都被淹沒。中國成了一片汪洋，人們大批溺死餓死，殘存下來的人逃到高山上嗷嗷待哺，這是中國第一次的大悲慘時代。」

通鑑外紀曰：

「龍門（河南省洛陽市洛河隘口）未開，呂梁（江蘇省徐州市東南呂梁鎮）未發，河（黃河）出孟門（河南省孟津縣），江（長江）淮（淮河）通流。四海溟涬（混茫不分），無有平原高阜，盡皆滅之。名曰『鴻水』，民上丘陵，赴樹木。」

在那麼一塊落花生般的小小國土上，大旱之後，又有荒年；荒年之後，又有大水，即令嘴巴再硬的朋友，都不忍心說它是一片樂土。然而，孔丘先生政治掛帥，為了達到復古目的，卻把這麼一個空前的大悲慘時代，形容成為一個花花世界、天上人間。

當時小民們的生活，已陷絕境。

呂氏春秋曰：

「陰多滯伏而湛積，水道壅塞，不行其原（原來的河床），民氣鬱閼而滯者，筋骨瑟縮而不達。」

伊祁放勳先生束手無策之餘，召集他的臣僚，詢問他們能不能物色一位像射下九個太陽的華羿先生那樣的人物，來治水災。臣僚們，包括四位軍區司令在內，一致推薦夏部落酋長姒鯀（鯀，音gǔn【滾】）先生。夏部落那時紮營在河南省禹州市，他們的祖先從現在的四川省，輾轉遷移到中原，世代專營水利工程。姒鯀先生是當時最知名的水利工程專家，中央政府把治水的全部希望寄託在他身上。嗚呼，當初華羿先生治大旱時，簡單明瞭，九支神箭射出，九隻烏鴉落地。大家認為姒鯀先生也應創造同樣的奇蹟。這當然不可能，因為那九個太陽來得奇異，是伊祁放勳先生之前，就一直懸掛天空的歟？看樣子似乎不是；蓋「三皇」

「五氏」神話時代都未提及，而且，假設「古已有之」，大地早烤成一團灰矣。

權力從指縫中溜走

九個太陽當然是伊祁放勳先生時代冒出來的，以現代知識推斷，顯然的那是欺騙小民的勾當，當大旱已經形成，伊祁放勳先生宣稱十日在天，那就萬方有罪，罪不在朕躬，而在太陽。等到大旱將行結束，再教華羿先生站到山頂上胡亂拉一陣弓，射一陣箭，然後，提着九隻死烏鴉下山，叫喊說：「已經把妖怪幹掉啦。」

——猶太教也出現過這種節目，摩西先生獨自爬到山頂，忙了幾天，下山時拿着金牌，上面寫着十誡。其跡雖異，其情一也。

在這種背景之下，姒鯀先生先天注定要擔任悲劇角色，華羿先生在大旱終了時才出現，姒鯀先生卻在大水正旺盛時出現，以當時的知識和已有的工具，根本無法擔當這種偉大的工程。舉一個例子就可以說明姒鯀先生面對的困難，他如果要開鑿一個山洞，或開鑿一條渠道，既沒有黃色炸藥可以轟個缺口，又沒有鐵斧、銅錘、電子鑽來逢山開路，遇水搭橋。他只有一個方法，就是集中力量修築堤防。這要比鑿山容易，黃土碎石多的是，只要搬運得動，就是現成的材料。

問題是，堤防擋不住洪水的衝擊，仍不斷繼續決口。姒鯀先生是一位有經驗的專家，可是他用來對付小川小河那一套，現在完全失靈。然而，促使他死亡的，並不是他治水無功，而是他觸怒了權傾中外，正密圖篡奪帝位的姚重華。

關於姚重華先生的來龍去脈，我們將有專文報導，現在只介紹他當時的權勢：他是伊祁放勳先生的女婿，從一個部落酋長兒子的卑微地位，被岳父大人擢升到中央政府。姚重華先生是一位精密的陰謀家，他進入中央政府後不久，就逐漸的把軍事政治各部門，置於控制之下。最初，他排斥他的內弟——帝位的合法繼承人伊祁丹朱，使做父親的伊祁放勳先生厭惡親生兒子。或者是，伊祁放勳先生並不厭惡自己的親生兒子，不過已無法保護他矣。伊祁放勳先生是什麼時候發覺權力已從指縫中溜走的，我們不知道，只知道當他發現他已不能指揮重要的執法官員時，爲時已晚。爲了拯救親生兒子的生命，他忍痛宣稱：「我如果把政權移交給姚重華，國家會得到益處，只我兒一人受到傷害。我如果把政權移交給我兒，國家會受到傷害，只我兒一人得到益處。」

史記原文：

「授舜（姚重華）則天下得其利，而（伊祁）丹朱病。授（伊祁）丹朱則天下病，而（伊祁）丹朱得其利。」

伊祁放勳先生不得不這樣宣佈，否則，伊祁丹朱先生可能被斬草除根。伊祁放勳先生誓言：「終不以天下之病而利一人（伊祁丹朱）。」最後，更擢升姚重華先生「攝行天子事」——代理君王。

鬥臭絕技

姚重華先生一旦成了「代理君王」，如虎添翼，下一步要幹啥，縱是白癡，也會一目了然，當然是要吞噬伊祁放勳先生這位岳父大人的寶座。中國君主專制，這時還沒有建立起完整的制度，不過，初民社會結構，習慣上還是父子相傳的，黃帝王朝君王的傳遞情形，就是一個有力的說明，如果不是父子關係，至少也應是兄弟關係，如果不是兄弟關係，至少也是叔侄。在世襲的原則下，女人沒有地位，姻親更插不上腳。姚重華先生了解這種政治形勢。合法取得政權，絕不可能，必須使出非常謀略，才能突破傳統的約束。迫使岳父大人不斷宣傳要拱手讓位，就是謀略的一部份。

可是，這種宣傳，引起強烈反應，一些效忠政府的忠臣義士，挺身對抗。態度最激烈的，就是身負重責大任，正在治理水災的姒鯀先生。他警告伊祁放勳先生曰：「這是一個凶兆，你怎麼把國家最高的權位，私自傳授給一個無賴？」姚重華先生勃然大怒，他絕不允許一個雖有聲望而手無權柄的傢伙，破壞他偉大的計畫。於是，他指控姒鯀先生治水九年而仍未成功，罪該萬死；並且立即派出殺手，趕到羽山（山東省臨沂市）荒山上，把正在汗流滿面，辛苦工作的姒鯀先生處決。另一位大臣共工先生也堅持不可把帝位私相授受，姚重華先生也把他逮捕，放逐到邊荒的幽都（北京市），然後就在幽都，砍下尊頭。

韓非子原文：

「堯（伊祁放勳）欲傳天下於舜（姚重華），（姒）鯀諫曰：『不祥哉，孰以天下而傳之匹夫乎？』堯（伊祁放勳）不聽，舉兵殺（姒）鯀於羽山之郊。共工又諫，堯（伊祁放勳）又舉兵而誅之於幽都。於是天下莫敢言。」

這是一個「挾天子以令諸侯」的典型，用君王的手，剷除效忠君王的忠良。姚重華先生爲千古權奸，立下漂亮的榜樣。爲了更徹底的建立威嚴，姚重華先生再把另外兩位潛在的政敵：三苗先生、讙兜先生，一併幹掉。連同姒鯀先生和共工先生，合稱爲「四凶」。殘殺忠良而又加上醜惡的帽子，姚重華先生是「鬥臭」和「醜化敵人」絕技的鼻祖。

「四凶」是總稱，姚重華先生又分別賜給他們醜惡的綽號，和不同的罪狀：

姒鯀——檮杌（罪狀：治水無功）
共工——窮奇（罪狀：淫辟）
三苗——饕餮（罪狀：不遵王命）
讙兜——渾沌

只有讙兜先生的罪狀沒有記載，其實用不着記載，事情明白得很，他們眞正的罪狀是冒犯了權奸姚重華先生，如此而已。

大屠殺之後

大屠殺之後，反對聲浪消失在血腥之中。尚書曰：「舜（姚重華）巡狩四岳，流共工，放讙兜，宰三苗，殛（姒）鯀。四罪而天下咸服。」當然天下咸服，再有不服的，「四凶」立刻變成「五凶」矣。然而最妙的還是孔丘先生，他閣下對大屠殺的解釋是：

「伊祁放勳發現姚重華賢能，並不可貴。發現了之後，一點都不懷疑，摧毀了所有的挑撥離間，甚至誅殺進諫的人，才是眞正的可貴。」

韓非子原文曰：

「堯（伊祁放勳）知舜（姚重華），非其難也。不以所疑，敗其所察，至乎誅諫者，乃其難也。」

在政治掛帥的大纛之下，手握權柄的人有福啦，眞理正義、公道人心，都是他們的，連聖人都站在他們一邊，努力化腐朽爲神奇。效忠政府的成了叛逆，血腥鎭壓的反而備受歌頌。歷史上斑斑史跡，一開始便被野心家利用，扭曲顚倒，黑變成白，白變成黑，成了一犬吠影，百犬吠聲的奇觀。

到了這時候，篡奪帝位的時機，已經成熟。紀元前二二五八年，伊祁放勳先生終於下台鞠躬。按常理推測，他閣下下台鞠躬，姚重華先生當然上台鞠躬，他覬覦寶座已非一日，佈下天羅地網，更非一天。這個熟透了的蘋果，非掉到他早已放在樹底下的大籮筐裏不可。但關於這場被後世儒家學派知識份子百般讚揚的「禪讓」，古書上的記載，過於簡略。史記只一句話曰：「卒授舜（姚重華）以天下。」其他古書，更含糊其辭，在那裏和稀泥，東拉西扯，不知所云。帝王世紀曰：「堯（伊祁放勳）取（娶）散宜氏女，曰女皇，生（伊祁）丹朱。又有庶子九人，皆不肖，授以天下命舜（姚重華）。」呂氏春秋曰：「堯（伊祁放勳）有子十人，不與其子而授舜（姚重華）。」淮南子曰：「乃屬以九子，贈以昭華之玉，而傳天下焉。」

沒有一本書記載政權轉移的具體步驟，只記載伊祁放勳先生曾表示過要把帝位讓給另外兩個人，其中一位是許由先生，他閣下一聽說要他當最高領袖，心膽俱裂，怎麼教我跟姚重華對抗呀？捲起舖蓋就跑，跑到箕山（河北省唐縣北二十公里），像躲強盜一樣躲了起來。另一位是支父先生，支父先生說他自己害了一種「幽憂」的奇疾，搞不來政治那玩藝。

古書上從沒有記載過姚重華先生啥時候曾經拒絕過接班，連裝模作樣的拒絕都沒有。

旅途·囚房·慘死

姚重華先生不但從沒有拒絕過岳父大人的讓位，反而急吼吼而吼吼急，當一切都佈置完成時，伊祁放勳先生仍然不死，這使姚重華先生大怒若狂。他不能再繼續等待，政治本質就是不穩定的，日久恐怕生變。於是，紀元前二二五八年，姚重華先生建議伊祁放勳先生去全國各地，作巡迴視察。這項建議義正辭嚴，誰都不能說天子不應該去全國各地視察吧。然而，這卻是姚重華先生奪取政權大陰謀的最後一擊，他要殺岳父大人而不留下任何痕跡。

紀元前二十三世紀，既沒有飛機汽車，甚至，沒有牛，更沒有馬。我們無法確定伊祁放勳先生有沒有什麼代步，即令騎牛騎馬，即令坐兩人抬的轎子，他也不能承受那種顛簸。嗚呼，伊祁放勳先生根本沒有出京視察的理由，有「代理君王」在，天大的事——連殺「四凶」都作了主，還有啥必須他親自瞧了才算數的？對一個一百一十九歲的老人而言，他寧可坐在家裏休息，但他不能抵抗女婿的壓力。

於是，到了陽城（河南省登封市告城鎮），伊祁放勳先生在意料中的伸腿瞪眼，一命歸陰。是在出發途中死在陽城的歟？抑或在歸途中死在陽城的歟？史書上沒有交代。帝王世紀只說了一句：「堯（伊祁放勳）與方迴遊陽城而崩。」當時首都平陽（山西省臨汾市），跟陽城航空距離二百六十公里，在紀元前二十三世紀時，是一個遙遠的邊區。兩個城市之間，橫亘着中條山脈；越過中條山脈，便是翻滾澎湃，不斷決口的黃河；渡過黃河，又是邙山；越過邙山，又要渡過洛水；渡過洛水，還要進入嵩山山脈，陽城就在嵩山南麓，緊傍潁水。這位年邁蒼蒼的老漢，沒有人知道有啥重要大事，非要他親臨不可。然而，姚重華先生知道就行啦。

伊祁放勳先生糊里糊塗被折騰而死。他是活着離開首都的，回來時卻成了一個屍體。而且不可避免的會洩漏一點風聲，可能引起議論和懷疑，使姚重華先生不敢馬上就往寶座上坐。

其實，死在旅途還是幸運的，另一種史料更明確的指出，不是死於旅途，而是死在監獄。竹書紀年說，伊祁放勳被姚重華先生放逐到堯城（河南省鄄城縣故偃朱城）囚禁，跟他所有的兒子隔絕。伊祁放勳被後世尊稱爲「堯帝」，堯帝者，好心腸的君王也，而好心腸的結果卻是家破人亡，死於至親的女婿毒手。當他在牢房哀號，如果知道後世的儒家學派會把他的慘死，形容爲美麗的「禪讓」，他流下的將不是眼淚，而是鮮血。

我們抄錄竹書紀年原文，作爲結束，原文曰：

「昔堯（伊祁放勳）德（政治權力）衰，舜（姚重華）囚堯（伊祁放勳），復偃塞（斷絕）（伊祁）丹朱，不與父相見也。」

這是中國歷史上第一位死於謀殺的帝王，而且沉冤千古，悲夫！

姚重華

時代　紀元前二十三世紀四〇—九〇年代
王朝　黃帝王朝第七任帝
綽號　舜帝
在位　四十八年（前二二五五—前二二〇八）
遭遇　死於蠻荒

傳奇人物

姚重華先生是伊祁放勳先生的女婿，但在血緣上，他卻是伊祁放勳先生第五代旁系曾重孫。史書上說，黃帝姬軒轅先生生姬昌意；姬昌意先生生第三任帝姬顓頊；姬顓頊先生生姬窮蟬；姬窮蟬先生生姬敬康。注意這位姬敬康先生，他閣下跟伊祁放勳先生可是堂兄弟。姬敬康先生生姬句望；姬句望先生生姬蹻牛；姬蹻牛先生生姬瞽叟；而姬瞽叟先生，就是姚重華先生的爹。姚重華先生當了伊祁放勳先生的女婿，眞是亂了大倫，蓋他娶了他的曾祖姑。家譜俱在，一查便知。（一想起儒家學派猛捧的「道統」系統，坐第二把交椅的竟是一位亂倫人物，就十分緊張。）

姚重華先生是冀州人，古冀州包括現在的河北省、山東省，和山西省。老娘生他的時候，正住在姚墟（山東省鄄城縣東南六公里），所以他閣下這一代就姓了「姚」。後來不知道什麼原因，全家從姚墟西遷，遷到航空距離四百八十公里外的蒲阪（山西省永濟市），這是一個部落的大移動。要越過海拔兩千公尺，寬達一百公里，高聳天際的太行山脈。然後，他們在歷山停下來，在那裏耕耘，大概就在此時開始，拋棄游牧漁獵的生活方式。

——歷山，位於山西省永濟市東南，雖然姚重華先生在那裏種過田，可是對普通人來說，歷山仍十分陌生。不過另一個名字「首陽山」，便家喻戶曉，無人不知矣。一千年後的紀元前十二世紀時，周王朝擊敗商王朝，商王朝的兩位孤臣孽子伯

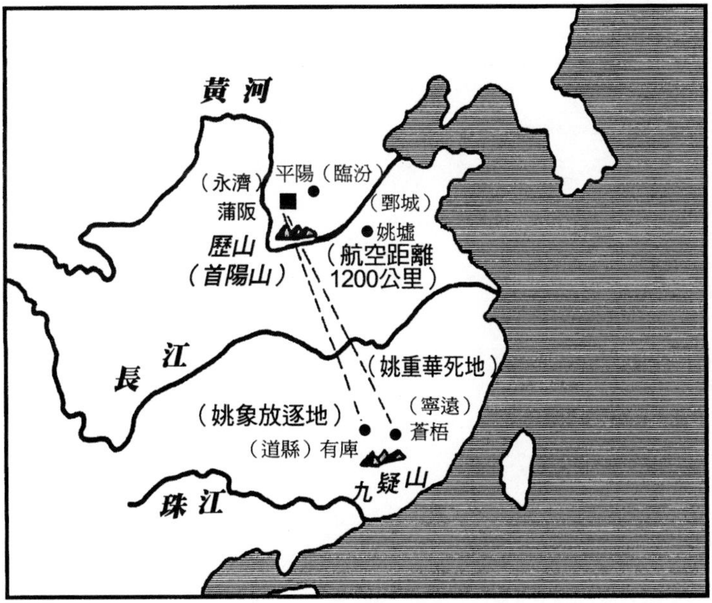

夷先生和叔齊先生，絕食抗議，就餓死在那裏。據傳說，歷山藏有豐富的銅礦，黃帝姬軒轅先生就曾在那裏開採過。

姚重華先生是一位傳奇人物，他榮膺孔丘先生托古改制的兩位主要角色之一——另一位是前文被囚死的「堯帝」伊祁放勳先生。姚重華先生則被尊稱爲「舜帝」，意思是仁慈的君王。他從一個山野窮苦農夫，攀登到中央政府高位，奪取政權，又被披上美麗的外衣，有一段童話般的歷程。

中國人史綱曰：

「姚重華的一生比伊祁放勳多采多姿，他自稱是姬軒轅的九世子孫。他的虞部落在蒲阪（山西永濟），跟伊祁放勳的唐部落（山西臨汾），相距只二百公里，兩個部落一向通婚，伊祁放勳的兩個女兒：伊祁娥皇和伊祁女英，同時嫁給姚重華。」

血海深仇

中國人史綱續曰：

「姚重華應該是中國早期歷史上最成功的謀略家之一，他最使人精神恍惚的事蹟是，據儒家學派說，他有一個可怕的，充滿陰謀和殺機的醜惡家庭，他的父母兄弟全都比蛇蠍還要惡毒。只姚重華恰恰相反，仁慈而且善良，集字典上所有的美德於一身。他母親早死，老爹瞎老頭（瞽叟）續娶了一位妻子，生子名姚象。有一天，老爹命姚重華把倉房茅草蓋好，可是等姚重華爬到屋頂上之後，父母和弟弟三個人卻在下面把梯子搬走，放起火來，企圖把姚重華燒死，姚重華聰明的料到會有這種變化，早就準備了兩個斗笠，就把這兩個斗笠綁到手臂上當作翅膀，飄然而下。老爹又命他挖濬舊井，姚重華知道情形不妙，挖井時悄悄的在一旁鑿出一條通到地面的坑道。果然，父母和弟弟一齊下手，把井塡平，然後興高采烈的把姚重華的財產瓜分。老爹和繼母得到他全部牛羊糧食，姚象則得到他日夜思之的兩位漂亮嫂嫂，而且馬上搬過去居住，得意忘形的彈着姚重華的琴。就在這時候，姚重華在門口出現，姚象反而大吃一驚。」

姚重華先生的家庭，就是這樣的可怖。問題是，爲了爭奪財產，繼母和繼母的兒子聯合起來，共下毒手，我們還可以理解。但瞎老頭——瞎老頭可能只是一個綽號，形容他有眼無珠，眞實名字已被綽號湮沒矣。他閣下竟然謀害親生之子，便太反常態。俗諺固曰：「有後娘便有後爹」，但不過在日常生活上顯現，如果必置之死地，而且一次不成，再來二次，二次不成，再來三次，就超出我們的理解範圍矣。假使瞎老頭不是老爹，我們一定會判斷：姚重華對他準有血海深仇——諸如「殺父深仇」之類，偏偏瞎老頭卻是老爹，就使這椿親父殺親子的悲劇，找不出動機。有些考古學家認爲他們父子兄弟間的衝突，是一種「圖騰矛盾」下的激烈反應，伊祁放勳先生以唐部落酋長地位組織政府，成爲天下共主，是以「龍」爲標幟的。瞎老頭先生的虞部落，廣場上豎的大旗，上面卻繡着一隻大「鳥」。姚重華先生主張跟「龍」部落聯合，使他得以進入最高權力中樞，並且，事實上，聯合如果能夠成功，對自己部落一定也會有好處。然而，由於圖騰，也就是由於招牌的不同，瞎老頭跟幼子姚象先生，堅決反對：「笑話，他們那龍，怎有資格配我們的鳥？」這是圖騰的自尊。也有可能另有一種圖騰的恐懼：「唐部落那麼強大，我們的鳥要被龍吃掉啦。」而姚重華先生堅持他的立場，當時的君王伊祁放勳先生就把兩位女兒嫁給他。兩位圖騰龍（還有她陪嫁的老奶）忽然進入鳥群，她閣下帳篷之外，或屋門口，說不定立刻掛出龍的畫像或雕像，「是可忍，孰不可忍」，火山遂告爆發，一發不可遏止。

權力繼承鬥爭

圖騰矛盾學說，把事情看得太簡單，也把人性看得太理想。學院派最大的特點是，他們只有能力在文件上找根據，沒有幾個人想到政治現實。自然科學家在實驗室裏研究出一套東西，總要先拿到外面當眾表演，一切無誤之後，才算成功。如果拿到外面當眾表演時，轟的一聲，腦袋開花，即令曾在實驗室裏頭頭是道，也不算數。可是社會科學家只要在書房裏左剪右貼之後，來一個頭頭是道，就可以信口開河，無往不利。姚重華先生家庭的流血鬥爭，被解釋爲圖騰矛盾，就是一例。蓋圖騰矛盾當然有可能性，卻沒有必然性。古之時也，盛行部落間交換婚姻，矛盾雖有，而竟發展到父子謀殺，而且是一而再，再而三的謀殺，於情於理，絕對不合。鳥圖騰如果非用流血手段，才能排除龍圖騰，這問題可大啦。姚象先生既以鳥圖騰保護人自居，爲保護祖先留下的招牌而戰，那麼，他閣下娶了另一個部落的老奶，而該部落是以太陽爲圖騰的，他閣下豈不就得上吊自盡乎？總不能爲了避免其他圖騰入侵而拒絕跟別的部落聯姻，而跟妹妹結婚吧。

其他圖騰入侵，是無法避免的事，猶如跟異姓結婚是無法避免的事一樣，因此發生摩擦，無啥稀奇；但發生謀殺，就稀奇得離了譜。如果眞的對龍圖騰的唐部落如此深惡痛絕，則幹掉伊祁家二女，才能斷絕管道，甚至促使「聯合」大業解體。不此之圖，卻留下禍根，只斬秧苗，似乎更不可思議。

嗚呼，財產爭奪，圖騰矛盾，政見不同，都有可能，甚至全家父母兄弟中了巫婆的邪術，發了惡煞之瘋，也有可能，但沒有必然性，必然性應該另有所在。

很顯然的，這是權力繼承鬥爭，這種鬥爭，中國歷史上「一波一波又一波」，從沒有一天停止過，史書上稱之爲「奪嫡」。在多妻制度的宗法社會中，君王權力轉移給下一代時，有兩大法則，曰「傳嫡不傳庶」「傳長不傳賢」。大老婆，也就是原配夫人生的兒子，稱之爲嫡子，老大爲「嫡長子」，天經地義的要接收老爹的大權。以下爲「嫡次子」「嫡三子」。小老婆群生的兒子，年紀最大的爲「庶長子」，以下爲「庶次子」「庶三子」。這種「嫡」「庶」之分，比美國的「黑」「白」之分，還要一清二楚。柏楊先生年輕時，父母嫁女兒，先打聽對方男孩子出身，「嫡出」第一，「庶出」——小老婆養的，免談。讀者老爺必須了解，小老婆可不是人，只是生子機器，她們生的兒子，不是她們的兒子，而是嫡母（大老婆）的兒子，對大老婆叫「娘」，對自己親生的娘，只能叫「姨」。不必向考據家請敎啦，看看紅樓夢，聽聽勢利眼賈探春女士那篇義正辭嚴的談話，就可發現，嫡庶這玩藝，相差天壤。

誰是我的舅舅

賈探春女士的談話發表在她當家作主的那段日子裏：

「忽見趙姨娘（賈探春的親娘）進來，李紈、探春忙讓坐。趙姨娘開口便說道：『這屋裏的人，都踩下我的頭去還罷了，姑娘（指賈探春）妳也想一想，該替我出氣才是。』一面說，一面眼淚鼻涕哭起來。探春忙道：『姨娘這話說誰？我竟不解，誰踩姨娘的頭，說出來我替姨娘出氣。』趙姨娘道：『姑娘現踩我，我告訴誰去？』探春聽說，忙站起來說道：『我並不敢。』李紈也忙站起來勸。趙姨娘道：『妳們請坐下，聽我說……』」

一陣爭吵之後，嫡庶矛盾達到高潮：

「趙姨娘氣的問道：『……妳不當家，我也不來問妳，妳現在說一是一，說二是二，如今妳舅舅（親娘趙姨娘的哥哥）死了，妳多給了二三十兩銀子，難道太太（賈探春的嫡母王夫人）就不依妳，分明太太是好太太，都是妳們尖酸刻薄。……姑娘放心，這也使不着妳的銀子。明兒等妳出了閣，我還想妳額外照看趙家呢。如今沒有長羽毛，就忘了根本，只揀高枝兒飛去了。』」

後幾句話，擊中了要害，賈探春女士沒有迴轉餘地，只好把臉一抹，露出本相：

「探春沒聽完，已氣得臉白氣噎，抽抽咽咽的，一面哭，一面問道：『誰是我舅舅？我舅舅（嫡母王夫人的哥哥）年下才陞了九省檢點，那裏又跑出一個舅舅來？我素習按理尊敬，越發敬出這些親戚來了。既這麼說，環兒（趙姨娘的親子、賈探春的胞弟）出去，爲什麼趙國基（趙姨娘的兄弟）又站起來？又跟他上學？爲什麼不拿出舅舅的款來？』」

鬧了個天翻地覆，不過在「嫡」「庶」上打轉。最後，且聽聽輿論對「嫡」「庶」的評估：

「鳳姐笑道：『好好好，好個三姑娘（賈探春），我說她不錯，只可惜她命薄，沒托生在太太（嫡母王夫人）肚裏。』平兒笑道：『奶奶也說糊塗話了，她便不是太太養的，難道誰敢小看她，不與別的一樣看了？』鳳姐兒嘆道：『妳哪裏知道，雖然庶出一樣，女兒卻比不得男人，將來攀親時，如今有一種輕狂人，先要打聽姑娘是正出庶出，多有爲庶出不要的……』」

請讀者老爺注意賈探春女士的稱呼，趙姨娘是她親娘，但因她是小老婆之故，賈探春女士只能叫她「姨娘」，不能叫她「媽」；對嫡母（大老婆）卻叫「太太」——只有明媒正娶的大老婆，才有資格被尊稱「太太」。親娘的兄弟不是舅舅，而只是見了外甥仍得站起來的趙國基。嫡母的兄弟，那位剛升了官的「九省檢點」（九省巡迴視察官），才是舅舅。可憐出身卑微的趙姨娘，唯一的希望寄托在愛兒嬌女身上，愛兒賈環不爭氣，無法倚靠，嬌女賈探春又太爭氣，以親娘爲羞，以被小老婆生下來爲羞。鳳姐說的那段話，一半是，一半非。

事實上，嫡庶之分，在男人身上更嚴重，女孩嫁雞隨雞，嫁狗隨狗。男人則關係着權力和財產。直到二十世紀二〇年代，「嫡長孫」在分家時，都要分到兩份財產，因他身負各支派的重責大任。

「天下第一大孝」

賈探春女士對自己這個「庶出」身份，懊喪之情、溢於言表。然而，兒女不能選擇爹娘，既經生出，便無法改變，這是作庶子的最大悲哀，君王的寶座永遠只傳給嫡子。有時候小老婆養的兒子（庶子）年齡比大老婆養的兒子（嫡子）大，庶子已三四十歲啦，嫡子還在那裏吃奶，吃奶的娃兒照樣繼承大權。有時候庶子不但年長，而且能幹，東征西討，對國家有偉大的貢獻，嫡子卻是一個白癡，白癡照樣「天子聖明」，坐在龍墩上吆五喝六。

這是權力移轉和社會安定的法則，賈探春女士除了自怨自艾外，別無他法。但對一個在權力中心打滾的庶子而言，只要他自認爲他的力量已強大到可以「奪嫡」的時候，他一定「奪嫡」；或用謀用計，或動刀動槍，使自己搖身一變——把「庶子」的包袱變掉，而變成妙不可言的「嫡子」。嗚呼，只有這種權力慾望，才能使生死決鬥，接二連三，永不停止。

姚象先生是奪嫡鬥爭的主角，親娘當然維護親子，瞎老頭受到繼妻的影響，不得不對幼子偏袒，因而組成聯合陣線，目標直指嫡子姚重華，不是你死，就是我亡。而且，必須姚重華魂歸離恨天，奪嫡才算成功。

不過，柏楊先生頗懷疑父母幼弟是不是眞的這麼凶惡。即以謀害手段而言，似乎不像是出於成年人的智慧，卻像幼稚園教習向小娃們說的童話。姚重華先生上房之後，發現失火，他用斗笠跳下，縱是特大號的斗笠，也載不動一個成人的軀體，如果說茅屋非高樓，那麼，手攀屋簷，也可逃生，根本用不着斗笠。主要的還是，姚象先生之輩，也應該想到老哥可以跳下這一點。挖井一事，更雲天霧地，信口開河。夫一次謀殺失敗，雙方已成死敵，仇人相見，分外眼紅，姚重華先生竟傻得毫不防備，而往深井裏鑽，不知道貴閣下信不信有這等事，柏老可是寧願被打死，也不信的也。夫蒲阪（山西省永濟市）一帶，屬黃土高原，黃土高原的特徵之一是，土硬如鐵。對日本抗戰時，黃土高原上的防空洞，恐怕是世界上最安全的防空洞。姚重華先生憑一人之力，又是偷偷摸摸的在井底另鑿出一個坑道，這事說得可是比唱得還要好聽。而且，鑿出來的土，又弄到啥地方去啦？

只有一項解釋是合理的，那就是，這些凶惡的罪狀，出於姚重華先生的揑造。不是說全部都是揑造，繼母與幼子可能對姚重華歧視，甚至有過虐待，這是古老家庭「前妻之子」普遍的厄運。而姚重華把它擴大，擴大到使人毛骨悚然的程度，目的有二：一是烘托他是如何的孝順，在中國社會，孝順是衡量一個人美德的最主要標準，而「孝」必須在「父頑」「母凶」「弟傲」的惡煞環境中，才能展示。如果大家一團和氣，還有啥可說的。親人既全是惡棍，姚重華自然順理成章的奪取到「天下第一大孝」的錦標。

逐父殺弟

姚重華先生「天下第一大孝」的美譽，跟父母兄弟「天下第一大惡」的惡名，在他苦心孤詣的設計下，向四面八方傳播。岳父兼君王的伊祁放勳先生，或許不願兩個女兒受到牽連，或許被女婿奇異的孝行，深深感動，於是把他召到首都平陽（山西省臨汾市），做自己的助理。這正是姚重華先生追求的，現在終於追求到手。

第二個目的是爲自己掌權後的暴行，建立掩飾的理由。史記說，姚重華先生對所受的迫害，不但沒有反擊，反而「復事瞽叟，愛弟彌謹」——比沒有謀殺前，對老爹更孝順，對老弟更親愛。孟軻先生，這位儒家學派的雄辯家，更熱情洋溢，當萬章先生問他：「難道姚重華不知道姚象要宰了他呀？」孟軻先生曰：「這還用問，當然知道。不過，他太看重兄弟的感情，姚象憂的時候他跟着憂，姚象喜的時候他跟着喜。」

孟子原文：

「萬章曰：『……不識舜（姚重華）不知象（姚象）之將殺己歟？』對曰：『奚而不知也，象（姚象）憂亦憂、象（姚象）喜亦喜。』」

孟軻先生不像是在敍述一樁史蹟，卻像一個詩人在那裏閉着尊眼，搖頭擺尾吟詩，把姚重華先生形容成一個沒有人性的怪物。不過，這話太重啦，還是用我們用過的比喻：他把姚重華先生形容成一隻純潔雪白的可愛小羔羊。事實上，這位空前的陰謀家的反應，不但強烈，而且無情。他在他的權位穩固了之後，也就是在他以用君王的名義處決了「四凶」之後，乘威追擊，把老爹瞎老頭驅逐出家園，貶竄邊陲蠻荒，任他自生自滅，對「象憂亦憂，象喜亦喜」的老弟姚象，可沒有這麼便宜，而是索性綁赴法場，一刀砍下尊頭。只有繼母不知道下落，依情勢判斷，她可能在繼子有權柄之前，已一命歸天。如果沒有這份早死的幸運，姚重華先生連親爹都不饒，對這個繼母，豈肯放她一馬，不可避免的，至少，她要陪着瞎老頭貶竄到邊陲蠻荒，最後就死在邊陲蠻荒。

莊子曾直接斥責姚重華先生不孝。韓非子更痛心疾首：

「瞽叟爲舜（姚重華）父，而舜（姚重華）放之（貶竄）。象（姚象）爲舜（姚重華）弟，而舜（姚重華）殺之。放父殺弟，不可謂仁。妻帝（伊祁放勳）二女，而取天下，不可謂義。仁義無有，不可謂明。詩云：『普天之下，莫非王土，率土之濱，莫非王臣』，信若詩之言也，是舜（姚重華）出則臣其君，入則臣其父，妾其母，妻其主女也。」

這是姚重華先生最恐懼的指責，他之所以努力宣傳親人全是惡棍，就是要人相信他逐父殺弟，不是自己的錯，而是因爲他們太壞，他不得不保護自己，並爲天下主持公道。

政治意淫

孟軻先生是姚重華先生主要的辯護人，萬章先生也向他請教過這件事，孟軻先生堅持姚象沒有被殺掉，好吧，既沒有被殺掉，他到哪裏去啦？他不過跟老爹一樣，被貶竄罷啦。貶竄到啥地方？到有庳（湖南省道縣）。然而，孟軻先生連貶竄也加以否認，一口咬定姚象不是被貶竄到那裏的，而是被封爵在那裏的。問題是，怎麼只見采邑，不見爵爺，爵爺何在？孟軻先生招架不住，只好東拉西扯和稀泥。

孟子：

「孟子（孟軻）曰：『封之也，或曰放（貶竄）焉。』……萬章曰：『敢問或曰放者，何謂也？』孟子曰：『象（姚象）不得有爲於其國（采邑），天子（姚重華）使吏治其國，而納其貢稅焉，故謂之放（貶竄）。豈得暴彼民哉？雖然，欲常常而見之，故源源而來。不及貢，以政接于有庳，此之謂也。』」

譯成現代語文：

「孟軻先生曰：『那可是封爵封到那裏的，不過，也有人說是把他貶竄到那裏的。』……萬章先生曰：『貶竄？那是怎麼回事？』孟軻先生曰：『姚象雖封爵封到那裏，卻一點權柄也沒有，不過一個空頭官銜，中央政府另外派遣官員代替他行使職權，徵收稅捐，所以大家稱爲「貶竄」，只不過是不允許他殘暴害民之意（欲常常而見之，故源源而來，柏老不懂）。中央政府因爲等不及他的進貢，索性接收過來自己直接處理，就是這麼回事。』」

嗚呼，孟軻先生說了半天，還是沒說出姚象先生的下落。封爵封到距姚重華首都蒲阪（山西省永濟市）南方航空距離一千二百公里遠的有庳（湖南省道縣），而有庳這個地方，直到兩千年之後的紀元前三世紀戰國時代，還是蟲蛇之鄉，罕有人跡。這種借刀殺人的政治手段，如不叫「貶竄」，啥叫「貶竄」？如不叫「放逐」，啥叫「放逐」？即令不叫「貶竄」，也不叫「放逐」，爵爺既不管事，又不知流落何方，這種內幕都抖出來，非孟軻先生笨也，實在是遮蓋不住。咦，一個遮蓋不住的醜八怪，即令抹上兩百公斤胭脂粉，還是醜八怪。這種充滿幻想的一廂情願，只好尊之為「政治意淫」。

然而，不管怎麼，姚重華先生終於參與了政府。為了樹立黨羽，他起用當時鬱鬱不得志的「八愷」「八元」，使十六個家族分別掌握軍政大權。

——八愷，八個溫順的人。曰：倉舒先生、隤敳先生、檮戭先生、大臨先生、龍降先生、庭堅先生、仲容先生、叔達先生。都是黃帝王朝第三任君王姬顓頊先生的子孫。

——八元，八個能幹的人。曰：伯奮先生、仲堪先生、叔獻先生、季仲先生、伯虎先生、仲熊先生、叔豹先生、季貍先生。都是黃帝王朝第四任君王姬夋先生的子孫。

「堯舜牌」

姚重華先生把十六位失意政客和他們的家族，佈置到要津之後，岳父兼君王的伊祁放勳先生，才發覺不對勁。然而，他這個平凡的老實人，不是女婿的對手，他已無力反擊。不特此也，連效忠於他，極力阻撓姚重華先生篡奪寶座的四位高級官員：驩兜先生、共工先生、三苗先生、姒鯀先生，都無法保護。眼睁睁看着姚重華先生使用中央政府的名義，個個擊破，命喪黃泉。又不特此也，還稱之為「四凶」，使他們身後蒙羞。

——不過，柏楊先生有點懷疑，「八元」「八愷」「四凶」之類的綽號，也不見得一定是姚重華先生當時欽定的，蓋「四凶」之一姒鯀先生的兒子姒文命先生，不久就把姚重華先生剷除，他不會允許這種惡稱流傳，而小民既那麼尊敬姒文命先生，也不會容忍這種惡稱流傳，至少在他所建立的夏王朝四百九十一年間，不可能有人如此認定。那時既無文字記載，人們每天忙碌自己的事，對昔日這場政治鬥爭，早忘之矣。最早提及這些綽號的，是紀元前五世紀的左傳，距姚重華先生紀元前二十三世紀大屠殺之日，已一千八百年。因之，我老人家頗疑心它是政治掛帥下的產物，也就是孔丘先生「托古改制」下的產物。儒家系統既然打出「堯舜牌」，這牌必須是王牌，即令不是王牌，也得動點小手腳或大手腳，塗塗改改、挖挖補補，使它非是王牌不可。必須強調他所擢用的人，全是好貨色，而所殺的人，全是壞蛋。因而搞出一些綽號，使人看起來好像是眞的一樣，用以加強印象。

閒話說得太多，書歸正傳。

「四凶」之一的姒鯀先生，因對中央政府和對君王伊祁放勳先生忠心耿耿，猛烈抨擊姚重華先生包藏禍心，促起姚重華先生的殺機。姚重華先生不能赤裸裸的宣稱姒鯀先生擋他的路而殺他，必須有冠冕堂皇的藉口，於是，他猛烈指控姒鯀先生治水不得其法，辜負國家的厚恩，貽害蒼生。當時情況，國家就是姚重華，姚重華就是國家。接着，欽差大臣從首都平陽出發，直奔姒鯀先生的工地羽山（山東省臨沂市），就在那裏「殛」之，「殛」者，「誅」也，跟「殺」絕不相同。「殺」是平等的，殺人者可能是凶手。而「殛」和「誅」，卻是一種罪惡剷除。

「四凶」既死，中央政府大門洞開，伊祁放勳先生大勢已去，但不知道啥原因，他仍坐在寶座上不肯下來，姚重華先生只好把他放逐。姚重華先生一旦翻臉，連親爹都不認，何況岳父乎哉。伊祁放勳先生被放逐後的下場，前文已言之矣，有兩種傳說，一是死在放逐途中的陽城（河南省登封市告城鎮）；一是囚禁在堯城（河南省鄄城縣故偃朱城），就死在監獄之中。二地航空距離一百二十公里，不管哪一個地方，其中一地，當是他陛下喪命之所。

姚重華先生終於掃除了所有的絆腳之石。在伊祁放勳先生死後第三年，即紀元前二二五五年，正式上台。那年，他已五十三歲，拳打腳踢三十年矣。

歷史重演

然而，正當姚重華先生躊躇滿志，認爲他的江山已固若金湯時，毀滅他的定時炸藥，卻在他屁股底下冒起了烟。這個定時炸彈，就是被「殛」的「四凶」之一姒鯀先生放在那裏的。姚重華先生把姒鯀先生排除，易如反掌，但排除之後，遇到了難題，第一，姒鯀先生率領的夏部落，根據地在現在的河南省禹州市，是當時唯一懂得水利工程的部落，而他的兒子姒文命先生，又是跟老爹齊名的水利工程師，姚重華先生除了要求姒文命先生繼承老爹未完成的治水工程之外，別無他途。第二是，姚重華先生爲了永絕後患，史書上說，曾把「四凶」的家屬，全部放逐到距首都蒲阪（山西省永濟市）二千公里外蠻荒地帶，去跟鬼魅爲伍。但姒鯀先生的家屬並不包括在內，一則是兒子姒文命先生高級技術人員的身價，二則是夏部落力量太過強大，強大到如果用武力反擊，姚重華沒有必勝把握。

在這種情形下，姚重華先生只好任命姒文命先生繼續治水。姒文命先生自知他所處的地位，在他的部落更強大之前，不敢流露半點他的憤怒，他用低姿勢來化解姚重華先生對他的猜忌，小心謹慎，戒慎恐懼。史記形容他治水十三年，「過家門不敢入」。請讀者老爺注意，他可是「不敢入」，而不是「不肯入」，他不敢蹈老爹的覆轍。這是消極的一面。積極的一面，帝王世紀指出，他無時無刻不在培植自己的力量：「勞身勤苦，不重徑尺之璧，而愛日之寸陰，手足胼胝。」「納賢禮士，一沐三握髮，一食三吐餐。」

十三年之後，姒文命先生把洪水治平，使他的聲望達到高峰，而他在治水督工的掩護下，奔走全國各地，集結反抗姚重華的力量，也已完成。於是，姚重華先生，這位以陰謀起家的黃帝王朝最後一任君王，發現對姒文命已失去控制，跟他岳父伊祁放勳先生當年發現對他失去控制一樣。「八愷」「八元」，已不能發揮作用（也可能姚重華先生登基後，爲了安全理由，轉過來對他們下手），歷史重演，姚重華先生不得不悲哀的宣布，他要把寶座轉移給姒文命。

姒文命先生不吃這一套，以眼還眼，以牙還牙，大報復的時機已經來臨。他效法姚重華先生對付伊祁放勳的手段，於紀元前二二〇八年，把姚重華逮捕，貶竄到遙遠的蒼梧（湖南省寧遠縣）。蒼梧更在有庳（湖南省道縣）的東南，兩地航空距離僅五十公里，這是一個嘲弄性的懲罰，跟被他放逐的弟弟姚象先生是那麼接近，讓他有機會再顯露一次沒有權勢時「象憂亦憂，象喜亦喜」的可愛嘴臉。姚重華先生是怎麼死的，史書上沒有記載，只知道他就死在蒼梧，並埋葬在蒼梧境內的九疑山下。

傳統史學家不能推翻姚重華死在蠻荒的事實，只好形容曰：「南巡狩，崩於蒼梧之野。」那年姚重華先生整整一百歲，前已言之，蒼梧、有庫一帶，兩千年後紀元前三世紀，仍是蟲蛇之地，更非中國領土。姚重華先生縱是神經病兼十三點，也不會忽然發了羊癲之瘋，越過千山萬水，披荊斬棘，往航空距離一千二百公里外不可知的蠻荒「巡狩」。御用知識份子最擅長用美麗的字彙，美化醜惡的事實，「巡狩」和「崩」，不過一例而已焉。

注意的是，姚重華先生被放逐蠻荒，他的妻子伊祁女英、伊祁娥皇，並沒有在身旁陪伴。這是一個旁證，證明他閣下已身不由己。嗟夫，當姚重華先生在荒煙野蔓倒斃，嚥下最後一口氣時，回想前塵，他比岳父大人死得距故土更遠，恐怕有太多嘆息。可惜史書上沒有記下這些嘆息。

姒相·后羿

時代　紀元前二十二世紀五〇—六〇年代
王朝　夏王朝第五任帝·第六任帝
綽號
在位　姒相三年（前二一四七—前二一四五）
　　　后羿八年（前二一四五—前二一三八）
遭遇　被叛將所殺

勢利眼史觀

在本文中，我們同時敍述兩位君王，因爲他們二位的事蹟，像一堆亂蔴一樣，攪和在一起。事實上，我們應該同時敍述三位君王才對，他們三位同樣的難捨難分，可是我們仍是把第三位君王——寒浞（浞，音zhuó【着】）先生，留在下篇專文報導，不然的話，本文就有點太長。

關於后羿先生在夏王朝中的關係位置，趁機在這裏嚷出來，讓天下皆知，傳統史學家處理君王的地位時，滿腦筋政治掛帥。夫政治掛帥也者，也就是權勢掛帥，有權大爺高坐公堂，驚堂木一拍，大喝一聲曰：「呔」，手拿筆桿的朋友立刻心膽俱裂。心膽俱裂得久啦，就成了媚態可掬的一群奴才。只敢根據利害，不敢根據事實。拜讀中國史書最大的困擾是，史書上稱呼某人是君王時，某人可未必就是君王；史書上稱呼某人不是君王時，某人可能正是君王。像曹操先生，史書上稱爲「武帝」，其實他「屁帝」也不是，不過一個宰相。又像曹髦先生，史書上稱他公爵——「高貴鄉公」，其實他硬是一個如假包換的皇帝。更糟的是，有些當過君王的人，因爲不合乎當時政治市場上的規格，史學家索性大筆一揮，就把他從史書上揮掉，像西漢王朝第三任皇帝劉恭先生，在龍椅上坐了五年；第四任皇帝劉弘先生，在龍椅上也坐了五年，都是結結實實的坐。只因手無寸鐵，狼

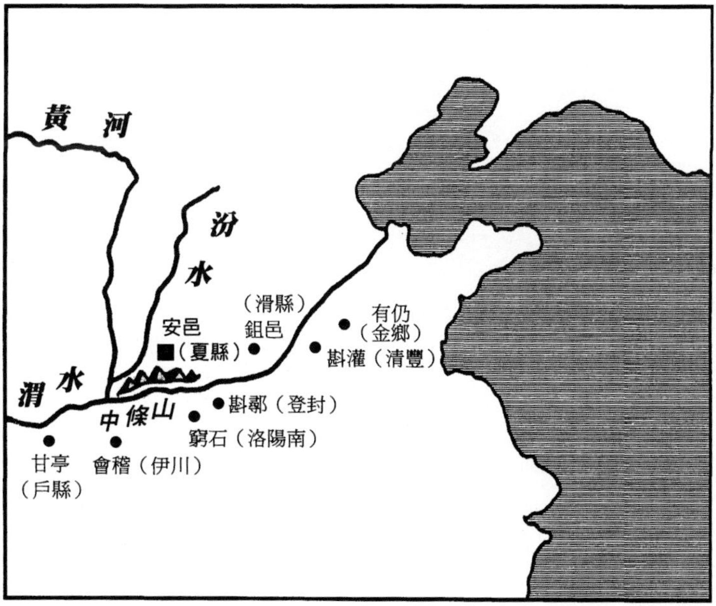

狷垮台，不但在史書上不能佔一席之地，反而看起來簡直好像根本沒有他們這兩個人。

篡位奪權之輩，那就更不用提，像晉王朝第三任皇帝司馬倫先生，史書只稱他的原銜「趙王」，而南宋帝國第四任皇帝劉劭先生，連原銜也取消啦，直接稱他「元凶」。這些人雖然王八加三級，但評鑑是評鑑，譴責是譴責，事實是事實。你可以跳高捶胸，怒詈某君王是有史以來最壞的君王，連一條蛇都不如的君王，應該殺千刀的君王，但你不能拒絕承認他是君王。柏楊先生的頭腦，就是這麼簡單明瞭。傳統史學家的頭腦就比較非常複雜啦，像鱷魚一樣，身陷醬缸深處，只把兩眼露出缸面，看清政治風向，再行下口。政治既然主宰一切，拿刀的既可以一高興或一不高興，殺拿筆的，結論當然是成則王侯敗則賊。詆毀爲「賊」，仍不過癮，還要進一步把他鬥臭，舜帝姚重華先生發明的「四凶」，不過開始草創，以後花樣翻新，直到二十世紀，更越來越勇不可當。

在這種勢利眼史觀之下，本文第二位主角的后羿先生，在夏王朝中，當然沒有地位。

三年大空位

后羿先生之所以在傳統的史書上沒有地位，第一，因爲他像京戲上所唱的：「謀朝篡位大不該」。然而，這第一點並沒有決定作用，根據傳統史學的金科玉律，如果他成了功而且永了久，像楚王國第五任國王芈商臣先生，和宋王朝第二任皇帝趙光義先生幹的勾當，他們就是天子聖明，兼聖明天子。問題是，后羿先生偏偏運氣不佳，於是，第二，因爲他倉促失敗，身首異處，這第二點才是決定性的。嗚呼，他閣下雖然高高在上，統治中國八年之久，正是中國對日本抗戰的年數，儒家學派卻硬生生把他排出「正統」，硬說他不是君王。這種以詐欺爲業的史學家，似乎只有中國有。

——「正統」以及「道統」，把中國搞了個慘，也使學術界、史學界，焦頭爛額，甚至血染刀鋒。以後，我們有太多的機會談到它。

確定了后羿先生在夏王朝的關係位置後，我們開始敍述。

夏王朝是姒文命先生建立的王朝，他閣下把殺父之仇姚重華先生弄到煙瘴荒涼的蒼梧（湖南省寧遠縣）幹掉之後，也模仿死鬼當年的魔術，宣稱姚重華先生堅決的非把大位「禪讓」給他不可，但他拒絕接受，並誓言擁護死鬼之子姚商均先生繼承寶座。曾經上演過的這種諷刺性的政治鬧劇，再原封搬上舞台，只不過換了演員。四十八年前，姚重華先生也曾誓言擁護死鬼之子，四十八年後的今天，姒文命先生如法炮製。演員雖然不同，劇情仍然一樣，局勢既在他的控制之下，黨羽們自然不會向姚商均先生靠攏。對這場凌厲的權力篡奪，書上有美麗的報導。

史記曰：

「舜（姚重華）崩，三年喪畢，禹（姒文命）辭避舜（姚重華）之子（姚）商均於陽城（河南省登封縣告城鎭），天下諸侯皆去（姚）商均，而朝禹（姒文命），禹（姒文命）於是遂即天子位。」

姚重華先生被謀殺於紀元前二二〇八年，姒文命先生登基則在紀元前二二〇五年，當中整整三年，權力眞空，中央政府沒有元首。想當初，伊祁放勳先生死後，帝座也空懸了三年，這件事如果沒有點怪，天下便再沒有其他怪事矣。儒家的解釋是：他們都爲他們的故主，守三年之喪。嗟夫，中華人自黃帝姬軒轅先生以降，老傢伙死後，兒子也好、孫子也好、哥哥弟弟也好，一個個迫不及待的都撅起屁股，往龍椅上猛坐，他們爲啥不讓寶座空起來，守三年之喪？難道他們都是畜牲乎哉？而且，在儒家的經典裏，君王是一種例外的特別動物，君王的守喪跟其他任何人——上自親王宰相，下至山坳小民，都不一樣。君王守的是「心喪」，只要心裏悲哀就行啦，不在乎外表形式；只姒文命不然。

東南天柱號曰：

「舜（姚重華）崩，禹（姒文命）服喪三年，朝夕號泣，形體枯槁，面目黧黑。」

即令是小娃，對最戀最依的親爹親娘，都不至如此。對殺父之仇——好吧，不提殺父之仇吧，對一個君王，即令該君王美不可言，也不可能產生這種滑稽感情。

不得不跳

姒文命先生大空位三年，跟姚重華先生大空位三年一樣，由於政治情勢上的不穩定，他雖然很強大，但還沒有強大到可以擺平的程度。符子曾透露出一段姒文命先生的苦惱：

「禹（姒文命）讓天下於奇子，奇子曰：君言佐舜（姚重華）勞矣，鑿山川、通河漢、首無髮、股無毛，故舜（姚重華）也，以勞報子。我生而逸，不能為君勞矣。」

譯成現代語文：

「姒文命要把君王寶座讓給奇子先生，奇子先生曰：你當姚重華先生的助手，辛辛苦苦像牛馬，開山闢路，通江倒海，累得頭髮也脫啦，腿上的毛也磨光啦，姚重華先生才教你接替他。而我一輩子安逸，可不能跟你一樣去辛辛苦苦。」

政權跟漂亮絕倫的美女一樣，人見人愛。只要可能，還要飛蛾撲火，奮不顧身。現代民主政治，就是建立在這種共識的基礎上。可是看儒家系統筆下的伊祁放勳、姚重華、姒文命的模樣，政權卻好像毒藥，誰也不肯下肚，只往別人嘴裏灌。而事實上，他們卻吃得津津有味，唯怕別人伸手。一則小幽默上說：一個露營客向鄰近的一個露營客曰：「昨晚你們跳舞怎麼跳得那麼凶？」答曰：「我們不得不跳，一個傢伙不小心踢翻了馬蜂窩。」嗚呼，「禪讓」云乎哉，他們不得不「禪讓」，因為鋼刀就擱在他們脖子上。

混亂的政治局勢，三年後終於塵埃落定，姒文命先生取得政權，建立夏王朝，定都安邑（山西省夏縣）——位於姚重華先生故都蒲阪（山西省永濟市）東北航空距離一百公里。

姒文命先生坐上寶座時，已九十三歲高齡，只幹了八年，當他滿百歲，紀元前二一九八年時，壽終正寢，把寶座傳給他的兒子姒啓先生。對這件事，「托古改制」之徒，可算是傷透腦筋，說姒文命先生「不賢」吧，姚重華豈能把政權「禪讓」給不賢；說姒文命先生「賢」吧，又怎能幹出這種「家天下」狗屎之事？最後，他們發明了理由。說姒文命先生本來也要把江山「禪讓」給一位名叫「益」的傢伙。

史記曰：

「而後舉益，任之政，十年，帝禹（姒文命）東巡狩，至於會稽（河南省伊川縣）而崩。以天下授益，三年之喪畢，益讓帝禹（姒文命）之子（姒）啓，而避居箕山之陽（河南省登封市告城鎮——也就是姒文命住過的地方），禹（姒文命）子（姒）啓賢，天下屬意焉。及禹（姒文命）崩，雖授益，益之佐禹（姒文命）日淺，天下未洽，故諸侯皆去益而朝（姒）啓，曰：吾君帝禹（姒文命）之子也。於是（姒）啓遂即天子之位。」

瓶頸危機

這眞是一張不打自招的口供，益先生之所以失敗，關鍵不在他賢不賢，而在他「淺」不「淺」，不過是掌權日子太短，羽毛未豐，爪牙未利罷啦。但益先生在絕望中，仍作最後一擊，策動位於陝西省戶縣的有扈部落，起兵反抗新君姒啓。姒啓先生先發制人，派遣大兵團向有扈部落進攻，在甘亭（陝西省戶縣南郊）決戰，這一戰是殊死鬥。誰戰勝，誰就是聖明天子，萬德俱備；誰戰敗，誰就是叛逆盜賊，百惡齊臻。所以，姒啓先生緊張萬分，在甘亭地方，集結所有可能集結的武裝力量，和各部落酋長，共同簽訂盟約，宣告他的理直氣壯。這項宣告文，就是中國歷史上有名的甘誓。

結果是有扈部隊戰敗，全體被以仁德著稱的姒啓先生屠殺。益先生的下落，我們不知道，可能也被砍頭，但也可能只剩下孤伶伶一身，再沒有力量，而允許他仍活着。

姒啓先生旗開得勝，馬到成功，結束了「禪讓」童話，也結束了在這種童話下掩蓋着的奪權鬥爭。他把帝位的傳遞，恢復了黃帝王朝時代的正軌，由兒子或兄弟接班。野心家的力量再強大，只好乾瞪眼，不能祭起「禪讓」法寶矣。有人說，「家天下」從姒啓先生開始，說這話的人，如果不是眞瞎，就是假瞎，黃帝王朝的傳統就是「家天下」的，伊祁放勳先生和姚重華先生「不得不跳」的「禪讓天下」，是一種變種怪胎。姒啓先生亡羊補牢，把它矯正過來，使中國四千年間，權力中心的轉移，有一條和平的途徑。

姒啓先生是夏王朝第二任君王，翹辮子後，兒子姒太康先生繼位爲第三任君王，諺曰：「富不過三代」。姒太康先生已是第三代矣，夏政權進入瓶頸。

關於「瓶頸」，中國人史綱曰：

「我們發現一項歷史定律，即任何王朝政權，當它建立後四五十年左右，或當它傳位到第二第三代時，就到了瓶頸時期。——所謂若干年和若干代，只是爲了加強印象而設，當然不會有人機械的去解釋。在進入瓶頸的狹道時，除非統治階層有高度的智慧和能力，他們無法避免遭受到足以使他們前功盡棄，也就是足以使他們國破家亡的瓶頸危機。歷史顯示，能夠通過這個瓶頸，即可獲得一個較長期的穩定。不能夠通過或一直膠着在這個瓶頸之中，它必然瓦解。

「發生瓶頸危機，原因很多，主要的是，王朝建立伊始，人民還沒有養成效忠的心理慣性作用。新政權就好像一個剛剛砌好的新磚牆，水泥還沒有凝固，任何稍大的震動都會使它倒塌。一旦統治者不孚眾望，或貪污腐敗，或發生其他事故，如外患內訌之類，都將引發震動的炸藥。不孚眾望往往促使掌握軍權的將領們興起取而代之的欲望，貪污腐敗則完全背叛了建國時的政治號召，跟當初賴以成功的群眾脫節。外患內訌之類的傷害，更為明顯。」

打獵打昏了頭

姒太康先生，這位夏王朝第三任君王，歷史注定他要在瓶頸危機中擔任主要角色。他對打獵的興趣遠超過對政治的興趣，打獵這玩藝，現代中國人已經不能想像那種驚天動地的半戰爭場面，所帶給人們的刺激和亢奮。但是，它卻是君王們的傳統娛樂，除了明王朝那些走肉行屍的皇帝外，其他歷代君王，差不多都喜歡這個調調，蓋打獵可以享受到戰爭的滿足，卻沒有戰爭的危險。

姒太康先生沉迷於打獵。對任何事物過度的沉迷，都會受到傷害，如果山珍海味不要命的吃，也會吃出大禍。打獵亦然，姒太康先生打獵打昏了頭，紀元前二一六〇年，在一次瘋狂的狩獵中，他從首都安邑（山西省夏縣）出發，帶領鷹犬和大隊人馬，浩浩蕩蕩，向南行獵，打得天昏地暗，日月無光，不知不覺打進主峰高達二千餘公尺，橫袤一百公里的中條山脈，攀過重峰疊嶺，節節追擊，最後從南麓出山，山下即是黃河，復在歡聲雷動中渡過黃河。在哪個渡口渡過黃河的，史書上沒有記載，反正不管從哪裏渡過，都得碰上邙山，這就沿着邙山向東挺進，萬獸奔騰，人馬喧嘩，置酒高歌，好不快活。不久，御駕到了窮石（河南省洛陽市通谷村），跟碰上了邙山一樣，他陛下碰上了本文第二男主角，有窮部落酋長后羿先生。

這位后羿先生，跟黃帝王朝堯帝伊祁放勳先生在位時，射掉九個太陽的華羿先生，可不是同一個人，但可能是華羿先生的後裔。史書上說，后羿先生所屬的部落，在黃帝王朝第四任君王嚳帝姬夋先生（伊祁放勳的爹）時代，住在鉏邑（河南省滑縣），這個部落以精於製造當時最利害的武器弓箭，和善於騎射，聞名於世。很明顯的，這是一個好戰的部落，所以歷任君王對他們都另眼看待，不但在國防上倚仗他們，便是向上帝宣戰，要對付太陽，也要倚仗他們，酋長在中央政府也一直擔任國防部長或陸海空軍總司令的官職。

帝王世紀曰：

「（后）羿，有窮氏，未聞其姓。其先帝嚳（姬夋），以世掌射故，於是加賜以弓矢，封之於鉏（河南省滑縣），爲帝（君王）司射。歷唐（伊祁放勳）及虞（姚重華）夏（姒文命）。至（后）羿，學射於吉甫。與吳賀北遊，使（后）羿射雀左目。（后）羿引弓射之，誤中右目。（后）羿俯首而愧，終身不忘。故（后）羿善射，至今稱之。及有夏（夏王朝）之衰，（后）羿自鉏（河南省滑縣）遷於窮石（河南省洛陽市通谷村），因夏民之不服，以代夏政。」

這段話把后羿先生的歷史背景，交代得淸淸楚楚。只有一點需要研究的，古之時也，「

有」字用處特別多，黃帝王朝開山老祖姬軒轅先生是「有熊」部落酋長，姒文命先生是「有夏」部落酋長。后羿先生則是「有窮」部落酋長。在古史書中，「有這」「有那」，看起來有點深奧，實際上恐怕平淡無奇。「有」不過語助詞，跟「阿」字固相通也。古人曰「有」，今人曰「阿」，魯迅先生如果生在紀元前二十三世紀，一定會寫出「有Q」，根本沒「阿Q」的份。

向東方逃亡

歷史上出現兩位名「羿」的先生，又擁有同樣的特技，如果把他們當做同一個人，也未嘗不可。不過古書上既然說華羿先生射過太陽，而后羿先生卻起兵抗暴，幹下轟轟烈烈的大事，似乎只是兩個同名的傢伙。嗚呼，在西洋各國，流行的是父子同名，祖孫同名，而且一同到底，幾代下來，同得不可開交。貴閣下到某家應邀做客，喚了一聲「查理」，咦，可不得了啦，小的也答應，大的也答應，老的也答應，連五百公里外墳墓裏的老祖宗，也一齊吼曰：「俺在這裏呀。」可謂天下奇觀。他們只好用「查理第一」「查理第二」分之。我眞擔心，這麼叫下去的話，終有一天，出現「查理第三十五萬七千六百八十九」，叫起來固然累死人，寫起來也能使人痛不欲生。

中國的同名文化，可能到夏王朝末期才停止發展。也可能有窮部落中，名「羿」的傢伙特別多。至於「后」，除了當「君王的老婆」解外，還是一種尊稱，從前中國人跟現代西洋人一樣，把尊稱放到名字之前，西洋人曰：迷死脫、打狗脫，古中國人則曰：后。若「柏楊先生」，如果早生四千年，就是「后柏楊」矣。「羿」上加「后」，乃「尊貴的羿」。不過我們還是稱他「后羿先生」，實在是我老人家討厭透了單音節的獨立字。而且，在后羿先生之後，「后」就成了姓。孔丘先生的弟子中，就有一位后處。

——用不着找后姓朋友打聽，鑒於后羿先生有過篡位失敗的紀錄，爲儒家學派所不齒，他們一定拒絕承認后羿先生是他們的祖宗，準說他們的姓來自后稷先生。蓋后稷先生的十五世紀孫姬發先生（那時已改了姓啦，古時候沒有專門管理戶籍的衙門，出國又不要護照，改姓改名可眞方便），就是一千年後興起的周王朝的第一任君王。這似乎比較光采。

后羿先生趁着軍民的憤怒，向姒太康先生的狩獵部隊，發動奇襲，然後切斷退路。狩獵部隊當然抵抗不住訓練有素的兵團，尤其是變生肘腋，猝不及防。一擊之下，全軍瓦解，丟下打獵的斬獲和他們的君王，四散逃命。最後只剩下姒太康先生一人，一瞧情勢不對，既回不了遠在西北，隔着千山萬水的首都安邑（山西省夏縣），只好隻身向東方逃亡，逃到了斟鄩（河南省登封市），確信背後沒有追兵之後，才停住腳步。

后羿先生逐走了姒太康先生之後，野心頓生，揮軍北渡黃河，一舉攫取了首都安邑（山西省夏縣）。他並不立刻坐上寶座，一次軍事勝利，只是一項震撼，還不是足夠的政治資本，他需要較長時間累積他的威望，和培植力量。於是，他找到姒太康的弟弟姒仲康，告訴他，如果他願意的話，他可以接任「天子」。姒仲康先生當然願意，事實上，他不願意也難不住后羿，把他宰掉後，后羿先生會找到另一個。

姒仲康先生是夏王朝第四任君王。

向更遠的東方逃亡

姒仲康先生在帝位上坐了十四年，后羿先生擔任宰相職務。十四年是一個相當長的時間，足以使他的力量穩固。姒仲康先生於紀元前二一四七年逝世，我們稱之爲「恰到好處的死」，嗚呼，有些領袖人物，受到命運作弄，該死的時候，偏偏不死，還額首稱慶，普天同歡的活下去。結果身敗名裂，甚至國破家亡。

——人，該死的時候，最好就死，「恰到好處的死」，是人生最大的福氣。記不得哪本書上啦，好像是閱微草堂筆記載：某官害了重病，躺在床上哼哼，百藥罔效，一位高僧登門曰：「我跟貴府三代相交，老太爺屢拯貧僧於危。我有藥方，特來報恩。」官員的一位侍妾，大概是醫科大學堂畢業的，頗通醫道，看了藥方，大駭曰：「這算幹啥，藥到命除。」把高僧亂棒打出。高僧嘆曰：「我本報恩，此志不遂，奈何。」侍妾老奶乃親自主持湯藥，竟把該官員的老命救了回來，他閣下對侍妾老奶當然感激不盡，對該自稱「報恩」的老和尙，罵了個狗頭噴血，肯定是仇家派出的殺手，不得不慶幸未中奸計。病癒之後，他升了高官，結果大貪汚案爆發，被綁赴法場，砍下尊頭，家產充公，家人（包括那位救命的侍妾老奶）沒入官府當奴。

姒仲康先生之死，使他逃掉「高官」的命運。但后羿先生仍不下手，反而把姒仲康的兒子姒相——本文的第一男主角，掇弄上寶座。這個身不由己的夏王朝第五任年輕君王，注定要演悲劇角色，他繼承了他祖父和父親政治腐敗的瓶頸狹巷，簡直不是坐在寶座上，而是坐在后羿先生的刀尖上。

兩年後的紀元前二一四五年，已等候了十六年之久的后羿先生，不再等候，把姒相先生罷黜。然後把他放逐到東方航空距離四百五十公里外的斟灌（河南省清豐縣）。也可能不是放逐，而是姒相先生一看苗頭不對，向那裏逃亡。反正這些不關重要，重要的是，后羿先生正式登位，成爲夏王朝第六任君王。

——請讀者老爺注意，后羿先生並沒有另行創立一個新王朝，那就是說，他仍然是夏王朝的帝王，這在中國歷史上是一個變數。蓋中國傳統文化是，無論是青面獠牙型的匪徒惡棍，或白面書生型的大奸巨滑，只要奪取到政權，立刻就會把舊王朝一筆勾銷，重敲鑼，另開張，建立屬於自己的新王朝。姒文命先生就是這麼幹的。后羿、寒浞之後，更成了慣例：「頭目改姓，即改王朝」，忠於某一個王朝，事實上就是忠於君王的那一個姓，形成一種生殖器崇拜的奴才性格。西漢王朝第一任皇帝劉邦先生就要他的臣民誓言：「非姓劉的當帝王，全國人共擊之。」好像有錢大爺包娼一樣，包啦。而當時的人竟然也承認這種包娼制度，他媽的。

長生不老藥

后羿先生雖然就任夏王朝第六任君王，以及稍後的寒浞先生雖然就任夏王朝第七任君王，傳統史學家卻拒絕承認這項事實。

史記曰：

「太康崩，弟仲康立，是爲帝仲康。帝仲康時，羲和湎淫，廢時亂日，胤往征之，作胤征。仲康崩，子帝相立。帝相崩，子帝少康立。」

譯成現代語文：

「姒太康死，老弟姒仲康繼位。一個名叫羲和的部落酋長，沉湎於酒，天天大醉，政務荒廢。姒仲康曾派胤部落酋長前往討伐，作胤征之歌。姒仲康死，子姒相繼位，姒相死，子姒少康繼位。」

如果僅看史記一部書，夏王朝權力中心移轉的情形，眞是乾淨俐落，姒太康先生既沒有被趕走，姒相先生更御駕善終，善終之後，兒子老爺姒少康先生順理成章的馬上接收了政權。至於后羿先生，以及將要報導的寒浞先生，好像根本沒有這兩個人。史記作者司馬遷先生，是中國史學之父，以他崇高的智慧，不會這麼無法無天。只是在政治的巨棒之下，他不敢賦給「異姓」、更不敢賦給篡位的「亂臣賊子」應該擁有的地位。政治巨棒對史學發揮的威力是：抹殺事實，扭曲事實，輕視事實，揑造事實。

感謝皇天，政治掛帥現在沒掛在我們頭上，所以，我們可以站在小民立場，去認定事實。事實是：后羿先生及稍後述及的寒浞先生，都是夏王朝的正式君王。

后羿先生是一位傳奇人物，而他的妻子更是傳奇，幾乎所有中華人——包括兒童，都知道她，並爲她的遭遇神往，她就是名滿天下的嫦娥女士。遠在中國西北邊陲，有一座崑崙山，長達二千五百公里，海拔五千公尺到七千公尺，以無比的雄姿，從帕米爾高原，向東延伸，成爲新疆和西藏的界山。那是古代神仙們的住處（二十世紀初葉，神仙沒有啦，崑崙山降格，成了劍客們的大本營）。古代很多神仙中，以王母娘娘出現最早，她貌美如花，而且法術高強，不知道什麼緣故，也可能是她閣下對英俊的后羿先生，一見鍾情，就贈送給他一包長生不老藥。並告訴他，必須等若干年，他身登大寶之後，呑下尊肚，就可長生不老。

——「長生不老」是中國人最如意算盤的一種願望，西洋人就差一截，希臘神話中有一位女神（想不起來是誰），愛上一個英俊的臭男人，愛得如醉如癡，不可開交，就要求天帝周彼得先生，賜他不死，周彼得慨然允許。那個艷福不淺的傢伙，果然不死，可是他卻一天一天的衰老，老得跟柏楊先生一樣，「而髮蒼蒼，而視茫茫，而牙齒動搖」，而彎腰駝背，而筋疲力盡，而走肉行屍，最後，而心有餘而力不足。女神大失所望，找周彼得先生理論，周彼得先生曰：「妳只要他不死，沒要他不老呀。」女神曰：「那還不如教他死了好。」該傢伙只好駕崩。嗚呼，女神老奶奶如果有王母娘娘聰明，當初求的是「長生不老」，就愛河永浴，到今天都雙雙對對矣。

嫦娥和吳剛

后羿先生得到了長生不老之藥，興高采烈，偷偷的放到保險箱中，準備時候到來。他妻子嫦娥女士看在眼裏，記在心頭，想曰：「好呀，你長生不老，俺可是非老不可，你野心不小，打算一直換老婆呀。你能吃，俺也能吃，你小子想獨吞，門兒都沒有。」就在后羿先生登上夏王朝君王寶座那天，趁着馬屁精雲集，熱鬧烘烘，這位美麗的年輕皇后，悄悄溜回寢宮，撬開保險箱，把藥拿到手裏，咚咚咚咚，灌下咽喉，舐了舐嘴唇。咦，那可眞是奇藥，她閣下立刻脫胎換骨，身輕如燕。一則她害怕后羿先生發覺後向她追究，二則對這個人人都必然死亡的世界，也無所留戀。於是，她開始飛昇，一陣輕煙，她飛到了月球，就在月球之上定居。

——據說，嫦娥女士直到今天，仍住月球，在那冷清的世界裏，陪伴她的，只有一隻她最喜歡，臨昇天時抱到懷裏的小白兔。小白兔大概受到奇藥發出的輻射線的感染，也同樣的長生不老。到了兩千三百年後的西漢王朝時，有一位名叫吳剛的倒楣傢伙，一心要學道成仙，想不到犯了過失（古書上沒說他犯了啥過失），玉皇大帝大發雷霆，把他放逐到月球上砍伐桂樹。桂樹高只五十尺，應該是用不了多久就會砍倒在地，偏偏該桂樹不同普通桂樹，大斧下去，砍出裂口，可是大斧抽出，裂口又合，那才是一件勞而無功的苦差，砍既砍不斷，而他閣下又不能不砍，只好拚命的一直埋頭苦砍下去，以致他連跟嫦娥女士說話的工夫都沒有，更別說談情說愛啦。如果換了柏楊先生，我就不砍，或做點炸藥，把它連根轟掉。然後，洗洗嘴臉，找上嫦娥女士，談談天南地北，寫一篇訪問。吳剛先生卻死心眼，始終認定桂樹定會被他砍倒。但也正因爲他死心眼，才沒有傳出他跟嫦娥女士的羅曼史。

——吳剛先生伐桂，小白兔杵藥（牠大概幫牠的女主人嫦娥不斷煉丹），當月圓之夜，我們仍可瞧到他們的忙碌影子，只有嫦娥女士，深居廣寒宮，從不拋頭露面。人們再也看不見她矣。

——二十世紀七〇年代，美國人登陸月球，把這個美麗的神話，破壞無遺，使人沮喪。可是，神話學家也有解釋。嫦娥女士每聽到太空人登陸月球的消息，就用法術隱蔽起來。據說，太空人以後如果不斷地去打擾她們，她和吳剛先生，可能搬家，連同廣寒宮和那棵魔桂，一齊搬到月球背面，那裏是永遠的陰暗，連太空人也不能到，就安靜多啦。不過，見到太陽也好，見不到太陽也好，月球是永恒的空寂，對一個漂亮女士而言，即令青春永駐，活着似乎也沒啥意思。吾友李商隱先生曾有詩哀之，詩曰：

雲母屏風燭影深　長河漸落曉星沉
嫦娥應悔偷靈藥　碧海青天夜夜心

殺人奪美

妻子開溜，給后羿先生一個很大打擊。幸好，天下美女多如星斗。小伙子往往把意中人看成「天上少有、地下無雙」，是眼眶太小之故。后羿先生不久就發現一位跟嫦娥女士同樣漂亮，甚至比嫦娥女士更漂亮，而皮膚稍黑的一位老奶玄妻女士，「玄妻」是文言文，譯成白話，就是「黑狐狸精」，聽起來不像是正式名字，倒像是一個綽號。屈原先生在他的楚辭・天問篇中，稱她「眩妻」「純狐」，大概男人一見了她就頭昏眼花之意。她閣下是有仍部落（山東省金鄉縣）酋長的女兒，嫁給夏王朝中央政府音樂部長（樂正）后夔先生，生了一個兒子后伯封。后夔先生不久死掉（有那麼美麗的妻子，也實在該死），玄妻女士成了年輕寡婦，后羿先生在一個偶然的機會中見到她，立刻應驗了「眩妻」的「眩」，頭昏眼花兼意亂情迷，決心把她娶到手，卻一時苦於沒有比較滿意的方法。就在這節骨眼上，一位名叫寒浞的先生，向他建議曰：「老爹，這可是簡單的很呀，弄一頂鐵帽扣到她兒子后伯封頭上，捉住殺掉，家屬充公，美人兒豈不歸你擺佈乎哉？」后羿先生曰：「扣啥鐵帽？」寒浞先生曰：「說他貪心喜財，搜括無度。」后羿先生呻吟不語，寒浞先生曰：「爲了鬥臭，他的形容詞我都想好啦，發動傳播媒體一口咬定他是一頭『大豬』，可加強人們對他厭惡的程度。」

左傳原文：

「昔有仍氏生女，黰黑而甚美，光可以鑑，名曰玄妻，樂正后夔娶之，生（后）伯封，實有豕心，貪惏無厭，忿纇無期，謂之『封豕』，有窮后羿滅之，（后）夔是以不祀。」

后羿先生採納了寒浞先生的建議，結果之一：后伯封先生被殺，玄妻女士成了后羿先生的老婆，也就是夏王朝的正式皇后。結果之二：寒浞先生迅速擢升，從此成了后羿先生的心腹親信。

請讀者老爺注意寒浞先生這個角色，從他所出的這個惡毒主意，可看出他的卑劣品質。爲了接近權力，不惜破人之家，殺人之頭，還把被害人的年輕母親獻給主子。后羿先生立刻肯定他忠心耿耿，而他正是希望后羿先生這麼肯定。這是一個契機，從此，后羿先生對寒浞的信任，與日俱增，終於擢升他擔任宰相，掌握軍權。寒浞先生是第一流的陰謀家，他不會把他的高興顯露出來，反而更加恭敬溫順。他接着要做的是，翦除后羿先生的爪牙，使他陷於孤立。左傳上說，后羿先生仍擁有四位非常有能力，而又效忠自己的高級幹部：武羅先生、伯困先生、熊髡先生、尨圉先生。我們不知道他們擔任什麼職務，只知道他們被稱爲賢臣。

寒浞先生如果不能把這四位高級幹部剷除，他就不能暢所欲爲。

剁成肉醬

當初舜帝姚重華先生當宰相時，面對的也是四個人的反對力量，他在他們脅頭扣上「四凶」鐵帽，殺的殺，逐的逐。寒浞先生面對的同樣是四個人的反對力量，他當然希望也殺的殺，逐的逐。可是，后羿先生是一位比較厚道的君王，雖然他的智慧不能分辨忠奸，但他的心腸使他不忍心遂下毒手，他只是逐漸的跟四位老友疏遠，而把大權交給寒浞。

寒浞先生最後一個步驟是鼓舞后羿打獵，嗚呼，后羿先生就是趁着姒太康先生打獵過度時取得政權的，現在他卻被寒浞說服，也去拚命打獵。寒浞一定使他相信四個惡漢已被排除，天下太平，政權安如泰山，如果不趁此機會，大鬧大鬧，眞是第一號傻瓜。后羿先生龍心大悅，走上姒太康走過的覆亡之路，歷史重演。

紀元前二十二世紀六〇年代，前二一三八年，后羿先生在一場興奮的狩獵之後，收圍返宮。他的衛士突然叛變，向他攻擊。寒浞先生率領武裝部隊及時趕到，可憐的后羿，還大喜過望，以為來的準是救兵，卻不知道來的不是救兵，而是凶手。厄運已抓住他，他沒有姒太康先生那麼幸運，可以逃走。他被捉住，寒浞先生下令，用粗大的桃木巨棍，把他活活打死。然而最糟的還不是死，而是寒浞先生把后羿先生的屍體放到大鍋裏煮熟，剁成肉醬，由叛將們分而食之。不特此也，還要后羿先生的兒子也吃一碗。小后羿先生在巨變中已心膽俱碎，面對老爹被宰割的肉醬，他吃不下去。寒浞先生勃然色變，號曰：「怎麼，你敢抗命，將來要報仇呀？」就在首都安邑（山西省夏縣）城門口——那個城門名「窮門」，把身為太子的小后羿先生，斬首示眾。

——寒浞先生對后羿先生這麼殘忍，使人震駭。如果懷着血海深仇，用這種方法洩恨，還可以理解，但后羿先生卻對他恩重如山。如果為了保衛政權，要斬草除根，同樣我們也能理解，可是殺既殺之矣，沒有必要再剁成肉醬，更沒有必要教兒子吃親爹的肉。只有一種解釋是合理的，那就是我們前面曾經提到，寒浞先生品質卑劣。韓信「千金一飯酬漂母」，是仁人義士、大丈夫的行徑，不是寒浞型人物的行徑，寒浞型人物行徑的主要內容是：利之所在，機會一到，立刻反噬，對越是有恩的人，反噬得越是殘酷。目的在使人產生一種印象：

恩主一定有嚴重的虧欠，否則受恩者不會做出這麼強烈的反應。這是最大機心，需要高度聰明。

——柏楊先生入獄之前，大概是一九六七年，看過美國出品的電視影集，片名已忘之矣。男主角到一個鎮上，豪華的飯店老闆張開雙臂歡迎他，大開賀宴，指飯店曰：「這都是你的。」男主角曰：「絕不，當然是你的。」飯店老闆曰：「全部錢都由你拿出來，而且沒有你救我，我早餓死沙漠。」但男主角堅持當初承諾。親密了幾天之後，男主角受到突擊，幾乎送掉老命。最後，男主角撕下殺手的面罩，赫然發現竟是飯店老闆，大驚曰：「老哥，我已向你聲明過，我連一半股權都不要，你爲啥還動手呀？」飯店老闆毫無愧色，答曰：「你使我承受太大壓力，看到你，就想到你對我恩重如山，使我永不能抬頭。我殺了你，世人會認爲你把我逼得忍無可忍。」

就在軍營處決

寒浞先生跟美國西部那位飯店老闆同一個德行，他用對恩主的激烈反噬，爲自己製造有利輿論，也可以使自己的良心，受到最小譴責。史書上雖沒有記載，我們可以推測得知，寒浞先生一定宣傳了后羿一麻袋罪該萬死的理由，包括他強娶玄妻女士的罪狀。說到義憤塡膺之處，連他自己也漸漸相信，由衷平安。

寒浞先生幹掉了本文第二男主角後，他閣下坐上寶座，成爲夏王朝第七任君王。他不但接收了夏王朝的稱謂，也接收了恩主后羿先生的老婆玄妻女士，而且生了兩個兒子：寒澆、寒豷（豷，音yì【易】）。

花開兩朵，各表一枝。我們回頭再報導那位被后羿先生趕下寶座，流亡在外的夏王朝第五任君王，也就是本文第一男主角姒相先生，他閣下在紀元前二一四五年，后羿先生奪取政權時，向東逃亡，比他伯父第三任君王姒太康先生，逃得更遠。姒太康先生不過逃到斟鄩（河南省登封市），姒相先生撒鴨子狂奔，竟跑到遙遠東方的斟灌（河南省清豐縣），投靠那裏仍效忠他的部落。

——姒太康先生逃到斟鄩後，斟鄩仍是后羿先生勢力範圍，但后羿先生卻讓他活着，這在中國歷史上是一件大事。蓋中國政治傳統，對於像趕豬、趕狗般，被趕下寶座的君王，新得勢的君王們很少有寬容的胸襟，允許他們生存，絕大多數都是一場屠殺，蓋恐怕他死灰復燃，來一個回馬槍也。姒太康先生最後在他流亡的寓所中，終其天年。我們看見伊祁放勳先生和姚重華先生的下場，以及在此之後，包括后羿先生在內的許多君王的下場，不禁爲姒太康先生慶幸，慶幸他遇到的對手后羿先生，氣宇不凡。

姒相先生卻沒有這種好運。

大概在紀元前二一一八年左右，正是西方巴比倫帝國鼎盛，漢漠拉比大帝頒佈大法典之前數年（也可能之後數年）。寒浞先生派遣他的長子寒澆先生，率領大軍，沿着黃河南岸東征，消滅姒姓皇族的殘餘份子。他認爲后羿先生的和平手段，是一種姑息行爲，而姑息必定養奸，一旦逃亡在外的王孫們有力量反撲時，他的政權就會面臨危機。寒浞先生告訴他的兒子：「到那時，人們已經忘了姒姓皇族的暴政，而只記得我們的壞處，我們不能眼看着他們茁壯。后羿是個呆瓜，事實已證明他的寬厚是錯誤的，我們如果不殺他，姒姓皇族也會殺他。」

寒澆先生的大軍進入斟鄩（河南省登封市），史書上沒有說遇到什麼，蓋姒太康先生已早死了矣。但他襲擊斟灌（河南省清豐縣）時，卻大有斬獲，姒相先生，這位已失去王位很久的遜王，現在跟一介平民一樣，靠他的勞力維生，被寒浞先生生擒，就在軍營處決。距他被罷黜的日子，整整二十八年。

寒浞

時代　紀元前二十二世紀六〇年代—紀元前二十一世紀二〇年代
王朝　夏王朝第七任帝
綽號
在位　六十年（前二一三八—前二〇七九）
遭遇　復仇軍至・被殺

毡帽・鐵帽・膩人

寒浞先生，夏王朝所屬的寒國（山東省濰坊市東北十五公里寒亭）——寒部落酋長的兒子，他從小就有一套花言巧語的奇能，這奇能是從哪裏來的？先天遺傳的乎？抑後天環境培養的乎？沒有人知道，可能二者都有，但主要的恐怕應歸功於「天縱英明」。搖尾份子最喜歡用「天縱英明」，一個不折不扣的地痞流氓土匪惡棍，只要有了點權，或有了點錢，馬屁精大筆一揮，或一聲吆喝，這頂毡帽就轟然而出，該傢伙想不舒服都不行。舒服得久啦，連自己也都以爲是眞的。嗚呼，鐵帽壓死人，毡帽唬死人。不過，天縱英明雖不可靠，「天生惡痞」，卻是例證斑斑。

寒浞先生小時候的行狀，左傳上用一個字形容，曰：「讒」，顚倒是非之意也。不知道他闖下了什麼大禍，身爲寒部落酋長的老爹寒伯明先生，傷心欲絕，把他逐出家門。寒浞先生對這項懲罰，不以爲意。諺不云乎，「此處不留爺，自有留爺處，處處不留爺，才把爺難住。」位於西方的夏政府，正處於不穩定狀態，后羿先生心懷大志，正在招兵買馬，廣收天下豪傑。寒浞先生就把舖蓋一捲，前往投奔。

這是不可預知的冒險，后羿先生的羽毛已相當豐滿，一個航空距離八百公里外異部落的流浪漢，要想在謀士如雲，猛將如雨中，脫穎而出，可不簡單。但寒浞先生有他的耐心。而且，他閣下深知，只要有機會跟后羿先生接近，他就有辦法控制后羿。嗟夫，寒浞先生是一種「膩人」，

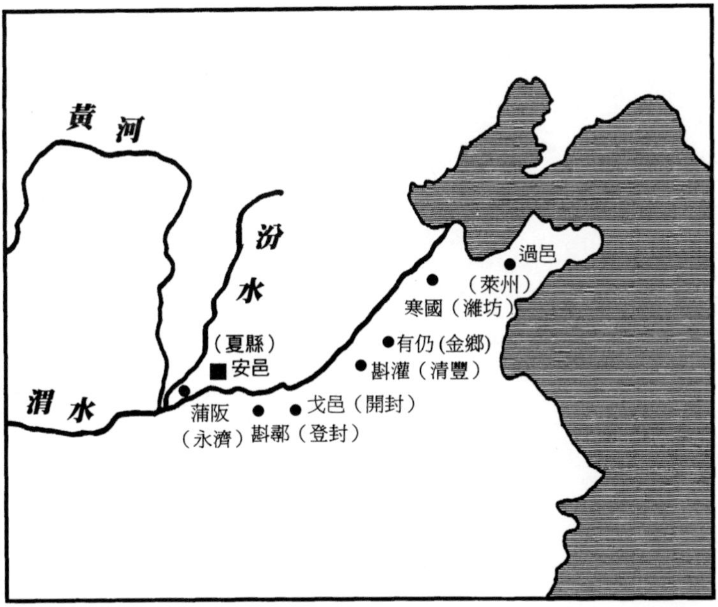

他如果下定決心控制某一個人，某一個人——除非他有好運氣或較高智慧，他就難逃魔掌。

「膩人」最喜歡秉性渾厚，胸襟坦蕩沒有心機的對象，后羿先生恰是這種性格。所以寒浞先生投奔之初，雖然只是一個卑微的角色，但他抓住玄妻的機會，被后羿先生視爲心腹，而且不久就挑撥后羿先生疏遠忠心耿耿的四位賢臣。其實「膩人」的祕密武器也很簡單，不外左傳所描述的：「行媚於內，施賂於外」，如此而已。

接着是武裝叛變，用最殘酷的手段對付他的恩主。后羿先生被桃木巨棍打死，和他的兒子被斬首於窮門之時，父子們心情如何，可以揣猜，嗟夫，凶手昨天還站在面前，一臉忠貞的也。這是一項不可思議的震撼，父子們唯一的感受，只是肝腸寸斷。

寒浞先生第二件事要做的，就是把恩主的老婆，他當初獻鐵帽奇計，替恩主弄到手的玄妻女士，收歸己有，做自己的老婆，繼續她的皇后頭銜。這種繼承妻子的幹法，中國宮廷史上出現的次數不多。可能玄妻女士太美啦，也可能寒浞先生要藉此羞辱她地下的前夫后羿先生。

赤條條拖出被窩

寒浞先生娶了恩主的老婆，出於路史後記記載：「（寒）浞蒸娶（后）羿室純狐」。鑒於當時的多妻制度，寒浞恐怕是跟后羿先生別的姬妾，也一古腦上了床。到了後來，不知道是哪位老奶，生下兩個兒子（在宗法社會中，再多的兒子都歸在正妻名下，所以說是玄妻女士生的也可）：寒澆、寒豷。寒浞老爹把長子寒澆封到過邑（山東省萊州市），把次子寒豷，封到戈邑（河南省開封市），這兩個封邑位於姒相先生流亡的斟灌（河南省清豐縣）兩翼，有一種監視作用。等到二位兒子長大，而於紀元前二一一八年，由寒澆先生率大軍由首都安邑（山西省夏縣）出發，先攻斟鄩（河南省登封市），再跟他封邑原有的駐屯部隊會師，向斟灌（河南省清豐縣）發動突擊。

姒相先生在那次突擊中，喪失生命。他的妻子后緡女士，正懷着身孕，在危急時從牆洞中爬出，晝伏夜行，逃回她娘家有仍（山東省金鄉縣——也是玄妻女士的娘家），而就在有仍，生下遺腹子姒少康。姒少康先生年紀稍長，有仍部落酋長外祖父，任命他負責全部落的畜牧工作。可是，姒姓皇族苗裔仍活在人間的消息，不久就傳到寒浞先生的耳朵，他下令搜捕，姒少康先生在東方不能存身，只好向西方逃亡。最危險的地方，往往是最安全的地方，寒浞先生絕不相信姒少康敢奔向他的天子腳下，而姒少康先生偏偏奔向他的天子腳下。他投奔蒲阪（山西省永濟市）的虞部落（就是姚重華先生所屬的部落），虞部落酋長姚思先生，對這位勤奮幹練的東方流浪青年，另眼看待，把兩位女兒嫁給他，並且任命他管理部落裏的糧食供應（庖正），不久，就在一個名諸綸的村莊附近，撥給他一塊土地，由他們夫婦耕種。

姒少康先生在極度隱密中積極準備，若干年後，諸綸地方已擴展到五方公里（一成），就在這五方公里的耕田中，他祕密號召仍懷念他父親、祖父的遺民，結集了五百餘人（一旅）。他知道，以這五百餘人孤軍去進攻當今君王寒浞先生的政府正規大軍，就跟用雞蛋撞擊石頭一樣，立刻就會粉碎。於是，他決定採取奇兵。他計算，蒲阪（山西省永濟市）到首都安邑（山西省夏縣），航空距離僅百餘公里，只要一天工夫，就可先潛行到首都附近埋伏，然後夜襲。寒浞先生已經老邁，老邁的政治領袖，往往醬在過去成功的榮耀回憶裏，會喪失當年的警覺和勇氣，並自信威力無邊，疏於防衛。

大復仇的日子終於到來，紀元前二十一世紀二〇年代前二〇七九年的一天，姒少康先生的精銳兵團，在夜色掩護下，衝進安邑。安邑雖是首都，但在那個時代，還沒有城寨壕溝之類的防禦工事。所以復仇部隊很容易衝進不過一個大莊院般的皇宮。八十餘歲的寒浞先生，這個一身罪惡的老壞蛋，被赤條條拖出被窩，號叫着死於亂刀之下。

姒姓皇族復辟，姒少康先生成了夏王朝第八任君王，然後派軍攻擊寒浞先生的二子，名「靡」的將軍攻陷過邑，名「后杼」的將軍攻陷戈邑，把寒澆、寒豷，分別砍下尊頭，跟寒浞先生有直系血親的宗族，全部屠殺。

——姒少康先生的故事，在中國流傳不衰。尤其當一個政權受到嚴重打擊，失去大量疆土，岌岌可危時，總會強調這個以少擊眾的故事，用以鼓勵士氣，和增加信心。

姒孔甲

時代　紀元前十九世紀二〇—五〇年代
王朝　夏王朝第十六任帝
綽號
在位　三十二年（前一八八〇—前一八四九）
遭遇　暴斃

深山遇到喜宴

姒孔甲先生，前文介紹的那位姒少康先生的第七代皇孫。紀元前二十世紀七〇年代前一九二二年，老爹第十三任君王姒不降先生死後，第十四任君王的寶座，沒有傳給他，卻傳給弟弟姒扃。紀元前二十世紀最後一年，前一九〇一年，姒扃先生死後，第十五任君王的寶座，傳給兒子姒廑。紀元前十九世紀二〇年代前一八八〇年，姒廑先生去世。第十六任君王的寶座，不知道什麼緣故，才恢復原來系統，傳給姒孔甲。

夏王朝在第三任君王姒太康先生時，進入瓶頸，幸虧姒少康先生崛起，恢復姒姓皇族的政權，被史學家稱爲「少康中興」，即中興衰微沒落了的姒姓皇族。不過事實上，一個政權一旦覆亡，就是覆亡，要想中興，就跟把一個死人從棺材裏挖出來，要他復活一樣，除了耶穌先生外，任何人都不可能。只有一種情形是可能的——也僅只「可能」而已，那就是，招牌是老招牌，股東卻換啦。姒少康先生的政府，跟他爹他爺的政府，成員完全不同。然而，政權是一種有機體，若干代下來，朝氣漸失，暮氣漸起，到了姒孔甲先生，夏王朝再度走向下坡。走向下坡的原因很多，但在封建專制政體下，君王卻往往是唯一的原因——即令不是唯一的原因，也是最最最主要的原因。

姒孔甲先生是一個腦滿腸肥的庸才，史書上說，他任性、好奇、喜怒無常，不把人當人，智力商數不高，典型的富家子弟。雖受過跟他身份相當的教育，卻無法

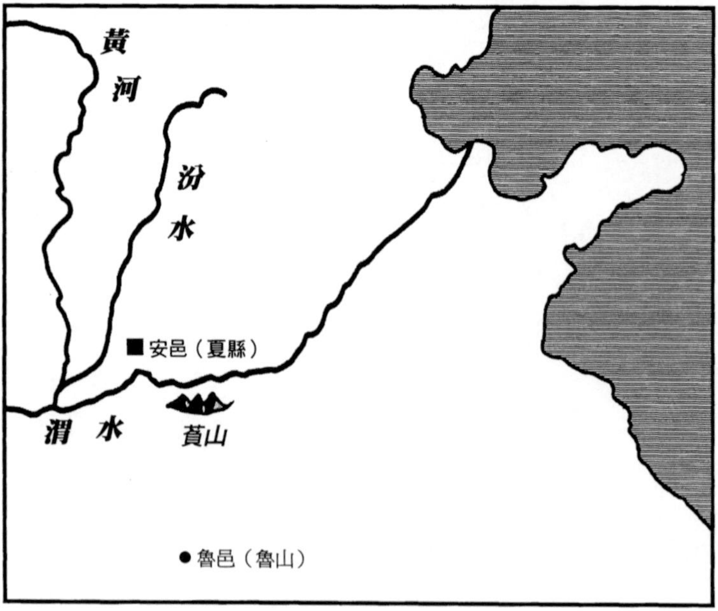

擺脫荷花大少脾氣。除了打獵外，他只知道一味侍奉鬼神。打獵使他瘋狂，而祭祀使他在爲非作歹後心裏平安，而且每逢祭祀，都要殺豬宰羊，可以名正言順的大吃特吃，他什麼都不管，只管努力娛樂。

有一年，他閣下的狩獵部隊，南渡黃河，狩獵在東陽萯山（河南省鞏縣北，邙山山脈的支麓），傳說那裏是吉神泰逢先生住的地方。吉神泰逢先生顯然不喜歡這個昏君，作起法術，忽然間大風驟起，飛砂走石，天昏地暗，狩獵部隊被刮得東藏西躲，四下逃命。姒孔甲先生帶着隨身的幾個衛士，也豕突狼奔。最後，在山坳裏發現一個農家茅屋，便闖了進去。想不到，那家正擺設喜宴，原來主人新得了一個兒子，親戚朋友正在那裏熱鬧烘烘，舉杯慶祝哩。姒孔甲先生的出現，使他們大爲震驚。等到弄清楚他閣下的高貴身份之後，就七嘴八舌，議論紛紛。有的曰：「這娃兒可是好命，生下來就碰到天子老爺臨門，一定福如東海，大吉大祥。」有的曰：「恐怕不見得，天子的氣焰太盛，恐怕會使娃兒受到傷害。」姒孔甲先生大怒曰：「我怎麼會使娃兒受到傷害？跟我走，我收養他當兒子，看誰敢碰他？」

龍在中央政府出現

娃兒一天天長大，姒孔甲先生指派一隊衛士，給他嚴密保護，他不是愛這個少年，而是要向他的人民展示他的權威，連天意都可以改變。

然而，一件意外發生。有一天，少年正在皇宮玩耍，忽然間，帳篷被風吹動，早已腐朽了的椽柱，從當中斷裂，崩塌下來，像利斧一樣，把少年的雙足砍斷。少年的痛苦是可以想像的，他從此成爲殘廢。姒孔甲先生聽到報告，大失所望，顯然的他這個君王的權威到底有限。只好教少年看守城門，恢復他的卑微日子。並且自己作了一首歌，曰破斧之歌，這是最早一首用東方音樂譜出的歌，紀念他所受到的挫折。

呂氏春秋原文：

「夏后氏（姒）孔甲，田於東陽萯山（河南省鞏縣北），天大風晦盲，（姒）孔甲迷惑，入於民室。主人方乳，或曰：『后來見，良日也，之子是必大吉。』或曰：『不勝也，之子是必有殃。』后乃取其子以歸，曰：『以爲余子，誰敢殃之？』子長成人，幕動、坼橑，斧斫斬其足，遂爲守門者。（姒）孔甲曰：『嗚呼有疾，命矣夫。』乃作爲破斧之歌，實始爲東音。」

就在這時候，中國歷史上最重要的一種動物——龍，以堂堂正正的陣容，在中央政府出現。龍是一種實質上並不存在的東西，至少，中國人印象中的龍，也就是中國畫家們筆下的龍，完全是想像之物。很多考據家認爲，龍就是蛇，就是蟒，但是蛇和蟒都沒有外露的腳爪，而龍卻是有腳爪的。僅從形狀上看，龍似乎更像蜥蜴。可惜，蛇也罷，蟒也罷，蜥蜴也罷，都不會騰雲駕霧滿天飛。有一點難解的是，龍實在難看，第一，牠沒有表情。第二，僅就面貌而言，牠簡直跟一隻龍蝦沒有分別。眞不知道中國君王爲啥一直以「龍」自居，而中國人也一直以「龍的傳人」自居，大概不是取牠的外形，而是取牠的神通——可以來去自如，遨遊四海。

夏王朝第一任君王姒文命先生，就跟龍有密切關係，南潯部落（不知道在啥地方）曾在地脈深處，挖出來兩條一雌一雄的龍，進貢給姒文命，姒文命先生把牠們飼養在一個大院裏，命名那個大院爲「豢龍宮」，請一些會養龍的人，負責飼養。那些養龍的人代代相傳，久而久之，自成爲一個特殊技能的家族。

——無論龍是蛇是蟒是蜥蜴，有一點可以肯定的，牠是一個爬蟲，可能會飛，但會飛的動物，軀體普通都不會太大。在人類眼光中，鵰鷹只不過三四等軀體，比起大象、鯨魚、虎豹獅牛，可謂小巫見大巫。鵰鷹之所以居住在懸崖絕壁，就是爲了起飛時，必須滑翔一段才行，如果築巢在屋頂上，一振翅便咚的一聲，栽倒在地矣。鵰鷹尙且如此，更大軀體的龍，如果從地面飛騰，根本不可能。這屬於科學範疇，不在我們討論之列；我們所報導的，只是古書上對這件事的記載。

「你輸定啦！」

姒孔甲先生有祖傳的血液，他也喜歡養龍。史記、左傳，異口同聲的說，當他閣下登極時，「天降二龍」。有人對此頗爲疑心，認爲龍象徵祥瑞和富貴，怎麼會跑到走下坡路的王朝裏獻寶乎哉。不過，凡事之反乎常情常理的，一定有它的毛病。毛病一旦發作，人們才醒悟到，祥瑞有時恰恰是一個凶兆，二龍降臨，原是爲了奪命。

開山老祖姒文命先生早已翹了辮子，南濤部落進貢的龍，也早死掉，豢龍宮也早廢除。擁有養龍特技的豢龍家族，手藝也都生疏。姒孔甲先生急於物色一位專家來飼養他的寵物，豢龍家族中已沒有人才，或許雖有人才，卻想到伺候昏君的後果，而不敢推薦。於是姒孔甲先生找到了劉累，劉累先生曾經在豢龍家族那裏學過手藝，並不精通，在養龍這個行業中，他只是二三四流角色。但姒孔甲先生已經大喜過望，命劉累先生所屬的部落爲「御龍族」，用以褒揚他的特殊本領。據說，劉累先生是黃帝王朝堯帝伊祁放勳先生的苗裔，他就憑着學的那點一知半解，榮膺皇家龍苑的管理師。

養龍跟養豬不同，養豬簡單，只要餵牠吃飽就行啦，養龍必須具備特殊知識，而劉累先生的特殊知識，似乎不多，於是不久，兩條龍中的那條雌龍，就一命歸天。養死了君王的寵物，可是滔天大禍。想不到劉累先生的反應使人嘆爲觀止，他不但不趕忙報告，也不急着想辦法補救，反而鎮定如恒。嗚呼，「鎮定」和「顢頇」是一體的兩面，鎮定貌似顢頇，顢頇也貌似鎮定。劉累先生事實上是顢頇，他唯一採取的行動，是把死龍的肉割下來，做成一盤奇味，獻給姒孔甲先生下肚，他說這是他的一番敬意，請君王嚐嚐他開發出來的新菜。姒孔甲先生吃啦，大爲賞讚。可是到了後來，姒孔甲先生偶爾問起龍的情形，要御駕親瞧時，劉累先生才慌了手腳，三十六計，走爲上計，帶着家小，連夜開溜。溜到魯邑（河南省魯山縣），銷聲匿跡，不敢露面。

姒孔甲先生大發了一陣雷霆之後，終於找到一位高手師門先生。師門先生是嘯父先生的學生，而嘯父先生是一代異人，列仙傳說，他還有一位學生名叫梁母。當嘯父先生決定離開人間時，還爬上三亮山（一座縹緲的仙山）和梁母先生握手道別，然後在山上燃燒了幾十堆營火，乘着火光，冉冉昇天。在這種名師指導之下，可肯定師門先生的才能。所以用不了多少日子，他就把那條雄龍養得精神煥發、活蹦亂跳。

然而，師門先生從心眼裏瞧不起那位蠢才君王，他不像劉累先生那樣，像奴才般的奉命唯謹，而總是堅持他的意見。奉命誰謹的結果是把龍養死，據理力爭的人則把龍養得又肥又壯。姒孔甲先生對龍毫無所知，卻偏偏不斷的對養龍「面授機宜」，和下達「最高指示」，如果眞照他的吩咐行事，龍只有死亡。師門先生對那個蠢才忍無可忍，他要求姒孔甲先生閉嘴。但他忽略了一點，姒孔甲先生雖然蠢才，卻是君王。最後，在一場爭辯中，姒孔甲先生被駁斥得體無完膚，他老羞成怒，下令把師門先生處斬。師門先生笑曰：「老傢伙，不必發脾氣，殺人是沒有用的，你已經輸定啦。」姒孔甲先生曰：「我不會輸定，你卻是死定。」師門先生的屍體埋葬在首都安邑（山西省夏縣）荒郊野外。

師門先生身軀雖死，靈魂不滅，就在棺木入土的剎那，狂風大作，暴雨傾盆，山野林木忽然起火燃燒，首都居民蜂擁赴救，都無法撲滅。姒孔甲這時才知道他犯了錯誤，急忙御駕親征，前往火場祈禱，乞求師門先生寬恕他的罪惡。經過一番禱告，火勢才被熄滅。姒孔甲先生這才舒了一口氣，坐車回宮。可能師門先生鬼魂就是要引他出籠，以便趁他回宮之時，對他復仇。

當御輦在宮門停住，衛士打開車門，請君王下車時，發現姒孔甲先生瞪目端坐，鼻息全無，已經翹了辮子。這時，大風又起，大風中似乎傳出一種聲音：「你輸定啦，你輸定啦。」一代君王，糊里糊塗、不明不白死去，再不能復生。

姒履癸

時代　紀元前十九世紀八〇年代—紀元前十八世紀三〇年代
王朝　夏王朝第十九任帝
綽號　桀帝
在位　五十四年（前一八一九—前一七六六）
遭遇　逐死・國亡

瑤台宮龍心大悅

姒履癸先生就是被鬼魂奪去老命，暴斃在座車中的姒孔甲的曾孫，姒孔甲生姒皋，姒皋生姒發，姒發生姒履癸。姒履癸先生是夏王朝第十九任君王，也是最末一個君王。

姒履癸先生，以及稍後將要報導的子受辛先生，是一對活寶。跟伊祁放勳先生、姚重華先生是一對活寶一樣，在歷史上遙遙相對，前呼後應。經過史學家無恥的扭曲，伊姚翁婿二人，爲聖爲賢，字典上所有讚美頌揚的話，都往他們頭上堆，把他們堆成兩顆腫脹的病牙，沒人敢碰，一碰就渾身抽筋，死於政治掛帥的巨棒之下（柏老赤膊上陣，剝下披到他們身上至少兩千年之久的美麗外衣，讓大家瞧瞧血膿交集的惡瘡，並不是我有過人之勇，而是得感謝終於來臨的民主時代，允許我們作深入研究）。對於姒履癸先生和子受辛先生，則恰恰相反，字典上所有醜陋的字眼，也都往他們頭上堆，把他們堆成兩個使人義憤塡膺的壞痞。

事實上，姒履癸先生跟姚重華先生，同樣不是好東西，不過姚重華先生的惡被掩蓋，姒履癸先生的惡被擴大，幸與不幸而已。

姒履癸先生身體魁梧，堂堂一表人才，眞是所謂的「天賦異稟」，史書上說他力大無窮，能夠把彎曲的鐵棍拉直，把堅硬的獸角一劈兩半，跟羅馬帝國大力士烏爾索斯先生力折鬥牛一樣，姒履癸先生可以赤手空拳，搏鬥老虎和野熊；更叫座的是，他跳到水裏還能斬殺蛟龍。靠着這份蠻力，如果他不是君王，而是小民，倒是

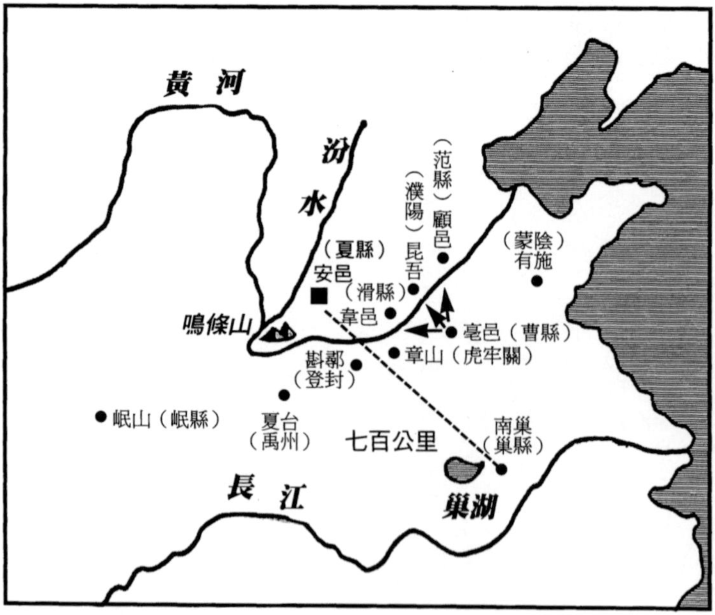

一條好漢，從軍打仗，立功邊疆，可能幹到大將之位，名垂青史。縱使時運不濟，也可能當個賭場保鏢，足夠溫飽。問題是他偏偏是個君王，享有無限權力。勇猛一旦用到凌虐小民身上，就化成殘暴。

他在首都安邑（山西省夏縣），建築了一座宮殿，名「瑤台」。——瑤，是最美的玉。它的工程當然比不上埃及金字塔（如果比得上，今天仍巍然矗立在那裏），但引起小民怨恨的程度，卻不下金字塔。姒履癸先生挑選了一群天下最美麗的女子，和天下最珍貴的金銀財寶，聚集在瑤台宮之中。又把一些色藝俱佳的電影明星、電視明星、歌舞明星、舞台明星等等明星，以及魔術大師、特技大師等等中國功夫，以及一些侏儒、馬屁精、幫閒份子、米湯大王等等娛樂界朋友，全部招徠，使瑤台宮成爲一個歡樂世界。御用音樂家譜出「天縱英明」「薄海同歡」聖樂，也譜出「潘金蓮大鬧葡萄架」之類使天子英明不起來的淫聲浪語。在這個溫柔鄉裏，姒履癸先生左擁右抱，前顧後看，龍心大悅。

長夜宮與龐貝城

姒履癸先生似乎不喜歡打獵，只喜歡女人，而女人和酒肉是不可分的，史書上說：他在皇宮開鑿了一個周圍約有五方公里的巨池，用酒把它裝滿，乘着豪華精緻的畫舫，在酒池盪漾。然後他閣下鬆開抱着女人的御手，向上一揚，立刻響出鼓聲，就有三千餘名男女，趴到岸邊，伸出脖脖，像牛喝水那樣的俯向酒池喝酒。有些得其所哉的酒鬼朋友，一看千載難逢，拚命的喝，喝着喝着，頭暈腦脹，忽哆一聲，來個倒栽葱，掉到酒池裏，被酒活活淹死。姒履癸先生目睹奇景，禁不住縱聲大笑。

就在他閣下荒淫的程度日益昇高的時候，闖進來一位絕世美女——施妹喜女士，使荒淫的生活，更進一步像滾水般沸騰起來。

那是紀元前十八世紀一〇年代前一七八六年，姒履癸先生在寶座上已坐了三十四年，位於山東省蒙陰縣境的施部落，觸怒了這位昏暴的君王。姒履癸先生飛出鐵帽，說他們「反抗中央」（也可能是「反黨」「反人民」），出動大軍進攻。施部落抵擋不住，乞靈於美女手段。酋長老爺表示降服，提議說，如果大軍撤退的話，他願把他妹妹——天下第一美女施妹喜女士，呈獻給君王。並警告大軍司令官：「如果你不接受這個條件，施妹喜必定喪生，到時候我們會殺了她！一旦老淫棍聽說你竟使天下第一美女喪生，你這個司令官可老命不保。」司令官承認敵人的分析合理。

於是，施妹喜女士到了首都安邑（山西省夏縣），她老哥倒一點也沒有誇大其詞，妹妹老奶果然天香國色，姒履癸先生御頭轟的一聲，幾乎暈倒，迫不及待的就表演了上床節目。然後，愛得難解難分。——從另一個角度看，也是妹妹老奶從此就把這個腦滿腸肥的君王，吃得死脫。這是一個關鍵，一般人印象中，美女們的心腸往往毒辣，嗚呼，非她們毒辣也，而是她們的壞主意比較容易兌現。幹「仙人跳」勾當的，都是美女，醜八怪行乎哉！所以不久，施妹喜女士就在姒履癸先生罪惡的餘生中，扮演重要的幫凶角色。

僅只瑤台宮還不過癮，姒履癸先生又在首都附近一個山谷裏建造另一個宮，曰「長夜宮」，顧名思義，宮裏的夜可長啦，不僅是八小時，而且是八十小時，甚至是八百小時。一夜復一夜，不見天日。他閣下經常三四個月不出宮，不清醒，不問國家大事。日夜鑽到宮裏，像豬一樣的雜交、沉醉、打鬧、呼叫，認爲是人間第一樂事。大概是上帝看不順眼，一場大風，吹來北方瀚海上的塵沙。跟維蘇威火山爆發同樣景觀，霎時間，那個宏偉的高聳天際的建築，被埋葬在谷底。與龐貝城不同的是，龐貝小民遇到的是火山灰，無法逃命。而長夜宮裏荒唐的王孫公子，艷姬嬌娃，卻在塵沙降落時逃走一空。

——博物志異聞只說該宮位於「深谷之中」，沒有說是哪個山谷？惜哉。在此順便向考古學家隆重建議，似乎應該在山西省西南部，作一個調查，如果能像發掘龐貝城一樣，發掘出來長夜宮。而長夜宮又比龐貝城早了一千八百年，對人類歷史，可是一項偉大的貢獻。

炮烙酷刑

長夜宮的陸沉，對姒履癸先生而言，並沒有產生警告作用。失去了「長夜」，還有「瑤台」。瑤台宮之內，照樣可以作樂。施妹喜女士是一個東方邊陲部落的村姑，皇宮的金碧輝煌和君王的無限權力，使她驚奇，但也很快的習以爲常。在部落裏，她從沒有見過綾羅綢緞，這些光澤悅目，柔軟舒適的絲質品，迷惑了她。一個偶爾的事件，綢緞被撕裂，發出一種清澈的聲音，她告訴老公她愛聽這種聲音。姒履癸先生終於發現他可以取悅愛妻的玩藝，下令把國庫裏的綢緞搬到皇宮，由宮女們日夜撕給施妹喜女士欣賞。綢緞是最昂貴的衣料，即令今天已二十世紀，也不是普通小民可以享用的，何況紀元前十八世紀乎耶？僅綢緞的消耗，就足以把全國人民壓榨得更窮、更怨、更悲憤。

由於施妹喜女士的介入，民間開始傳言：宮裏出現女妖。述異記上說，有一天，一個宮女搖身一變，變成一條模樣猙獰的龍，誰都不敢接近她。可是，一會工夫，又忽然恢復原形，比宮女本來面貌，還要美艷。美艷雖然美艷，已經不是該宮女原身，她閣下肚子餓時，不吃飯而吃人。姒履癸先生叫她「蛟女」，意思大概是蛟龍之女，這位「蛟女」也真夠朋友，爲了回報老混蛋的不殺之恩，往往告訴姒履癸先生何者是吉、何者是凶。

——這位女妖的下落如何，書上沒有交代。可能，它只是反應小民對皇宮某些老奶的怨恨。

宰相伊尹先生爲國家的前途戰慄，向姒履癸先生進言曰：「我們已遇到危機，陛下如果再這樣亂搞下去，滅亡之禍，近在眉睫。」姒履癸先生撚鬚一笑，曰：「你又妖言惑眾，挑撥政府與人民之間的感情啦。你可知道，人間有君王猶如天上有太陽，太陽亡，我才亡。」這就是說，太陽不會消失，俺老子自然長存，你危言聳聽，是何用心乎哉？小民聽到姒履癸先生撚鬚一笑的消息後，向天哀號：「太陽呀，你快亡吧，我們跟你一塊兒亡。」

姒履癸先生不在乎小民，他保護高位的祕密武器之一，是採取酷刑：「炮烙」。對炮烙，有很多解釋，有人認爲是一種中空的銅柱，把囚犯用鐵鍊綁到銅柱上，然後在銅柱中堆滿火炭，使那個可憐的傢伙，慢慢烤死。也有人認爲是一種實心的銅柱，用火燒熱，強迫囚犯赤足在上面從這一端走到另一端，他當然走不到，只三四步便被燙得不能立足，然後跌下來，跌到烈火之中，活活燒死。

紀元前一七六七年，姒履癸先生擺起排場，率領滿朝文武，登上瑤台，欣賞炮烙，在囚犯哀號聲中，他問大臣關龍逢先生曰：「樂乎？」關龍逢先生只好回答：「樂也。」姒履癸先生曰：「這就怪啦，你難道沒有惻隱之心？」這是一句包藏禍心的問話，關龍逢先生感到殺機逼面，但他沒有躲避，曰：「天下人都以爲苦，只你陛下自以爲樂。大臣是君王的手臂，豈有『心』高興，而『手臂』敢不高興的？」他知道冒犯一個昏暴君王，等於冒犯一隻瘋狗，但他決心冒犯。

殺關龍逢

姒履癸先生板起面孔曰：「好吧，說說你的意見，如果意見好，我可以採納，如果意見不好，法律制裁你。」關龍逢先生了解他的處境，他的意見已命中注定「不好」，「法律」就要來啦，他坦率的曰：「你陛下的帽子，不是帽子，而是一塊危石。你陛下的鞋子，不是鞋子，而是一片春冰。從來沒有人頭頂危石而不被壓死，也從來沒有人腳踏春冰而不掉下淹死。」姒履癸先生從龍椅上跳起來，號曰：「你只知道我快要完蛋，卻不知道你自己更快要完蛋。請嚐嚐炮烙的味道。」然後畫龍點睛，用一種當權派特有的邏輯，推出一項奇異的結論，他曰：「從你的完蛋，就可證明我的不完蛋。」於是，關龍逢先生慘死在炮烙之下。

夏王朝的忠心幹部，不因關龍逢先生的慘死而閉口不言，他們仍希望姒履癸先生在最後關頭醒悟，這正是孤臣孽子的可憐丹心。位於亳邑（山東省曹縣）的商部落酋長子天乙先生（亳，音bó【勃】），繼續向姒履癸先生進諫，然而暴君最大的特徵之一是，對任何逆耳之言，都強烈厭惡。紀元前一七七一年，姒履癸先生下令逮捕子天乙，囚禁夏台（河南省禹州市）。夏台是夏王朝的老巢，把子天乙先生囚禁在那裏，使他插翅難飛。在暴君眼眶裏，逮捕和處決，是解決問題的唯一法寶。可是不知道什麼緣故，或許是姒履癸先生一時大發慈悲，或許是當時商部落的力量已對夏政府構成威脅。在展示了一下威風之後，又把子天乙先生釋放。

——太公金匱說，子天乙先生之被釋放，是用賄賂，這種可能性最大，蓋姒履癸先生頭昏腦脹，既不會有慈悲心腸，更無暇考慮到商部落的壓力，只有金銀財寶和美女嬌娃，才能使他動心。

宰相伊尹先生，首先棄官逃亡，他在姒履癸先生面前領教了「太陽亡，我才亡」的高深哲學後，發現他所敬愛的君王，不過是個浮誇的高級流氓，不禁嗒然若喪。一天夜裏，他聽到街市上小民的歌聲：

為什麼不投奔亳邑

爲什麼不投奔亳邑
強壯的亳邑等着你

更有一天，他又聽到街市上小民唱：

醒醒啊，醒醒
我們的命運，就這樣的確定
拋棄罪惡，投奔善良
拋棄黑暗，投奔光明
我們爲什麼不喜氣盈盈

尙書原文是：

「夏人飲酒，醉者持不醉者，不醉者持醉者，相和而歌曰：『盍歸於亳邑，盍歸於亳邑，亳亦大矣！』伊尹退而閑居，深夜聽歌聲，更曰：『覺兮較兮，吾大命格兮，去不善而就善，何不樂兮。』是以伊尹遂去夏適湯。」

——湯，大也，子天乙先生的綽號，在若干史書上，稱「商湯」，或簡單的稱他「湯」，也就是「商老大」，或索性叫他「老大」。

伊尹先生拋棄了夏政府宰相之尊，去投奔東方邊陲一個新興的部落，對他個人言，是一項明智的抉擇，對夏政府而言，是一個嚴重的打擊。混亂而垂危的夏政府去掉了一根擎天柱，而商部落卻如虎添翼。人才的去就，在國際上，決定國家的命運，在國內，決定政權的命運。

天有二日

小民的歌聲，就是小民的心聲，人心指向，在歌聲中，已顯示的非常清楚。姒履癸先生放掉子天乙先生，固然使商部落群龍有首，其實，即令他把子天乙先生一刀兩斷，大勢所趨，也不能挽救自己。姒履癸先生一位最親信的部下費昌先生，有一天到汾水河畔閑遊，猛一抬頭，忽然看見天上有兩個太陽，東邊太陽光輝萬丈，躍躍往上竄升；西邊太陽一片灰暗，陰森淒涼，冉冉沉沒，而天際適時的發出震耳欲聾的巨雷，費昌先生嚇了一跳，向河神發問曰：「這兩個太陽，哪一個是夏王朝？哪一個是商部落？」河神曰：「西邊的是夏王朝，東邊的是商部落。」費昌先生立刻步伊尹先生的後塵，率領他的宗族，投奔亳邑（山東省曹縣）。

伊尹的逃亡，和被認爲最忠貞的費昌先生的出走，在民間引起的震撼，可以想像。然而，姒履癸先生一點也不在意，繼續認爲他這個偉大的太陽永照寰宇。有此堅強的信心，暴虐就更積極。照樣的昏天暗地，甚至把御苑裏的獅子老虎，都放到鬧市，看見小民們驚慌駭叫，就樂不可支。他聽說岷山部落（甘肅省岷縣）的女兒最漂亮不過，要求他們進貢美女，岷山部落拒絕，姒履癸先生勃然大怒：「好呀，你敢抗命呀。」於是宣稱，爲了維護人民的利益，和政府的威信，必須予以討伐。嗚呼，首都安邑（山西省夏縣）跟岷山（甘肅省岷縣）航空距離六百公里，當中隔着無數窮山惡水，直到今天二十世紀八〇年代，岷山的交通仍然艱苦，根本沒有火車，而可行走汽車的公路，也只兩條而已，主要的運輸工具，仍靠騾、馬、牛、驢，和人力的手推車，何況三千年之前乎？然而，姒履癸先生不管這些，他一定要得到美女。戰爭的結果是，千萬男兒爲「國」——實際上只是爲「英明的領袖」一個人捐軀。然後，擊破岷山部落，俘擄了兩位美女，一位名「琬」，一位名「琰」。這兩位寶貝運到安邑（山西省夏縣），姒履癸先生一瞧，果然名不虛傳。立刻把施妹喜女士拋到九霄雲外，而把琬女士和琰女士的芳名，刻到最好的玉石之上，帶在身邊，以表對她們的寵愛。不過，這段如火熱情，似乎沒有維持很久，施妹喜女士在這場奪床之戰中，最後仍獲得勝利。

——也有人認爲：施妹喜女士最後歸於大敗，竹書紀年說：施妹喜女士對她這個負心的老公，做出可怖的反擊。並不是找個臭男人上床，給他戴頂綠帽，那反擊太庸俗太拙笨，而且也太小家子啦，第一，老公未必在乎。第二，自己還要先賠上胴體。第三，一旦發覺，危險性可是一等一級的。施妹喜女士可怖的反擊是，利用她的身份，偷取重要情報，供給逃亡到亳邑（山東省曹縣），已當了商部落參謀長的伊尹先生。施妹喜女士不但要取姒履癸先生的性命，還要剷除夏王朝。

——其實，商部落在伊尹先生主持之下，用不着施妹喜女士的幫忙，對夏政府的一舉一動，也都瞭如指掌。而我們也不相信施妹喜女士有這種能力，她不過是個普普通通的漂亮女人，即令失寵，也不可能想到對付一個王朝政權。史書把她形容得有點離譜，好像一個經過專業訓練的高段「死牌」。

至死不悟

商部落酋長子天乙先生，本是效忠姒履癸先生的，一場橫暴的逮捕囚禁，使他對姒履癸絕望。姒履癸既然逼他叛變，他就不得不叛變，決定推翻這個顢頇政府，拯救暴政下的小民。子天乙跟大多數創業的君王一樣，深切的了解人心向背的重要。有一次，他到郊外打獵，看見有位獵人正在佈網。一面工作，一面唸唸有詞：「天上飛的，地下跑的，四面八方來的，都栽到我網裏。」子天乙先生大驚曰：「夠啦，被你一掃而光啦，這麼狠，跟姒履癸有啥分別？」於是下令他的人民，佈網只能佈三面，留一面給禽獸逃生，並且教他們每次佈網時，都要禱告，詞曰：

從前蜘蛛結網
而今人類學習牠們的成就
想向左就向左
想向右就向右

想向高就向高
想向下就向下
我們只捕捉倒楣的朋友

這是一項有力的政治宣傳，民間相告曰：「子天乙先生待禽獸都這麼仁慈，何況待我們小民？」

然而，再糟糕的壞痞，都有既得利益的死黨。當姒履癸先生失盡天下人心之後，仍擁有忠心耿耿的三個部落，那就是：韋部落（河南省滑縣）、顧部落（山東省范縣）、昆吾部落（河南省濮陽市）。如果不先把這三個位居要衝的部落征服，商部落就不能動彈。紀元前十八世紀三〇年代前一七六六年，子天乙先生動員強大的商兵團，分軍三路，向三個部落作閃電突襲，戰果遠超過珍珠港事變，三個部落在一夜之間覆滅。商部落然後大軍西征，進攻當時姒履癸先生所在地行都斟鄩（河南省登封市——古史上著名的地方，姒太康先生就逃到那裏）。姒履癸先生得到消息，對自己這個永恒的太陽，信心開始動搖，一面用巨鼎烹飪天鵝的肉，向上帝獻祭，祈求保佑平安。一面派遣大將夏耕先生，在章山（虎牢關）阻截，可憐這個靠搖尾而不是靠本領，升遷到高位的膿包，太平日子裏，擺架子耍威風，綽綽有餘，一旦眞刀眞槍，就露了原形。一陣交鋒，他閣下被砍下尊頭。山海經挖苦說，他閣下的無頭身體，嚇得不敢停步，還跑了一天路，才栽倒在地。

姒履癸先生立刻就撤了鴨子，逃回首都安邑（山西省夏縣），集結兵力，在西南十公里鳴條地方佈防。商兵團這時只有戰車七十餘輛，步兵六千餘人。想不到的是，夏政府軍未經交鋒，便霎時潰散，商兵團尾追着逃命的政府敗兵，進入安邑。姒履癸先生和他美麗的妻子施妹喜女士，被拖下瑤台。子天乙先生是不是把他們叫到跟前，羞辱一頓，我們不知道，只知道子天乙先生總算饒了他們一命，把二人放逐到航空距離七百公里外的南巢（安徽省巢縣），南巢位於不斷氾濫成災的巢湖東岸，燠熱潮濕，百蟲俱集，是一片煙瘴不毛之地，不適合文明人居住。更何況姒履癸先生的屁股在寶座上坐了長達五十四年之久，享盡榮華富貴。他閣下被押解到南巢，面對着悲涼的蠻荒，和看管他的那些凶巴巴的獄吏，用不了幾天，就活活倒斃。他可能死在床上，也可能跟伊祁放勳先生一樣，死在牢房。人間的太陽終於滅亡，而天上的太陽依舊。

夏王朝自紀元前二二〇五年，開山老祖姒文命先生幹掉了姚重華先生，建立政府，直迄紀元前一七六六年姒履癸先生絕命南巢，共立國四四〇年。使我們瞪眼的，倒不是成敗興亡，而是姒履癸先生死前說的一句話，他曰：「眞後悔沒有把子天乙殺掉，才落得今天這個下場。」這個獸性發達，頭腦簡單的暴君，他到死還在相信殺戮的功能。

子天乙先生的商政府，追稱姒履癸先生為「桀帝」，意思是凶暴的君王。

子受辛

時代 紀元前十二世紀四〇—七〇年代
王朝 商王朝第三十一任帝
綽號 紂帝
在位 三十四年（紀元前一一五五—紀元前一一二二）
遭遇 燒死·國亡

掘墓人定律

商部落酋長子天乙先生把暴君姒履癸先生推翻後，跟后羿、寒浞先生不一樣，他不再稱夏王朝，而另外建立一個新的政權——商王朝，把首都從安邑（山西省夏縣）遷到他的根據地亳邑（山東省曹縣）。依照史書上的報導，中國小民確實過了一段好日子。

商王朝立國六百六十二年，共三十一個君王，遷都六次。爲啥左遷右遷，南遷北遷，好像吃了老鼠藥，到現在爲止，還沒有弄清楚眞正原因。有人說跟黃河不停鬧水災有關，也有人說可能跟旱災有關。黃河眞是地球上對人類唯一有害的水流，有百害而無一利。而旱災，正是黃河中游廣大地區的特產，中國歷史上每逢遇到「人相食」的大旱，中原準是主角。商政府還沒有完全脫離逐水草而居的游牧結構，所以也只好搬來搬去。到了紀元前一一九八年第二十八任帝子武丁先生時，他把首都遷到朝歌（河南省淇縣）。朝歌原名「殷邑」，因之，對商王朝，人們也稱殷王朝，或殷商王朝。

商王朝三十位君王中，雖然有好有壞，有賢明的，有昏暴的，但他們總算保住性命，正常死亡。然而，六百餘年是一個漫長的歲月，這個政權終於到了老境。紀元前十二世紀四〇年代前一一五五年，第三十一任帝子受辛先生即位，就在他手中，把他所賴以活命的商王朝，活活埋葬。

——中國歷史上有一個很明顯的現象：埋葬一個王朝，往往由該王朝的君王，親自擔任掘墓人。嗚呼，任何王朝都是龐然大物，如果它們的君王不自己猛砍自己

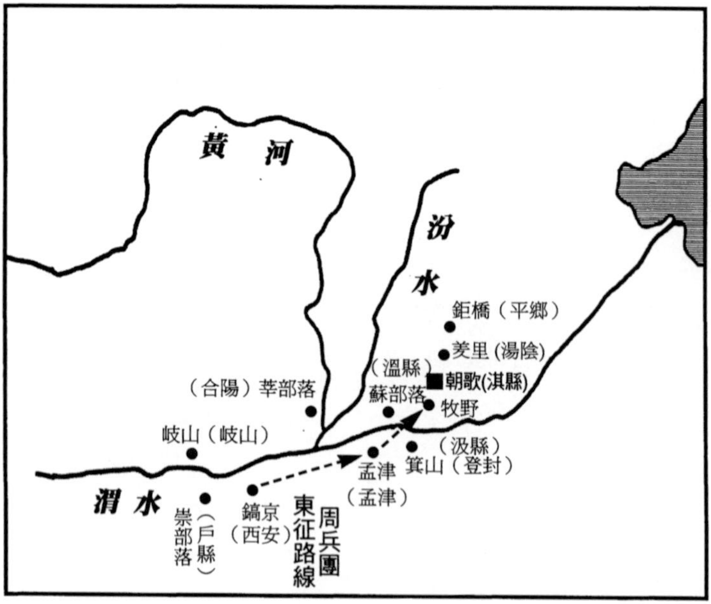

的命根，它根本就不可能死亡。這種特殊的運轉，我們姑且稱之爲「掘墓人定律」，拜託讀者老爺，千萬留下深刻印象。

子受辛先生是第三十任帝子乙先生的嫡子，而他的同胞哥哥子啓先生，卻是庶子。原來老娘生子啓先生的時候，她還是老爹子乙先生的小老婆，小老婆生的兒子，當然是庶子。後來，她閣下榮升爲子乙先生的大老婆——「皇后」「王后」「王妃」「后」之類，又生下一個兒子，就是子受辛。子以母賤，子以母貴，老娘雖然同是一個老娘，卻因爲送到婦產科醫院時的身價不同，生出的兒子身價也不同，這就是儒家系統誓死擁護的經典。至少在這件事上，該經典不但害死了子受辛先生，也顚覆了立國六百六十二年之久的商王朝。蓋子啓先生是一位萬衆歸心的賢明王子，假如他繼承王位，商王朝的壽命可能延長下去。可惜，他是「庶子」，沒有當君王的資格。

象牙筷子

在老哥子啓先生和老弟子受辛先生之間，充分說明宗法精神，這種制度規定，只有嫡子才可以繼承帝位，所以子受辛先生雖是老弟，當紀元前十二世紀四〇年代前一一五五年，老爹子乙先生死掉之後，還是輪到他登極。

子受辛先生登極的那年是幾歲，史書上沒有載明，我們也無法猜測。帝王世紀讚美他的體力，說他能抓住九條牛的尾巴，倒拖着走。史記讚美他的聰明伶巧——聰明得足以使他拒絕規勸，伶巧得足以使他掩飾錯誤（原文：「智足以拒諫，言足以飾非。」），總括一句，曰：「死不認錯」。死不認錯並不是子受辛先生的專利，政壇上失去寶座或喪失老命小命的大小頭目，都具備這種特質。

——這種特質不僅君王才有，事實上，大多數中國人都死不認錯，要想一個中國人認錯或改錯，那可比逼他從五十層高樓往下跳都難。一個人如果認錯改錯，尤其面對着激烈指責而認錯改錯，我敢跟你打賭一塊錢，他準不是中國人。中國人的典型反應是：老羞成怒。

前已言之，子受辛先生跟姒履癸先生是一對活寶。姒履癸先生表演的節目，子受辛先生差不多都重複演出。在「托古改制」的引導之下，既然有一對聖人（膿包伊祁放勳先生和惡棍姚重華先生），就必須有一對壞蛋，才能發揮以彼爲法，以此爲戒的強烈教育作用。姒履癸先生有施妹喜，子受辛先生則有蘇妲己，都是拔尖的美麗絕倫女子，而把她們弄到手的程式，也完全相同。

紀元前十二世紀五〇年代前一一四七年，蘇部落（河南省溫縣）叛變，商政府大軍討伐，蘇部落跟六百年前施部落同一命運，抵擋不住的時候，酋長老爺只好把女兒蘇妲己女士，獻給君王。子受辛先生一瞧蘇妲己女士天仙般的容貌，連自己姓啥都忘啦，立即下令停止攻擊。

然而，子受辛先生的荒唐，不始於蘇妲己女士，而始於使用象牙筷子。在獵象不易的紀元前十二世紀，象牙筷子跟現代鑲滿鑽石的筷子一樣名貴。象牙筷子不是孤立的，它有連鎖反應。有則故事說，一個人因爲揀了一條錦繡褲帶而終於家破人亡。蓋有一條錦繡褲帶，必須有一條綢緞褲子配它。有一條綢緞褲子，必須有一條綢緞上衣配它，和一雙光亮乾淨的皮靴配它。一身高貴的服裝，總不能仍住竹籬茅舍吧？只好蓋高樓起大廈，高樓大廈裏總不能空空蕩蕩，沒有人打掃吧？於是僕從如雲，於是黃臉婆被驅逐出境，於是花不溜丟的漂亮姑娘進門，於是馬車焉、騾車焉、山珍海味焉、金銀財寶首飾焉，一椿椿、一件件，應運而生，最後他閣下把家產花了個淨光兼光淨，沿街乞討，想前想後，撲通一聲，跳井了賬。

最長之夜

一條褲帶都能惹起家破人亡，可看出一雙象牙筷子的威力，更無堅不摧。子受辛先生的老叔子胥餘先生，就有一種不祥的預感，嘆曰：

「用象牙筷子吃飯，就不會看上泥土做的碗，而且還要更進一步用犀玉做的酒盃。既用象牙筷，又用犀玉盃，決不會再甘心喝稀飯、穿短襖、住在茅草篷底下。跟着而來的將是一件件綾羅綢緞，和一棟棟高樓大廈。順着這種趨勢，傾全國之力，都供應不起。遠方的稀世珍寶，豪華的起居飲食，都從此開始。我擔心的是，何以收攤子乎哉。」

——子胥餘先生，是箕部落酋長、子爵，史書稱「箕子」。箕部落位於箕山（陽城——河南省登封市），是古史上聞名的地方。黃帝王朝第六任帝伊祁放勳先生曾堅持「禪讓」給巢父先生和許由先生，他們當然不敢接受，就逃到那裏隱居。而稍後夏王朝第一任帝姒文命先生死後，一位德高望重的大臣伯益先生，同樣不敢接受「禪讓」，也逃到那裏躲起來。

老叔的話果然料中，蓋奢侈荒唐，是沒有煞車的，一旦起步，除非栽到萬丈深淵，便會越奔越快。子受辛先生接着大興土木，建造「鹿台」——跟姒履癸先生的「瑤台」媲美。鹿台可大啦，用玉石作門，每個房間都像凡爾賽宮，極盡豪華。周圍四公里，高三百三十公尺，整整蓋了七年才落成。把天下的金銀財寶，都搜括到那裏，又在鉅橋（河北省平鄉縣）建立一個世界上最大的倉庫，儲備糧食。子受辛先生深信：旣有權、又有錢、又有糧，這政權可是鋼鐵打成的，任憑誰都動不了他一根汗毛。

子受辛先生步姒履癸先生的後塵，也「以酒爲池，懸肉爲林」，不過有些地方，更青出於藍而勝於藍。他下令男女都脫得赤條條一絲不掛，露出各式各樣零件，互相打鬧追逐。史書上雖沒有記載妖精打架的結果，但就在大庭廣眾之下，顚鸞倒鳳，欲仙欲死，恐怕也是重要的熱鬧節目。他閣下興致勃發時，還用繩套住人的脖子，按到酒池裏，教他喝個夠，直到被酒淹死。規定以三個月作爲一夜——可眞是最長之夜。他閣下就跟土撥鼠一樣，把昏暗的日子當成正常的日子。於是乎，忽然有一天，他問左右曰：「哎呀，今天是哪年哪月哪日呀？」左右張口結舌，沒有一個人回答得出。再問老叔子胥餘先生，子胥餘先生心裏想曰：「當一個君王，使全國人連日子都不知道，政權危矣。全國人都不知道，偏偏我知道，我也危矣。」只好跟着沉醉，同樣也不知道。

這是子受辛先生昏的一面，而暴的一面，表現在他淸醒的時候。各地部落酋長們（諸侯）不堪苛擾，紛紛抗拒中央政府的勒索，有些甚至武裝驅逐前來催繳稅款的貪官汚吏，這行爲立刻被認爲叛逆。子受辛先生檢討叛逆的原因，不是因爲他的暴政，而是因爲刑罰不夠嚴厲。他肯定，逮捕和殺戮是治療叛逆的唯一特效藥。

奪床鬥爭

子受辛先生博古通今，他知道他最敬佩的老前輩姒履癸先生發明過「炮烙」酷刑，該酷刑被廢已六百年之久，爲了大力鎭壓反動勢力，決定恢復使用。最初，該刑以簡陋的小姿態出現，只不過是一個鐵熨斗，用火燒紅後，教囚犯舉起。可惜的是，囚犯還沒有舉到頭頂，雙手已焦。子受辛先生因看不到舉起的盛況，大發雷霆，他不允許任何反革命份子破壞他的樂趣。於是改用巨大的銅柱，在銅柱上塗抹油膏，教囚犯從這一端走向那一端，囚犯滑下來，恰恰滑到熊熊炭火裏，發出哀號，子受辛先生乃龍心大悅。

——子受辛先生跟姒履癸先生的行徑，好像是從一個窰裏燒出來的。也可能眞是這樣，也可能那些其笨如牛的儒家知識份子，在「天下之惡皆歸之」的時候，筆下變不出新把戲，一頂帽子戴了又戴，露出馬腳。

子受辛先生的聰明伶巧，一旦向凶暴方向發作，就勢不可當。

皇后之死曰：

「廚夫烤熊掌沒有烤熟，他立刻把廚夫殺掉。殺掉廚夫不足爲奇，後世帝王的表演遠超過他。奇的是子受辛先生可怕的研究精神。有一年冬天，他閣下坐在鹿台之上，看見一個倒楣的窮朋友，脫掉鞋襪，赤足涉過溪流，不禁大驚曰：『天這麼冷，竟然不怕，他的腳構造一定不同凡品，敲碎讓我瞧瞧。』結果窮朋友的雙腿和雙腳被敲碎，取出骨髓，以供御覽。又有一次，子受辛先生對懷孕的女人，發生興趣，下令剖開肚子，把胎兒拿出來看看到底是怎麼回事。嗚呼，窮朋友還有活着的可能，孕婦老奶只有慘死。而凡是被幹掉的異己，屍首統統都拖到皇家動物園去餵老虎。」

不久，蘇妲己女士發動的奪床鬥爭爆發，引起一連串屠殺。傳統中國是實行一夫多妻制的，這對臭男人而言，眞是世界上最美妙的制度之一。但對老奶，卻是一種厄運，使她們不得不投身於激烈的奪床鬥爭之中。在民間，奪床鬥爭失敗，不過失掉丈夫；在宮廷，奪床鬥爭可是一片血腥，一旦失敗，不僅失掉丈夫，還要失掉芳魂，甚至，還可能斷送全家人的性命。

子受辛先生有三位重要大臣，曰：九侯先生、鄂侯先生、西伯先生。除了西伯先生我們知道姓姬名昌之外，其他二位的姓名，史書上沒有記載。九侯的女兒是子受辛先生的姬妾之一，她當然貌美如花，那是被選爲姬妾的基本條件，沒有這個條件，其他都免談，再加上高貴的出身，理應得到寵愛。可是，她的敵人蘇妲己女士卻棋高一着。嗚呼，九侯的女兒顯然沒有拜讀過柏楊先生有關婚姻和愛情問題的大作，所以，她一敗塗地。

——寫到這裏，台北自立晚報載：台灣省宜蘭縣政府，在舉辦一九八三年元旦擴大集團結婚時，縣長陳定南先生送給每對夫婦一册堡壘集。祝福那二十六位新娘和二十六位新郎，你們如果過得其樂融融，可千萬別忘了我的恩重如山。

一連串暴行

九侯先生女兒的災難，可能由於她過度矜持，吾友張敞先生曰：「閨房之樂，有甚於畫眉者。」床笫之上，正是表演特技之所，一方過於古板，一方準索然無味。小民索然無味，爲患尙小，了不起不過「出牆」而已——男人藍杏出牆，女人紅杏出牆。手握宰人大權的暴君索然無味，再加上情敵在枕旁那麼一嗲：「她假裝正經，不過是瞧你不起，嫌你老不中用罷啦，跟小白臉在一起時，她可是萬種風情哩。」這就足夠暴君跳高。吾友司馬遷先生用簡單的幾個字，描述這次跳高：「九侯女不喜淫，紂（子受辛）殺之。」可是，誰都想不到該嬌娃被砍下玉頭之後，引起的爆竹式反應，不可遏止。

皇后之死曰：

「可能是遷怒，也可能是預防報復，（子受辛）又把她老爹九侯也處斬，而且剁成肉醬。鄂侯一瞧，這箇直不像話，極力規勸。咦，暴君一旦發了脾氣，任何理性的話都聽不進去。規勸得太懇切，反而被認爲：『怎麼，你膽敢同情別人，吃裏扒外呀。』有此一念，索性連鄂侯，也一併剁成肉醬。

「子受辛先生一連串暴行，使唯一殘餘下來的三公之一的姬昌先生，如雷轟頂，他不敢再去規勸，他知道規勸的結果是啥——一團肉醬，他只有嘆氣。然而，嘆氣也不行，崇侯虎先生，立刻一個小報告打到子受辛先生那裏。

「崇侯虎先生的小報告是有煽動性的，他曰：『姬昌有他的所謂影響力，很多部落酋長都服他，他心裏已經有鬼，恐怕將有不利於國家的行動。』子受辛先生毛骨悚然，下令逮捕姬昌，囚禁在羑里（河南省湯陰縣。羑，音 yǒu【友】）。」

不解風情是婚姻的定時炸彈，你說它嚴重吧，實在是拿不到桌面上；說它不嚴重吧，卻足可產生悲劇。我們不能怪子受辛先生對九侯先生的女兒不滿意，嗚呼，這可是國際性的，想當年英國國王查理二世先生的婚姻，可借來說明眞相。他閣下娶的是葡萄牙公主凱撒琳女士，這位皇家金枝玉葉，生長在天主教宮廷之中，受的是修道院嚴格的清心寡欲教育，當然成了一個冰美人。而陪嫁她的那些姆嬤宮娥之流，更一個個可以進聖人廟，偶爾發現查理二世先生跟她們神聖不可侵犯的公主親個嘴，便像碰見了蚱蜢，魂飛天外。而漂亮的公主也認爲男女之間的狗皮倒灶，簡直褻瀆神明。把查理二世先生搞得人生乏味，覺得婚姻不過是一個沙灘。最後，找了一個藉口，索性翻臉，弄了一條船，把她們統統送回里斯本。

問題是，查理二世先生生在紀元後十七世紀，算凱撒琳女士運氣。而子受辛先生卻生在紀元前十二世紀，相差三千年，九侯先生的女兒便倒了天大之楣。但子受辛先生不但殺了九侯先生的女兒，還殺了她老爹，還殺了她老爹的朋友，還囚禁了另一個大臣，就獸慾橫流矣。請讀者老爺把這件事放在心頭，子受辛先生已爲後世君王建立了一個榜樣，後世君王們紛紛效法，殺老婆、殺老婆的爹娘兄弟，遂成了家常便飯。這可是中國傳統文化中最殘忍的一面——禍連家族。直到二十世紀的今天，仍然照行不誤，只不過方式改變了一下（好比說：不准他們出國）。封建專制在中國造了太多的孽，連家庭親情，都逃不脫魔掌。嗚呼。

煮成肉羹

姬昌先生被囚禁之後，他的大兒子姬考，正以人質身份，在中央政府任職，大概是交通部長之類，負責君王的車輛馬匹，有時候也替子受辛先生駕車。暴君們都是翻臉無情的，子受辛先生既跟姬昌先生翻了臉，一不做、二不休，立刻下令把姬考先生「烹之」。是殺了他之後煮他的屍體歟？或是把活人按到滾水鍋裏活活煮死歟？史書上沒有記載，只記載煮了之後，熬成肉羹，送給姬昌老爹當飯。子受辛先生曰：「如果姬昌是聖人？他一定拒絕吃自己親生兒子的肉。」但姬昌先生卻坦然下肚，子受辛先生笑曰：「誰說姬昌是聖人？吃了自己親生兒子的肉卻不知道。」

民間傳說，姬昌先生是知道的，但他不得不吃，吃了還有活命的可能，不吃則徒觸怒暴君，自己也會被煮成肉羹。但他無法消化，在一陣嘔吐後，吐到地上的殘肉，忽然變成一隻小白兔，向老爹拜了拜，一蹦一跳而去。神話學家說，自從嫦娥女士把唯一的小白兔抱到月球上之後，小白兔就絕了跡。直到姬考先生慘死，地球上才再有這種可愛的動物。

「烹之」，是古代君王對付政敵最野蠻的手段之一：動不動就把人煮掉，或剁成肉醬，或煮成肉羹，被尊爲中國最偉大的君王，西漢王朝創業皇帝劉邦先生，在紀元後一世紀時，就曾把幫助他締造政權的功臣彭越先生，如法炮製。

煮掉了姬考先生，使位於岐山（陝西省岐山縣）的周部落，陷於恐慌，因爲子受辛先生下一步可能把老爹姬昌先生也煮掉。周部落用盡方法營救，都沒有結果。嗚呼，「逮捕」是一個關卡，只要逮捕，便等於進入鱷魚之口，除非有強大壓力，絕無法使鱷魚之口張開。周部落的智囊人物閎夭先生，回想起六百年前子受辛先生的老祖宗子天乙先生如何逃脫姒履癸魔掌的故事，就一方面收購駿馬，一方面發動突擊，把莘部落（陝西省合陽縣）包圍。莘部落以出產美女聞名於世，美女遂被搶一空（也可能在利誘下，出售一空）。這些禮物使子受辛先生心花怒放，尤其對於美女。他曰：「有一個就足夠啦，何況這麼一群乎哉。」於是下令釋放姬昌，爲了回報美女們床上給他上的洋勁，還發給周部落一批武器，而且洩底曰：「不是我要抓姬昌，是崇侯虎那小子打他的小報告呀。」

釋放姬昌先生，等於縱虎歸山。六年後的紀元前一一三六年，姬昌先生報這一箭之仇，攻擊崇部落（陝西省戶縣），把酋長崇侯虎先生吊死，整個部落小民，擄作奴隸。子受辛先生對這位忠心的酋長這麼輕易的出賣，使所有仍效忠他的其他部落，改變態度。次年（前一一三五），姬昌先生逝世。他有一百個兒子，就由他兒子之一的姬發，繼承酋長位置。

「二居心」法寶

姬發先生是激進派，他不久就集結了八百多個小部落的部隊，向首都朝歌（河南省淇縣）進攻，然而，攻到孟津（河南省孟津縣），卻被商政府軍擊敗。百足之蟲，死而不僵。歷史有一項定律：任何革命行動，最初總要受到挫折。

這一次的軍事行動，在商政府內部，造成兩種迥然不同的反應。一種是子受辛先生和他的搖尾系統，認爲叛亂已被鎭壓，一小撮不安分的莠民，已接受懲罰，證明人心傾向，邪不勝正，就更肆無忌憚。另一些人，包括老哥子啓先生、大臣祖尹先生在內，都認爲小民的忍耐力已達到飽和，抗暴怒火已在燃燒，孟津之役，並沒有消滅了火種，只不過用被子把火種蓋起來而已。祖尹先生把這種判斷告訴子受辛先生，子受辛先生笑曰：「我的命在上帝手裏，小民蠢動，不過送死。」祖尹先生嘆曰：「這個傢伙完啦。」於是，子啓先生、祖尹先生，和一大批頭腦清醒的官員，開溜逃命。只有貴族成員之一的子干先生曰：「領袖有過，不去規勸，不能謂之忠心。怕死不敢說話，不能謂之勇士。」可憐的這位忠心的勇士，他爲他的愚昧付出代價，他不斷的提出批評和建議，終於超過暴君容忍的上限，子受辛先生變色曰：「你是何居心？顯然是別有居心！」

這就是政治學上著名的「二居心」法寶，一旦被罩到頭上，非死即傷，是打擊忠心勇士最厲害的祕密武器。子干先生回答：「我只是爲仁爲義！」子受辛先生對子干先生的「桀驁不馴」，大起反感，他曰：「想不到你他媽的眞是聖人，我聽說聖人的心有七竅，不知道是眞是假，現在，把你的心掏出來，教我瞧瞧。」

——二十世紀三〇年代中葉，柏楊先生曾在河南省衛輝市，拜謁過子干先生的墳墓和廟宇。當地傳說，子干先生剖心之後，一縷忠魂不散，屍首仍悠悠忽忽，走到田野，遇見一位農婦挖菜，子干先生曰：「菜有心乎？」農婦曰：「菜當然有心，無心怎麼能活？」子干先生曰：「不然，人無心照樣能活。」農婦曰：「你這個呆瓜，人無心非死不可。」一語道破，子干先生大叫一聲，倒地氣絕。同時，剎那之間，那一帶的菜心都化爲無有。據說，這就是空心菜的來源，用以使後人永遠不忘暴君興起的這場悽慘冤獄。

子干先生一死，老叔子胥餘先生知道難逃厄運，急忙裝瘋，害起來精神之病。可是子受辛先生不管這些，仍把老叔逮捕，投入監獄。

根據地從岐山（陝西省岐山縣）遷到鎬京（陝西省西安市西鎬京鎭）的周部落酋長姬發先生，和他的參謀總長姜子牙先生，虎視眈眈的注視着中央政府的變化。不久，首都朝歌（河南省淇縣）傳來消息：「奸佞之輩都居高位，可以動手啦。」姬發先生曰：「還不到時候。」不久，又傳來消息：「賢能的人紛紛逃亡，可以動手啦。」姬發先生曰：「還不到時候。」不久，又傳來消息：「不斷的逮捕和處決，人民不敢批評政府，可以動手啦。」姬發先生告訴姜子牙，姜子牙先生大喜曰：「這是沒有民心支持的赤裸權力，時候已到，可以動手矣。」

火燒摘星樓

紀元前十二世紀七〇年代前一一二二年，周部落跟其他部落的聯合兵團，戰士四萬五千人，戰車四千輛，從孟津（河南省孟津縣）渡黃河北上，直抵首都朝歌（河南省淇縣）西南郊牧野，與商政府軍七十萬人（戰車數目不詳）決戰。周兵團在數量上居於可怕的劣勢，但商政府軍心已經瓦解，決戰一開始，商政府軍即行叛變，倒轉槍頭，攻擊子受辛先生的御林軍。子受辛先生這時候才發現他的老命不握在上帝之手，而握在小民之手，於是他像兔子一樣飛快的逃到鹿台上的摘星樓。

封神榜形容他的下場：

「話說紂王（子受辛）行至摘星樓……謂朱昇曰：『朕不聽群臣之言，誤被讒臣所惑，今兵連禍結，莫可解救，噬臍何及？朕思以天子之尊，萬一城破，為群小所獲，辱莫甚焉。欲尋自盡，此軀尚遺人間，猶為他人指點。不若自焚，反為乾淨，毋得令兒女存留也。你可取柴薪堆積，朕當與此樓同焚，你當如朕命。』……朱昇下樓，去尋柴薪，堆積樓下不表。且說紂王（子受辛）……自服袞冕，手執碧玉，滿身佩珠，端坐樓中。朱昇將柴堆滿，揮淚下拜畢，方敢舉火，放聲大哭。後人有詩為證：『摘星樓下火初紅，煙捲烏雲四面風。今日成湯（子天乙）傾社稷，朱昇原自盡孤忠。』……只見火逞風威，風乘火勢，須臾間四方通紅，煙霧張天。怎見得？有賦為證：『煙迷霧捲，金光灼灼漫天飛。燄吐雲從，烈風呼呼如雨驟。排坑烈炬，似煽如燄，須臾萬物盡成灰。說什麼畫棟連霄漢，頃刻千里化紅塵，那管他雨聚雲屯。五行之內最無情，二氣之中爲獨盛。雕樑畫棟，不知費幾許工夫，遭着他盡成齏粉。珠欄玉砌，不知用多少金錢，逢着你皆爲瓦解。摘星樓下勢如焚，六宮三殿，只燒得柱倒牆崩。天子命喪須臾，六妃九嬪，牽連得頭焦額爛。無辜宮女盡受殃，作惡內臣皆在劫。這紂天子（子受辛），這紂昏君（子受辛）啊，拋卻塵寰，講不起貢山航海，錦衣玉食，金甌社稷，錦繡乾坤，都化滔滔洪水向東流。脫離慾海，休誇那粉黛娥眉。正是：你從前燄成雄威，作過災殃還自受。成湯（子天乙）事業化飛灰，周室江山方赤熾。」

「……只見那火越盛，看看燒上樓頂，樓下柱腳燒倒。只聽一聲響亮，摘星樓塌，如天崩地裂，將紂王（子受辛）埋在火中。頃刻火化灰燼……後人有詩嘆曰：『放桀（姒履癸）南巢憶昔時，深仁厚澤立根基。誰知殷受（子受辛）多殘害，烈燄焚身悔已遲。』……又有詩單道紂王（子受辛）才兼文武云：『打虎雄威氣驍驍，千斤膂力冠群僚。托樑換柱越今古，赤手擒過鷲飛鵰。拒諫空稱才絕代，飾非枉道巧多饒。只因三怪（蘇妲己等）迷眞性，贏得樓前血肉焦。』……話說武王（姬發）來到摘星樓，見餘火尚存，煙焰未盡，燒得七狼八狽，也有無辜宮人，遭此大劫。尙有遺骸未盡，臭穢難聞。……吩咐軍士……尋紂王（子受辛）骸骨，具衣衾，以天子之禮葬之。」

至於蘇妲己女士，早被捉住，砍掉漂亮的玉頭。

伊里亞特

子受辛先生被燒死於摘星樓，發生在紀元前十二世紀七〇年代，而就在六十年前，同屬於紀元前十二世紀的一〇年代，西方世界也發生一場血腥大戰，那是美女海倫女士惹的禍，人人皆知的特類城的圍攻，希臘聯軍打了十年，才算把特類攻陷。詩人荷馬先生把最後一年沙場交鋒的英雄事蹟，寫出伊里亞特。天上所有神仙，包括最高主宰宙斯先生在內，都捲入這場人類的糾紛之中，熱鬧烘烘，分不清是人出拳，還是神出拳。

封神榜是中國的伊里亞特，在周部落跟商王朝中央政府的對抗期間，出動的神仙更多，不但熱鬧烘烘，而且還亂七八糟。比較兩部巨著，我們可發現有很大的不同，代表東西方兩個世界的基本共識。西方對背夫私奔，惹起十年大戰的禍首海倫女士，並沒有嚴厲的譴責，直到現在二十世紀，洋女士們以「海倫」命名的，多的是也。縱是當年，當海倫女士出城勞軍時，沙場戰士們望見她絕代風采，不禁嘆曰：「再為她打十年仗也值得。」換了中國，早破口大罵，姦她老母矣。中國人對蘇妲己女士，可是啥髒話都罵了出來。事實上蘇妲己女士並不是禍首，傳統史學家卻硬生生把她栽成禍首。西方諺云：「一個成功男人的背後，一定有一個偉大的女人。」中國則另有一套：「一個暴君的背後，一定有一個惡婦。」姒履癸先生背後有施妹喜，子受辛先生背後則有蘇妲己。反正，總有一個倒楣的女人墊背。封神榜索性把蘇妲己女士說成妖精變的，替女媧女士復仇而來，就更下流。

伊里亞特描寫的是兩國堂堂之師。封神榜卻從頭到尾，一片假仁假義。作者許仲琳先生一方面形容子受辛先生罪大惡極，姬發先生代表全國人民，抗暴革命。一方面又藉着一些幼稚的小動作，強調姬發先生可是忠孝兩全。當子受辛先生親自出戰，大敗之時。姬發先生還曰：「當今（子受辛）雖然失敗，吾是臣子，豈有君臣相對敵之理？元帥可解此危。」這種小動作層出不窮，不但不能如作者盼望的，證明姬發先生忠孝兩全，反而證明他閣下奸詐交集，眞是天下最拙笨的第一巨滑。封神榜形容周部落兵團攻陷首都朝歌（河南省淇縣）一幕，曰：

「話說摘星樓焚了紂王（子受辛），衆諸侯（各部落酋長）俱在午門外駐紮。少時午門開處，衆宮人同侍衛將軍、御林士卒，酌酒獻花焚香，拜迎武王（姬發）車駕。……武王（姬發）對（姜）子牙曰：『紂王（子受辛）無道，殘虐生民，而六宮近在肘腋，其宮人侍宦，被害更深。令軍士救火，不可波及無辜。相父（姜子牙）首先嚴禁，毋令復遭陷害也。』（姜）子牙忙傳令：『凡軍士人等，只許救火，毋得肆行暴虐。敢有違令，枉取六宮中一物，枉殺一人者，斬首示衆，決不姑息，好自知悉。』只見衆官人宦官，齊呼萬歲！……又命軍士尋出紂王（子受辛）遺骸，以禮安葬。」

事實上周部落攻陷朝歌（河南省淇縣），展開的是一場野蠻民族的大屠殺，殺到「血流漂杵」的悲慘地步，未死的被稱爲「殷頑民」，全部拴上繩索，當作奴隸。而姬發先生對待子受辛先生，比封神榜上那種詩情畫意般的春風化雨，可要凶惡的多。

通鑑外紀曰：

「（姬發）入，至紂王（子受辛）死所，王（姬發）自射之，三發而後下車，以輕劍擊之，以黃鉞（銅斧）斬紂（子受辛）首，懸大白之旗。紂（子受辛）之嬖妾二女，皆自殺，又射三發，擊以劍，斬以元鉞（石斧），懸其頭小白之旗。」

反正是，不管怎麼吧，子受辛先生燒死後又被砍下御頭。他閣下一死，六百六十二年之久的商王朝，遂告絕種。姬發先生建立他的新政權，命名周王朝，他閣下就是周王朝第一任國王。並且追稱子受辛先生為「紂帝」。紂，殘害忠良之意。跟姒履癸先生「桀帝」的「桀」字一樣。「桀」「紂」二字，從此成為萬惡不赦暴君的代名詞，數千年來，一直受到詛咒。

——向讀者老爺報告，黃帝王朝、夏王朝、商王朝，君王們都是稱「帝」的，周王朝的君王則稱「天王」，或稱「王」。在他們口中，順理成章的，「紂帝」也就變成「紂王」。

姬瑕

時代　紀元前十一世紀四〇—九〇年代
王朝　周王朝第四任國王
綽號　昭王
在位　五十二年（前一〇五三—前一〇〇二）
遭遇　淹死漢水

忽然御駕親征

姬瑕先生，這位高踞權力寶座長達五十二年之久的國家領袖。至少在那五十二年之間，炙手可熱，熱得沒人敢碰。可是，在歷史上，他卻是一個無名小卒，如果不是最後被活活淹死，他就更沒沒無聞。

回溯姬發先生，這位雄才大略，意氣軒昂的國王，攻進了朝歌（河南省淇縣），砍掉商王朝末任帝子受辛先生屍體上的尊頭，懸掛高竿示眾之後，即回到鎬京（陝西省西安市西鎬京鎮），建立周王朝。他的這個「王」，綽號「武王」，即武功烜赫之王。那位羑里囚犯、老爹姬昌，雖然到死仍只是一個部落酋長，卻也被追稱爲「王」，並且尊稱「文王」，也就是文質彬彬的王也。這種響尾蛇飛彈式的追蹤不捨，硬把綽號扣到祖先腦袋上的幹法，是中國的特產，所以拜讀中國史書，不能只看字面，還必須查考它是不是文字詐欺——敬請讀者老爺注意：「文王」不是King，「武王」才是King。在儒家學派推崇的一條鞭「道統」中，膿包伊祁放勳先生、凶手姚重華先生、復仇者姒文命先生、算命家子天乙先生，非King的姬昌先生，眞King的姬發先生，以及姬發先生的老弟姬旦先生，都是主要角色。

——奇怪的是，「道統」中的聖人，幾百年才出一個，而周王朝創業的幾年間，竟占了三個名額，當初開名單的朋友，不覺得有點太擠乎哉。

姬發先生死後，兒子姬誦繼位。姬誦先生死後，兒子姬釗繼位，姬釗先生死後

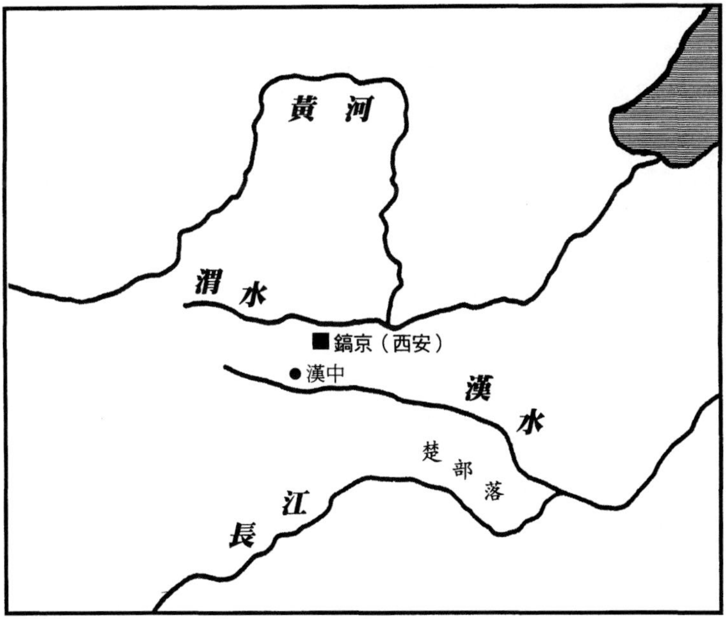

，兒子姬瑕繼位。姬瑕先生是周王朝第四任國王，姬發先生的曾孫，也就是我們的男主角。他的綽號是「昭王」。史書上對他閣下的記載，一片空白，唯一透露出來的是，周政府已經衰微，軍事力量減退，各部落紛紛叛離。遠在漢水流域和長江中游以北地區的楚部落，對周王朝更不買賬。史書上有關楚部落的反抗原因和反抗行動，未提隻字。只知道，就在紀元前十一世紀九〇年代前一〇〇二年，姬瑕先生忽然御駕親征，帶領軍隊，向楚部落發動攻擊。這次攻擊行動的成敗勝負如何，史書上也未提隻字。

第一個淹死的君王

事情發生在大軍班師途中，在漢中（陝西省漢中市）渡漢水北返鎬京（陝西省西安市西鎬京鎮）時，帝王世紀曰：「舡人惡之」。以人之常情推測，可能是政府軍紀律敗壞，姦淫燒殺，無所不爲，引起人民憤怒。於是，管理渡口的人，用樹脂做了一條看起來堂皇富麗，非常適合君王身份的大船，必恭必敬的呈獻給姬瑕先生。這個傻蛋，還以爲小民眞的誠心誠意敬愛他哩。結果是，到了中流，膠解舟沉。侍衛辛游靡先生用強壯的手臂挾着他閣下向北岸游去，可是，救一個不會游泳的人，比救一隻老虎還要危險，他會一把抓住，死也不放。而且，辛游靡先生只不過「臂長而多力」，也不會游泳，姬瑕先生只好淹死矣。這是中國歷史上第一位淹死的君主。

——三百年後的紀元前七世紀四〇年代前六五六年，齊國國君姜小白先生以霸主身份，率領七國聯軍，攻打當時已經獨立並相當強大的楚王國，曾提出這樁公案，指控楚王國陰謀害死姬瑕。楚王國一口否認，還反唇相譏，建議姜小白先生去問漢水，姜小白先生碰了一鼻子灰。從此，對這件謀殺，再沒有人談及。事實上，周王朝早就希望別人忘掉這碼子事，史書上曰：「周人諱之。」從「諱之」，我們可以推斷，姬瑕先生一定做出了不可告人的醜事，說不定是被憤怒的丈夫，砍死後扔到漢水裏餵鼈。

姬靖

時代　紀元前九世紀七〇年代—紀元前八世紀一〇年代
王朝　周王朝第十一任國王
綽號　宣王
在位　四十七年（前八二八—前七八二）
遭遇　嚇死

政治學二大定律

姬靖先生，在周王朝四十個國王中，被稱爲明君。不過，絕對權力不僅產生絕對腐敗，絕對權力也產生絕對白癡，這是政治學上的兩大定律，所以他閣下恐怕不見得會「明」到那裏去。古書上最稱道的一件事是，他睡在小老婆香閨裏，每天都「春眠不覺曉」。正宮妻子姜后——齊國國君的女兒，使出苦肉計。某天清晨，她一早就爬起來，脫下頭上的首飾，打扮成一個罪人模樣，站在宮廷監獄（永巷）門前，教一位年長的嬷嬷傳話給正在交頸而眠的姬靖先生曰：「你只愛女人的美色，不愛高尚的德行，更失去禮節教養，晚上很早便睡，早上很晚才起。造成這種亂局，都是從我開始，請你降下旨意，先處罰我。」姬靖先生大爲慚愧，回答曰：「這是我的不對，是我自己犯了錯誤，絕非妳的過失。」從此，他深自反省，一大早就起床處理國家大事，暮氣沉沉的周王朝，遂有復興的跡象。

列女傳原文：

「宣王（姬靖）晏起，姜后脫簪珥，待罪於永巷（宮廷監獄），使其傅姆，通言於王（姬靖）曰：『王（姬靖）樂色而忘德，失禮而晏起，亂之興，自婢子始，敢請罪。』王（姬靖）曰：『寡人不德，實自生過，非夫人之罪也。』自是，勤於政事，早朝晏罷，卒成中興之君。」

列女傳原意在褒揚姜后——褒揚她處理老公迷戀小老婆的方法和效果。不過姜后表演這碼子事如果是眞的，受到褒揚的不應是姜后女士，而應是姬靖先生。前已言之，中國人有一種特別傳統，就是死不

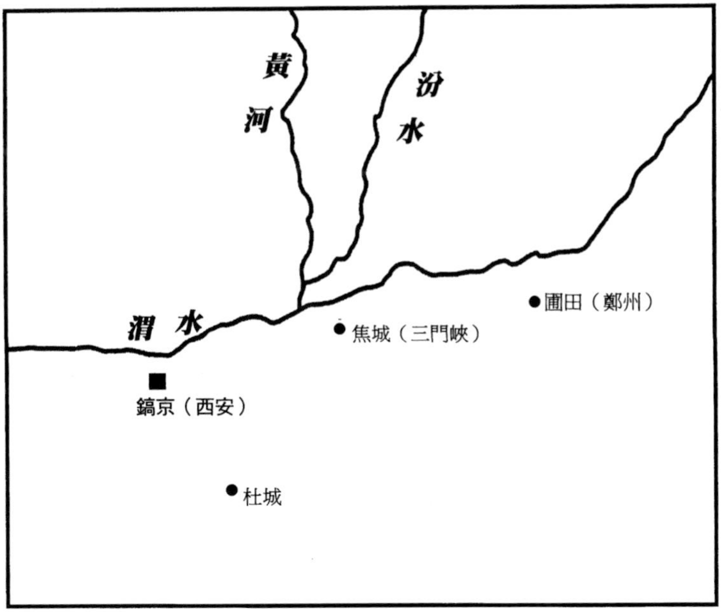

認錯，膽敢有人指出他的過失，他的反應不會是感謝改過，準是老羞成怒。普通人尚且如此，身爲大權在握的頭目，就更強烈。注意姬靖先生的反應，他這種態度，是一種奇蹟，很難在小民身上找到，更不要說在帝王皇后身上找到矣。問題是，假如姬靖先生是明君的話，也僅只有這件事值得一提。柏楊先生閱人多矣，有生之年，從二十世紀二〇年代到八〇年代，我就從沒看見過或聽說過有哪個當權頭目，不聞過則怒。

果然，到了最後，他「明」不起來。就在周王朝宮廷之中，發生了約瑟模式的故事。約瑟先生是亞伯拉罕先生最小的兒子，被嫉妒他的十一個哥哥賣到埃及。

舊約曰：

「約瑟被帶下埃及去……在他主人眼前蒙恩，伺候他的主人。主人就派他管理家務，把一切所有的都交在他手裏。自從主人派約瑟管理家務，和他一切所有的。耶和華就因約瑟緣故，賜福給那埃及人的家。凡家裏和田間的一切所有的，都蒙耶和華賜福。主人將一切所有的，都交給了約瑟，除了自己所吃的飯，別的事一概不知。」

約瑟模式

可是，問題出來啦。

舊約曰：

「約瑟秀雅俊美。主人的妻子眉目送情給約瑟說：『你與我同寢吧。』約瑟不從，對他主人的妻說：『看哪，一切家務，主人都不知道，他把所有的都交給我。在家裏沒有比我更大的，沒有留下一樣不交給我，只留下了妳，因爲妳是他的妻子。我怎能作這大惡，得罪上帝呢。』後來，她天天和約瑟說，約瑟都不聽從，不與她同寢，也不和她在一處。有一天，約瑟進屋裏去辦事，家中沒有一個人在那屋裏。婦人拉住他的衣服說：『你與我同寢罷。』約瑟把衣服丟在婦人手裏，跑到外邊去了。婦人看見約瑟把衣服丟在她手裏跑出去了，就叫家裏的人來，對他們說：『你們看，他帶了一個希伯來人，進入我們家裏，要戲弄我們。他到我這裏來，要與我同寢，我就大聲喊叫。他聽見我大聲喊叫，倉皇的把衣服丟下來跑了。』婦人把約瑟的衣服放在那裏，等到主人回來，對他如此如此說：『你所帶到我們這裏的那希伯來僕人，進來要戲弄我，我放聲喊起來，他就把衣服丟在我這裏跑出去了。』主人聽見他妻子對他所說的話，就很生氣，把約瑟下在監裏。」

這是倒打一耙的約瑟模式，威力無比，一個臭男人只要被套牢，就是如來佛親自出馬，都無法洗刷清白。而對一個老奶而言，因擁有這項祕密武器之故，簡直橫行無阻，想玩誰就玩誰，膽敢拒絕，她只要玉口一張，保證其效如神。即以約瑟先生而論，我們看到的是一面之辭，如果同時看到那位女主人一把鼻涕一把淚，一枝梨花春帶雨，恐怕對約瑟先生，也可能失去信心。

東方的倒打一耙發生在周王朝宮廷。姬靖老傢伙有個漂亮的姬妾女宛女士（古書上說她的名字是「女鳮」，「鳮」這個字在普通字典上查不到，大漢和辭典有這個字，卻不知道它唸什麼，既然是個死字，我就大筆一改。免得排字房的刻字工人亂刻，也免得讀者老爺亂唸），生得沉魚落雁，閉月羞花。她在宮廷中雖然不是皇后，然而，既然君王寵愛她，她過的當然是最高水準的豪華和愜意生活。

不過，她不滿意老公，不見得不滿意性生活，也可能她不滿意只分得幾分之一的零碎愛情。更可能的是，她喜歡換換口味。跟約瑟先生的女主人一樣，她在比他低一階層的男人群裏，發現了目標，他就是封爲伯爵的姬恒先生。

姬恒先生的封國在杜城（陝西省西安市東南），那時貴族們流行用國名作爲自己的姓，所以史書上稱他爲杜恒，因爲他是伯爵，有時也稱他爲杜伯。他在中央政府擔任國務官（大夫）之職，長得一表人才，而又年輕力壯，猶如柏楊先生少年之時。於是，女宛這位如花似玉看上了他，要他與她「同寢」。杜恒先生嚇了一跳，他是不敢？還是不願？都無關重要，反正他不肯答應，這就嚴重的傷害了女宛女士的自尊，我還不夠漂亮呀？我教你嚐甜頭是看得起你，你這個不識抬舉的東西，竟敢瞧老娘不起，好吧，你不吃敬酒吃罰酒，看看老娘手段。其實手段沒啥稀奇，不過倒打一耙。她向姬靖先生泣曰：『杜恒那小子，狼心狗肺，把我按到床上（或者是「他伸手摸俺的乳房」之類），要不是……』姬靖先生火冒三丈，下令逮捕杜恒，囚禁焦城（河南省三門峽市），命大臣薛蒲、司工錡，組織專案小組，決心坐實罪名，要把杜恒先生置於死地。

付出枉殺的代價

這一椿倒打一耙的公案，繹史原文曰：

「杜國之伯名爲恒，爲周大夫。宣王（姬靖）之妾曰女宛，欲通之，杜伯（杜恒）不可，女宛訴之宣王（姬靖）曰：『（杜）恒竊與妾交。』宣王（姬靖）信之，囚伯（杜恒）於焦（河南省三門峽市），使薛甫與司工錡殺杜伯（杜恒）。」

任何臭男人遇到約瑟模式，都難逃劫數。然而吉星高照的朋友，有時候也能大破這項法寶。就在柏老寫本文時——一九八三年一月十二日，台北中國時報刊出一則消息，事情發生在台北縣中和市，四十一歲的婦人楊王春美女士，向警方控告男主人謝姓男子說，她到謝家幫傭的第一天，便被那位倒楣的謝先生強暴，而且連續五次，使她懷孕。空口無憑，還有證據，證據是婦產科醫院化驗的身孕反應單。好啦，這可是百口莫辯，官司吃定。不料，偏偏她閣下運氣不佳，遇上警官陳國元先生，以他當兩位小孩父親的經驗與常識，知道除了超音波檢查外，至少要四十五天左右，才能檢查出是否懷孕，而楊王春美女士受僱謝家，不過一個月零兩天。盤問了一陣，楊王春美女士終於承認她是栽贓。

可是，杜恒先生的兩位問官卻不是陳國元先生，而是殺手。杜恒先生一位朋友左儒先生，也是國務官（大夫），向姬靖先生保證杜恒絕不會做出這種糗事，姬靖先生已被綠帽疑雲壓昏了頭，咆哮曰：「反抗君王去維護朋友，那就是你！」左儒先生曰：「君王有道理，朋友沒道理，當然順從君王，懲罰朋友。反過來，朋友有道理，君王沒道理，那只好違背君王。」姬靖先生大怒曰：「收回你的話，就活。不收回你的話，就死。」左儒先生曰：「忠臣義士絕不自己去找死，但也絕不輕易改變他的主張去求活。我將用死來證明杜恒無罪，也證明你的枉殺。」嗚呼，姬靖先生向姜后露的那一手「聞過則喜」，已化爲烏有，恢復了「聞過則怒」的本來面目，不由分說，下令把杜恒先生立即處決。杜恒先生在刑場上，向天哀號曰：「我無罪而君王殺我，如果死而無知，那就作罷。如果死而有知，不出三年，我一定要他知道他是凶手。」左儒先生回到家裏，沮喪和悲憤交加，也跟着自殺。

——請左儒先生在天之靈垂鑒，千古之下，柏楊先生向你下跪叩拜。我盼望我有此友，不是要左儒先生爲我死，而是我要爲左儒先生死。嗟乎。

光陰似箭，日月如梭。三年匆匆而過，誰都不再記得死囚臨刑時的悲憤呼號。紀元前八世紀一〇年代前七八二年的一天，姬靖先生在圃田（河南省鄭州市東圃田鎮）舉行大規模秋獵，戰車數百輛，人馬數千，這是一個浩大的陣容，佈滿山野。中午時候，正要收圍稍休，忽然間，在山邊出現了一輛奇怪的車子，車身和馬匹都是白色，而車上卻坐着一個紅衣紅帽，手拿紅弓箭的人，而他，正是被處決了的杜恒先生。衛士們一見，靈魂出竅，一哄而散。姬靖先生也顧不得君王的架式，急忙催車狂奔，可是杜恒先生卻緊追不捨，忽而在前，忽而在後，忽而在左，忽而在右，最後，一箭射出，不偏不倚，正射中精神已經瀕臨崩潰的姬靖先生的心窩，姬靖雙手握着箭桿，身子向前伏倒，那箭桿更恰恰的貫穿他的前胸，杜恒先生也跟着消失在悲雲慘霧之中，大概押解姬靖先生的鬼魂，到閻羅王那裏挨板子去啦。等到四下逃命的隨從稍稍聚集起來，前來探望時，姬靖先生已死了他媽的矣。後人有詩嘆曰：

赤矢朱弓貌似神　千軍隊裏騁飛輪

君王枉殺還須報　何況區區平常人

姬靖先生可能死於突發的心臟病，也可能被流矢所傷。然而不管怎麼吧，草菅人命，即令他是狗娘養的國家最高領袖，也得付出死亡的代價。

姬宫涅

時代　紀元前八世紀一〇年代－二〇年代
王朝　周王朝第十二任國王
綽號　幽王
在位　十二年（前七八二－前七七一）
遭遇　一刀砍死

兩條妖龍

姬宮涅先生是一個渾貨，卻因爲一場烽火，死人千萬，連自己老命也都斷送，才聲名大噪。他之所以幹出一連串荒唐勾當，跟他美麗的年輕妻子褒姒女士，有密切關係。褒姒從不鼓勵，更從不要求老公做什麼怪事，是老公爲了取悅她才做怪事的。這些足以傷害到國家命脈的怪事，褒姒並不知道它的嚴重性。她只是一位身世可憐的棄兒，身不由主的被獻給一個她所不喜歡的臭男人。

褒姒女士的故事，要從「想當年」的一段神話說起。

距褒姒女士出現周王朝宮廷一千年前，也就是紀元前十八世紀，夏王朝暴君姒履癸先生還在酒池肉林中自封爲永恒太陽的時候。有一天，褒國（陝西省漢中市西北褒河鎮）有兩個小民，不知道什麼緣故，可能是中了什麼妖怪或神仙的法術，忽然間變成兩條龍，翻騰起飛，一飛就飛了一千公里，忽咚一聲，跌到夏王朝行都斟鄩（河南省登封市）的王宮中。

——周王朝中葉之前，「國」就是「部落」，「部落」就是「國」，根本沒有分別。以後政治機構和管理方法日益現代化，「部落」逐漸消失，「國」仍然存在。所以，「國」者，不過一個行政區域，跟之後的「縣」「州」「省」一樣。中國之內這種形式的「國」，我們姑且稱之爲「封國」。

兩條龍跌到王宮中，大概害怕受到攻擊，乃口吐人言，大聲介紹自己曰：「俺

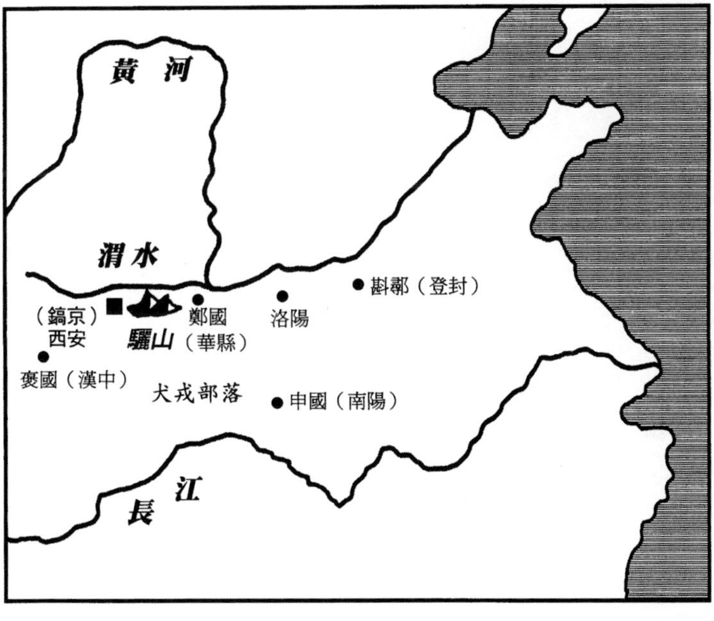

，可是褒國的兩個大人物呀。」姒履癸先生嚇了一跳，想下令殺牠，又怕殺不死而惹禍上身，只好請教專家學者，當時的專家學者只有巫法師（太史），巫法師先生卜卦已畢，警告姒履癸先生曰：「千萬別殺。」姒履癸先生說，不殺就不殺，派軍隊把二位龍老爺趕出大門總可以吧。巫法師先生曰：「神仙下臨人間，一定顯示禎祥。貴陛下最好把牠們的唾涎收藏起來。蓋唾涎乃龍老爺的精華之氣，藏起來可能會有後福。」姒履癸先生就用金盤（那時候哪裏來的金，青銅罷啦），放到龍老爺面前，讓牠們流了個夠，然後儲存在皇家寶庫的朱櫝之中。剛剛擺好，風雨忽然大作，二龍就一個鷂子翻身，騰空而去。

龍涎奇蹟

儲在寶庫裏的龍涎，一放就是一千年，到了紀元前九世紀五〇年代，周王朝第十任君王姬胡先生——也就是本文男主角姬宮涅的祖父姬胡在位，朱櫝忽然放出光芒。管庫官報告姬胡，姬胡先生曰：「裏面裝的是啥？打開來瞧瞧！」管庫官打開朱櫝，把金盤雙手捧上，姬胡先生伸手去接，可能心裏有點害怕，顫抖的手那麼一滑，叮光噹啷，金盤落地，那個歷時一千年之久的龍涎，既沒有蒸發，也沒有凝固，仍是二位龍老爺當初留下來的老樣子，從金盤中流出，流了一地。流了一地不稀奇，稀奇的是，忽然間變成一隻小黿，在院子裏亂爬。姬胡先生直冒冷汗，急忙教宮中所有老奶，包括宮女、僕婦，和一些地位低微的小老婆，都脫下衣服，露出胴體，圍着牠閣下大跳大叫、大呼大鬧。蓋民間傳說，裸體美女，可以克邪制妖。果然，那位小鼊先生被搞得暈頭脹腦，爬來爬去，爬到皇宮內院的一棟房舍裏，霎時間無影無蹤。

——咦，姬胡先生的辦法可是絕妙。如果有一天，舊雨新知，要再修理柏楊先生時，不必硬戴鐵帽，拳打腳踢，只要擺出美女裸體大陣，效果包君滿意，教我承認啥，我就承認啥，另外還特別奉送幾項包管問吊的口供，以示優待。不信的話，我可找兩家殷實舖保。

就在大家瞪眼找小鼊先生之時，一位年輕宮女，不小心踩了一下小鼊先生跑過的腳跡，芳心一動。這一動不要緊，不久就玉肚膨脹，有了身孕。姬胡先生大怒，好賤婢，竟把野男人弄到宮裏上床呀，下令把她囚禁起來。紀元前八二八年，姬胡先生死掉。兒子姬靖——就是前文介紹受到枉殺報應的那位，繼承王位，仍沒有把她釋放，這樣下去，有一天，這位可憐的宮女，囚禁已四十年矣，忽然肚子作痛，生下一個女孩。姬靖先生得到消息，心神不寧，下令把那女孩扔到河裏淹死。

就在這個時候，首都鎬京（陝西省西安市西鎬京鎮），有童謠曰：「月將升，日將沒。檿弧箕箙，幾亡周國。」檿（音 yǎn【眼】），山桑木也。檿弧，山桑木做的弓。箕，一種細草。箙（音 fú【福】），箭袋。譯成白話，就是——

月亮將升
太陽將落下來

桑木做成強弓
箕草織成箭袋
周王國不再存在

東周列國志對此，有詳細敍述：

「次日早朝，（姬靖）召太史伯陽父告以龍漦之事，因曰：『此女已死於溝瀆，卿試占之，以觀妖氣消息如何？』伯陽父布卦已畢，獻上卦詞。詞曰：『哭又笑，笑又哭。羊被鬼吞，馬逢犬逐。愼之愼之，檿弧箕箙。』宣王（姬靖）不解其說，伯陽父奏曰：『以十二支所屬推之，羊爲未，馬爲午。哭笑者，悲喜之象，其應在午未之年（午年指前七七一，未年指前七七〇）。據臣推詳，妖氣雖然出宮，未曾除也。』宣王（姬靖）聞奏，怏怏不悅。遂下令：『城內城外，挨戶查問女嬰，不拘死活，有人撈取來獻者，賞布帛各三百疋。有收養不報者，鄰里舉首，首人給賞如數，本犯全家斬首。』命上大夫杜伯（就是前文被枉殺的杜恒先生），專督其事。因卦詞又有『檿弧箕箙』之語，再命下大夫左儒（前文爲友殉身的義士），督令司市官巡行街肆，不許造賣山桑木弓，箕草箭袋，違者處死。司市官不敢怠慢，引着一班胥役，一面曉諭，一面巡查。那時城中百姓，無不遵依，止有鄉民，尚未通曉。」

殺戮和囚禁

東周列國志曰：

「巡至次日，有一婦人，抱着幾個箭袋，正是箕草織成。一男子背着山桑木弓十來把，跟隨於後。他夫妻兩口，住在遠鄉，趕着日中做市，上城買賣。尚未進城門，被司市官劈面撞見，喝聲：『拿下！』手下胥役，先將婦人擒住。那男子見不是頭，抛下桑弓在地，飛步走脫。司市官將婦人鎖押，連桑弓箕袋，一齊解到大夫左儒處。左儒想：『所獲二物，正應謠言，況太史言女人爲禍，今已拿到婦人，也可回復王旨。』遂隱下男子不題，單奏婦人違禁造賣，法宜處死。宣王（姬靖）命將此女斬訖。其桑弓箕袋，焚棄於市，以爲造賣者戒，不在話下。後人有詩云：『不將美政消天變，卻泥謠言害婦人。漫道中興多補闕，此番直諫是何臣。』

「話分兩頭，再說那賣桑木弓的男子，急忙逃走，正不知官衙拿我夫婦，是什麼緣故？還要打聽妻子消息。是夜宿於十里外，次早有人傳說：『昨日北門有個婦人，違禁造賣桑弓箕袋，拿到即時決了。』方知妻子已死，走到曠野無人之處，落了幾點痛淚。且喜自己脫禍，放步而行。約十里許，來到淸水河邊，遠遠望見百鳥飛鳴，近前觀看，乃是一個草蓆包兒，浮於水面，衆鳥以喙啣及，且啣且叫，將次拖近岸來。那男子叫聲：『奇怪！』趕開衆鳥，帶水取起蓆包，到草坡中解看。但聞一聲啼哭，原來是一個女嬰。想道：『此女不知何人拋棄，有眾鳥啣出水來，定是大貴之人。我今取回養育，倘得成人，亦有所靠。』遂解下布衫，將此女嬰包裹，抱在懷中。思想避難之處。乃望褒國投奔相識而去。」

紀元前七八二年，姬靖先生被冤死的鬼魂，射死在輦車之上。他的兒子，也就是本文的男主角姬宮涅先生繼位，申國（河南省南陽市）國君的女兒申女士當皇后，兒子姬宜臼，被立爲太子。姬宮涅先生面對的是一個危疑震撼的政局，可是他顢頇得卻像一條蠢豬，不但沒有提起應有的警覺——俗不云乎：「新官上任三把火」，他連三把火都沒有，只有一頭霧水。登基後不久，除了廣收美女外，對任何事情都沒有興趣。不久，就把政府中最能幹最忠心的官員，全部驅逐，另行建立一個廣大的搖尾系統。褒國（陝西省漢中市西北褒河鎮）國君褒珦先生直言規勸，立刻遭到姒文命、子天乙、姬昌三位前輩同樣的命運，被捕下獄。

東周列國志曰：

「卻說賣桑木弓箕草袋的男子，懷抱幼女，逃奔褒國，欲行撫養，因乏乳食，恰好有個姒太的妻子，生女不育，就送些布疋之類，轉乞此女過門。撫養成人，取名褒姒（柏老按：事實上，她是褒國的姒女士，姓姒，不姓褒。不過幾千年來，大家都說她姓褒，而又不知道她的閨名，那麼，就姓褒吧），論年紀雖剛一十四歲，身材長成，倒像十六七歲及笄模樣。更兼目秀眉清，唇紅齒白，髮挽烏雲，指排削玉，有如花似月之容，傾國傾城之貌。……褒珦之子洪德，因私計：『父親囚於鎬京獄中，三年尚未釋放。若得此女貢獻天子，可以贖父罪矣。』」

疊並交同之境

美女的力量有時候超過千軍萬馬，能拯救百藥罔效的危機。東周列國志敍述褒姒女士對老昏君姬宮涅先生的影響：

「幽王（姬宮涅）抬頭觀看，姿容態度，目所未睹，流盼之際，光艷照人，龍顏大喜。四方雖進貢有人，不及褒姒萬分之一。遂不通知申后，留褒姒於別宮，降旨赦褒珦出獄，復其官爵。是夜，幽王（姬宮涅）與褒姒同寢，魚水之樂，所不必言。自此坐則疊股，立則並肩，飲則交盃，食則同器（男女恩愛，一旦到了「疊並交同」之境，除非這個臭男人意志堅強而又頭腦清楚，否則，他就把自己毫無保留的置於女人的控制之下，吾友姬宮涅先生，就是一個榜樣）。一連十日不朝，群臣伺候朝門者，皆不得望見顏色。此乃幽王四年（前七七八）之事。有詩爲證：『折得名花字國香，布荊一旦薦御床。風流天子渾閒事，不道龍漦已伏殃。』」

接着是一場劇烈的奪床鬥爭，不過六年，到了紀元前七七三年，褒姒女士大獲全勝。皇后申女士被囚禁冷宮（冷宮，可不是冷凍庫，不過冷冷清清）。太子姬宜臼先生，被貶爲小民。周王朝政府立即宣佈，立褒姒當皇后，封她閣下生的小娃姬伯服當太子。搖尾系統尹球先生、虢石父先生、祭公易先生，一致讚揚這是最明智的措施。

姬宮涅先生最明智的措施還在後面，東周列國志曰：

「褒姒雖篡位正宮，有專席之寵，卻從未開顏一笑。幽王（姬宮涅）……遂出令：『不拘宮內宮外，有能致褒后一笑，賞賜千金。』虢石父獻計曰：『先王（已死的國王）昔年，因西戎強盛，恐彼入寇，乃於驪山之下，置煙墩二十餘所，又置大鼓數十架，但有賊寇，放起狼煙，直沖霄漢，附近諸侯，發兵相救，又鳴起大鼓，催趲前來。今數年以來，天下太平，烽火皆熄。吾主若要王后（褒姒）啓顏，必須同后（褒姒）遊玩驪山，夜舉烽煙，諸侯援兵必至，至而無寇，王后必笑無疑矣。』」

中國人史綱曰：

「連小孩子都知道絕不可以亂燃烽火，但姬宮涅認爲偶爾玩一次沒有關係。他就帶着褒姒，前往鎬京東方四十五公里的驪山，舉行盛大宴會。歡宴到深夜時，姬宮涅下令燃起烽火。剎那間火焰直沖霄漢，像一條逃命的巨鯨一樣，不斷的一股一股噴出火柱，向黑暗的遠處奔騰而去。王畿附近的封國國君們，從夢中驚醒，以爲鎬京已被蠻族包圍，國王老命危在旦夕，立即集合軍隊，率領馳援。姬宮涅和褒姒居高臨下，準備欣賞這場自以爲使人出醜的偉大節目。黎明時分，那些身披重甲，汗出如雨，啣枚疾進的勤王之師，果然進入視界。不久就抵達驪山腳下，封國的部隊雖經過一夜急行軍，仍精神抖擻，面上呈現着即將獻身國王，爲國戰死的忠義顏色。姬宮涅大爲滿意，派人宣佈聖旨說：『謝謝各位，沒有什麼外寇，我只不過用烽火消遣解悶一下罷了。請你們原路回去，另候犒賞。』那些封國國君好不容易才相信自己的耳朵後，紛紛偃旗息鼓，狼狽而去。褒姒一一看到眼裏，不禁嫣然一笑，這一笑使她更加美如天仙。姬宮涅大喜說：『王后一笑，百媚俱生。』」

狼來了

伊索寓言上有狼來了的故事，牧童小子第一次喊「狼來了」，大家飛奔來救，他笑大家傻瓜。等到狼眞的來啦，牧童小子再喊時，他自己就是傻瓜矣。姬宮涅先生雖然年老，但年老不一定帶來智慧。有時候，不長進的老傢伙，腦筋一直醬在過去一些得意的往事裏，就成了昏庸的老糊塗，姬宮涅先生做出的竟是只有寓言裏才有的荒唐怪事。然而，他覺得對他領導下的周王朝政府，所造成的傷害，仍不夠大，必須再加猛擊。

東周列國志曰：

「卻說申侯（申國國君）聞知幽王（姬宮涅）廢申后立褒姒，上疏諫曰：『昔桀（姒履癸）寵（施）妹喜以亡夏，紂（子受辛）寵（蘇）妲己以亡商。王今寵信褒姒，廢嫡立庶，既乖夫婦之義，又傷父子之情。桀（姒履癸）紂（子受辛）之事，復見於今。夏商之禍，不在異日。望吾王收回亂命，庶可免亡國之殃也。』幽王（姬宮涅）覽奏，拍案大怒曰：『此賊何敢亂言？』……下令削去申侯之爵，命虢石父爲將，簡兵蒐乘（戰車），欲舉伐申之師。

「話說申侯進表之後，有人在鎬京（西安市）探信，聞知幽王（姬宮涅）命虢石父爲將，不日領兵伐申（河南省南陽市），星夜奔回，報知申侯。申侯大驚曰：『國小兵微，安能抵擋王師？』大夫呂章進曰：『天子無道，廢嫡立庶，忠良去位，萬民皆怨，此孤立之勢也。今犬戎兵力方強，與申國接壤。主公宜速致書戎主，借兵向鎬（西安市），以救王后，必要天子傳位於故太子（姬宜臼），此伊（伊尹）周（姬旦）之業也。語云：先發制人，機不可失。』申侯曰：『此言甚當。』遣人奉書，向犬戎借兵，許以破鎬京（西安市）之日，府庫金帛，任憑搬取。

「戎主遂發兵一萬五千（紀元前八世紀二〇年代，這是一個可觀的龐大數目，等於二十世紀的百萬雄兵），分爲三隊，右先鋒索丁，左先鋒滿也速，戎主自將中軍。槍刀塞路，旌旗蔽空。申侯亦起本國之兵相助，浩浩蕩蕩，殺奔鎬京（西安市）而來，出其不意，將鎬京圍繞三匝，水洩不通。幽王（姬宮涅）聞變，大驚。」

姬宮涅先生下令燃起烽火，一霎時狼煙四出。可是，已經沒有一個封國的國君，再願供君王娛樂矣。鎬京（西安市）外無救兵，內無糧草，霎時陷落。

東周列國志曰：

「戎主……殺將前進，喊聲大舉，亂殺入城，逢屋放火，遇人舉刀，城中大亂。幽王（姬宮涅）見勢頭不好，以小車載褒姒和伯服，開後宰門出走。……出了北門，迤邐望驪山而去，途中遇尹球來到，言：『犬戎焚燒宮室，搶掠庫藏，祭公（祭公易）已死於亂軍之中。』幽王（姬宮涅）心膽俱裂。……再令舉烽，烽煙透入九霄，救兵依然不到。犬戎兵追至驪山之下，將驪宮團團圍住，只叫：『休走了昏君！』幽王（姬宮涅）與褒姒嚇做一堆，相對而泣。」

最後，姬宮湦先生逃出驪山，打算投奔東方的鄭國（陝西省華縣）。然而，他已到了末路。東周列國志曰：

「犬戎左先鋒滿也速，早把幽王（姬宮湦）車仗擄住，犬戎主看見袞袍玉帶，知是幽王（姬宮湦），就車中一刀砍死，並殺伯服。褒姒美貌饒死，以輕車載之，帶回氈帳取樂。東屏先生有詩嘆曰：『多方圖笑掖庭中，烽火光搖粉黛紅。自絕諸侯猶似可，忍教國祚喪羌戎。』」

我們的男主角姬宮湦先生，就這樣糊里糊塗，被他所瞧不起的蠻族劈死。鎬京（西安市）經過這次燒殺劫掠，化成一片焦土，再不能作爲首都。周王朝只好把中央政府東遷到四百公里外的洛陽，政府權威，蕩然無存，王朝統一的局面逐漸不能維持，降而成爲列國中的一國，成爲周王國矣。

姬頹

時代　紀元前七世紀二〇年代
王朝　周王朝第十八任國王
綽號
在位　三年（前六七五—前六七三）
遭遇　逃亡被捕·斬首

「爲了國家利益」

周王朝自從第十二任國王姬宮涅先生闖下了滔天大禍，鎬京（西安市）被犬戎部落的野蠻人，燒殺搶劫之後，千萬小民死亡，巨城化成一座廢墟，只好把中央政府東遷到洛陽，不久，就由一個全國統一的王朝，降格成一個普通王國。跟南方長江中游，建都郢都（湖北省江陵縣）的楚王國，南北對峙。天子的尊嚴，幾乎掃地出門，反而要倒轉過來看封國們的顏色。本文男主角姬頹先生，就首開紀錄，靠某一些封國的效忠，登上寶座。而另外一些封國不買賬，動刀動槍，再把他從寶座上打下來，然後還把他一刀兩段。

前文男主角姬宮涅先生的重孫姬佗，是周王朝第十五任國王，他閣下的嫡長子姬胡齊先生，當然繼承王位。可是姬佗卻喜歡小兒子姬頹。他之最喜歡姬頹，倒不是姬頹小子聰明伶俐，事實上，姬頹小子不但不聰明伶俐，反而腦滿腸肥。老爹姬佗先生所以喜歡他，是因爲喜歡他娘姚姬女士。姚姬女士的美麗容貌，使姬佗先生入迷，雖沒有迷到「奪嫡」的層面，但過度的寵愛，自然使姬頹小子過度的糊塗。

——眞有點奇怪，那麼漂亮的母親，卻生下那麼蠢的小子。顯然的，過度寵愛害了他。過度寵愛跟政治上不受制衡的權力一樣，都能把人搞瞎了眼，看不清他所面對的危機。

紀元前七世紀一〇年代前六八二年，姬佗先生逝世。長子姬胡齊嗣位。紀元前六七七年，姬胡齊先生逝世，長子姬閬嗣位。姬閬先生上台後，本文男主角姬頹先

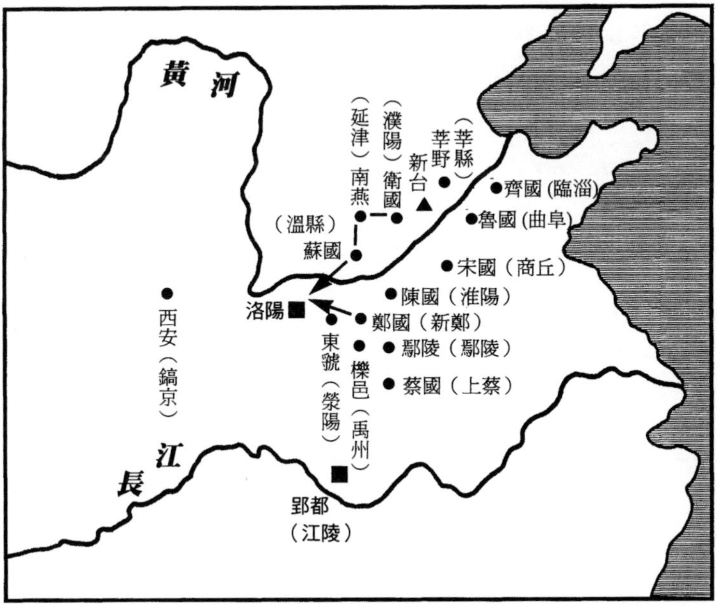

生，升格成國王的叔父，這是一個尊嚴的和萬人崇敬的地位。身爲國王的姬閬，也是一個昏庸之輩（嗟乎，除了王朝的開山老祖之外，後代君王，幾乎沒有一個不是昏庸之輩，僅只昏庸，而不凶暴，已算是第一流貨色啦）。他上台的次年，也就是紀元前六七六年，屁股還沒有把寶座暖熱，就迫不及待的在皇宮附近，興建一座規模龐大的皇家動物園，收集各種奇禽異獸，以娛觀賞。偏偏那一帶是國務官（大夫）蔿國先生的土地（蔿，音 wěi【尾】），種有菜蔬，蓋有房舍，姬他先生要蔿國捐獻，蔿國先生拒絕，因爲他只有那塊田地養家。姬他先生對蔿國拒絕的行爲，大爲震怒。於是宣稱，爲了國家利益，政府有權力無條件徵收。一道命令下來，該地就被收歸「國」有。蔿國先生不敢反抗，只好雙手獻出。

姬他先生嚐到「爲了國家利益」的甜頭，就連續拋出這個法寶，吞併了另外四位國務官（大夫）邊伯先生、子禽先生、祝跪先生、詹父先生的土地，好不快活。

愛牛專家

用非法手段或暴力手段得到的快活，都是不穩定的，姬閬先生一連串奪取五位國務官（大夫）的財產，激起五大家族的憤怒。最後，姬閬先生又得罪了一個人——宮廷飲食部部長（膳大夫）石速先生，姬閬先生指摘他辦的伙食不好，把他免職。不公平的處罰，也激起正比例的憤怒。

五位國務官加上石速先生，結成聯合陣線，對付國王。在封建專制政體下，他們不能夠自組政府，只好在皇家血統中尋覓頭目。於是，他們看上了身爲王叔的姬頹。政治鬥爭的無情浪潮之中，人們身不由主。姬頹先生對政治毫無興趣，他唯一的興趣是養牛。這眞是一樁奇異的嗜好，時至二十世紀，我們還沒有聽說過再有誰把牛當成寵物的。這位空前絕後的愛牛專家，上輩子大概是印度教的信徒，把牛看作活寶。史書上說：他養了幾百隻牛，以王叔之尊，用最貴的糧食，親自餵養。他怕牛受了凍，同時也爲了使牠們漂亮，每條牛都穿上錦繡外套，命名曰「文獸」。給寵物穿上錦繡外套，姬頹先生可得諾貝爾發明獎。近代中國人到了外國，每看到洋大人給他們寵愛的小貓小狗打扮得活像一個貴婦，不禁大大震駭，認爲作孽。如果回顧歷史，兩千六百年前，中國就「古已有之」矣。

這位懵懂的愛牛專家，被五位怒氣沖天的國務官（大夫）奉爲首領，密謀政變，而姬閬先生還蒙在鼓裏。就在他上台後的第三年，也就是紀元前六七五年，五位國務官（大夫）集結他們家族的私人軍隊，進攻皇宮，希望把姬閬先生趕走——也可能希望把他殺掉。從這種輕率的行動，可看出「天子」權威的陵替。但保護宮廷的禁衛軍奮力抵抗，五位國務官（大夫）私人軍隊不能取勝，而局勢又不允許長期圍困，只好率軍投奔蘇國（河南省溫縣）。

他們所以投奔蘇國，不是貿然而往，如果蘇國仍效忠周國王，豈不是自投羅網乎哉？但他們知道蘇國的立場。蓋遠在四十年前的紀元前七一二年，周國王想要鄭國（河南省新鄭市）緊傍首都洛陽近郊一帶的土地，鄭國當然不願意，當時尙是第十四任國王的姬林先生——姬頹的祖父、姬佗的爹——在位，就下令蘇國把一部份土地劃給鄭國，作爲交換。這種慷他人之慨的行動，使蘇國國君認爲奇恥大辱。姬頹先生和五位國務官向蘇國國君承諾，如果他們能奪到政權，第一件事就是恢復蘇國的疆土。所以蘇國國君樂意看見姬閬先生失敗，和姬頹先生成功。

蘇國國君接待了姬頹先生和五位國務官（大夫），檢討了一番情勢之後，認爲靠現有的力量，即令蘇國的軍隊也參加，要想攻下洛陽，也十分困難。蓋蘇國雖然也是封國，卻力量太小，必須得到其他強大封國的幫助。於是想到衛國（河南省濮陽市），在若干軍事強權的封國之中，衛國是其中之一，而衛國國君衛朔先生，恰恰也正在痛恨周王朝的國王。嗚呼，這又是一樁「小孩沒娘，說來話長」的往事，原來衛國第十五任國君衛晉先生，沒有上台前，跟老爹的小老婆夷姜女士私通，生下一子，名衛急子。衛晉先生上台之後，照樣跟夷姜女士恩恩愛愛，許諾由衛急子繼承國君的爵位。等到衛急子年齡漸長，老爹準備爲他聘下齊國（山東省淄博市東臨淄鎮）女兒，作爲兒媳。

亂倫復亂倫

衛晉先生派遣求婚使節到了齊國，爲兒子衛急子，向齊國國君姜祿甫先生求婚。姜祿甫先生把史書上稱之爲「宣姜」的他的長女，許配給衛急子，這本來是一樁美滿良緣，想不到，求婚使節回到衛國，向衛晉先生提出一項祕密報告——有無恥的領袖，必然有無恥的部屬。部屬無恥，領袖定是不要臉之輩，否則的話，他敢作出這種違反人性之事乎哉。原來，求婚使節在祕密報告中，形容齊國公主之美，眞是天上少有，地下無雙：「老爹呀，這是一塊鮮肉。與其送給小子，不如由你自己享受。」衛晉先生一聽，心如火燒。反正，連跟庶母都敢亂倫，何況未過門的兒媳耶歟?老淫棍遂決定把宣姜小姐，收歸己有。

於是，立刻就在首府（河南省濮陽市）近郊，淇水之畔，興建一座豪華的宮殿，命名「新台」，一面調虎離山，派衛急子前往宋國（河南省商丘市），作外交上例行的訪問。一面單刀直入，派他的親信衛洩先生，前往齊國迎親，把蒙在鼓裏的宣姜女士，一直迎接到新台之上。宣姜女士的想像中，她丈夫應是二十餘歲的英俊少年，忽然換了一個鬍子臉老傢伙，我們可以想像她的驚訝。如果換了現代，一耳光下去，老傢伙滾出門外。可是既屬父母之命，又屬媒妁之言，她又從未見過未婚夫的模樣，自不敢盤問挑剔。等到生米煮成熟飯，老傢伙據實招供，也就無可奈何。衛急子先生從宋國回來，老爹衛晉，氣不發喘，面不改色，教衛急子用參見庶母大禮，參見宣姜。在父權君權雙重壓力下，衛急子只好叩拜如儀。

宣姜女士最初雖一百個不願意，但不久就非常高興能夠提前登上國君夫人的高位。後來，她閣下一連生了兩個兒子，長曰衛壽，次曰衛朔。讀者老爺請記住衛朔先生，他在未來幫助姬頹先生這件事上，扮演重要的角色。宣姜女士既生了兩個兒子，情勢就開始變化。我們充分同情宣姜身不由主的命運，但她這時卻對本來應是她丈夫的衛急子先生，起了殺機。蓋她面臨的問題是，一旦老傢伙衛晉先生斷氣，衛急子繼位國君，她的處境就十分尷尬，而她的兒子也勢將受到排斥。即令這些事不會發生，她也要為兒子們打算。咦，奪床鬥爭也好，奪嫡鬥爭也好，一旦發動，就一片血腥，不到一方倒到血泊之中，不會停止。而宣姜女士既已起意，就勢不可當。

我們不再報導陰謀的經過，只報導陰謀的結果，身爲親爹的衛晉先生，爲了支持少妻奪嫡，決心殺子。他派衛急子出使齊國，爲了顯示尊貴的身份，命衛急子在船頭旗竿上，懸掛白色羽毛。然後在中途必經的莘野（山東省莘縣北），埋伏下一隊殺手。給殺手們的命令是，只要看到船頭旗竿上懸有白色羽毛的，不必多問，一律格斃，憑白色羽毛領賞。這是一項喪盡天良的謀殺。嗟夫，虎毒尚不食子，而衛晉這個老畜牲，卻比虎更毒。我們稱他「畜牲」，實在是對畜牲的一種侮辱，全世界畜牲都會提出抗議。

然而，身爲宣姜女士長子的衛壽先生，卻是一個忠厚青年，他得到消息，雖然他是直接受益者——衛急子如死，國君位置，當然落到他頭上。但他瞧不起老爹老娘和老弟的卑鄙行爲。

衛國政變

衛壽先生向老哥衛急子先生提出警告，但衛急子不相信父親會使用這種手段，他堅持上路。衛壽先生呈獻出他可歌可泣的骨肉手足之情，他要爲他那狼心狗肺的爹娘贖罪，就設宴爲老哥餞行，把老哥灌醉之後，又把懸掛白色羽毛的旗竿插到自己船上，先行出發。意料中的，走到莘野（山東省莘縣北），殺手們發動突擊，可憐的衛壽，霎時喪生。

且說衛急子先生，酒醒之後，知道發生了什麼事，立刻乘船追趕，跟手執白色羽毛、返回首府（河南省濮陽市）領賞的殺手們的船隻相遇，殺手們誤認爲他是衛朔先生的特使，獻上白色羽毛和衛壽先生的頭顱。衛急子先生哭曰：「誤矣。」表明身份，殺手們愕然了一陣之後，動手再把他斬首。悲夫，詩經・衛風有詩哀之曰：

二子乘舟　汎汎其景
願言思之　中心養養
二子乘舟　汎汎其逝
願言思之　不瑕有害

宣姜女士對衛急子之死，當然高興。對衛壽之死，卻是一個青天霹靂。然而最興奮的莫過於衛朔先生矣，蓋奪嫡成功後，國君位置當然由老哥衛壽先生繼承，根本沒有自己的份，如果自己想幹，必須再鬥倒老哥，那就難上加難。然而現在，暗箭一發，變成多彈頭飛彈，同時命中兩個目標，衛朔先生不僅興奮而已，簡直大喜若狂。

紀元前七〇〇年，衛晉先生逝世，十五歲的衛朔先生上台，衛國的統治階層（國人），對衛朔先生母子的無恥與惡毒，充滿憤怒。他的庶兄衛碩，首先逃奔齊國，而另兩位貴族衛洩和衛職，則暗中籌畫爲枉死的衛急子先生和衛壽先生復仇。

衛朔先生上台後第五年，紀元前六九六年，宋國、魯國、蔡國、衛國，四國聯軍，攻打鄭國，衛朔先生親自率領衛國軍隊，前往會師。這是發動政變的最好機會，衛洩、衛職，另外還有新參加的寧跪先生，宣稱國君衛朔先生在攻打鄭國之役中已經戰死，必須另立新的國君。他們選定了衛黔牟——跟逃亡的衛碩先生一樣，他是衛朔先生的庶兄，老淫棍衛晉先生跟另一位小老婆生的兒子。所以選定他，只因爲他的妻子是周國王的女兒（王姬），可能會得到周政府的支持。他們的判斷正確，周政府果然支持。

領兵在外的衛朔先生既無能力率領已不受指揮的軍隊回國平亂，只好放棄軍隊，隻身逃亡，投奔齊國，那是他母親的祖國。老國君姜祿甫先生已經死掉，現在國君是姜諸兒先生，他展開雙臂歡迎曰：「你是俺姊的兒子，俺的外甥呀。」衛朔先生向舅父承諾，如果他能夠復位，衛國的金銀財寶，全部奉獻。作舅父的姜諸兒先生拍胸脯保證：「賢甥，你復位之事，包在老舅身上。」然而，他卻不能馬上行動，因爲姜諸兒先生正向周國王求婚，而衛黔牟先生卻正是周國王的女婿。雖然周政府並沒有足夠的軍事力量直接干預，但國王仍擁有「天子」虛名，有相當的影響力，姜諸兒先生不願貿然開罪，要等待機會。

國王行業有危險性

衛朔先生在齊國一等就是九年，使他對周國王恨入骨髓，後來姜諸兒先生千方百計娶來的周國王的女兒——王姬，因病逝世，姜諸兒先生遂不再顧忌。紀元前六八八年，齊國出兵攻擊衛國，衛國首府淪陷，衛洩、衛職、寧跪三位先生被殺，衛黔牟先生被俘，送到岳家洛陽，衛朔先生復位。

——衛朔先生竟能復位，眞是人間一樁憾事。而他的那位老娘宣姜女士，卻再嫁給她的庶子衛碩，又生了一大堆兒女，這些兒女如何稱呼衛朔，倒是一大學問。如按父系，衛朔先生是叔叔，如按母系，衛朔先生是老哥。

好啦，閒言打住。

且說周王朝內亂，王叔姬頹先生政變失敗後，投奔蘇國（河南省溫縣），蘇國國君知道自己的力量薄弱，也知道衛國國君衛朔先生，正在深怨周國王支持衛黔牟達九年之久。於是，蘇國國君同姬頹先生，以及主謀的五位國務官（大夫），投奔衛國。衛朔先生大喜曰：「好啦，報一箭之仇的日子來啦。」於是，再聯絡南燕國（河南省延津市），組成三國聯軍，就在當年（前六七五），渡過黃河，進攻洛陽。

剛打了勝仗，以爲敉平了一次叛亂，已經給逆賊一個不小教訓的周國王姬閬先生，想不到姬頹先生會迅速反擊，而且三國聯軍的力量，銳不可當。與其城破了被生擒活捉，甚至可能被宰，不如早日開溜，先保住老命，再看看有沒有什麼封國，願意幫忙，徐圖恢復。想妥之後，腳底抹油。

姬頹先生沒有經過戰鬥，便坐上周王朝第十八任君王的寶座，他犒賞了蘇、衛、南燕等三國軍隊，打發他們班師之後，把國家大事交給以蔿國先生爲首的五位國務官（大夫）。他專心所作的唯一一件事，就是努力養他的牛。姬閬先生固然不配當國王，而姬頹先生，更不是國王的材料，他如果出任動物園園長，要比他當國王，更爲適合。至少，動物園園長幹不好，不過撤差。而國王這一行，可是含有自我毀滅的元素，天下最危險的行業。

前任國王姬閬先生逃到了鄢陵（河南省鄢陵縣），鄢陵是鄭國的土地，鄭國國君姬突先生立刻接到報告。在紀元前七世紀，也就是周政府從鎬京（陝西省西安市西鎬京鎮）東遷到洛陽，鄭國（陝西省華縣）也跟着東遷，遷到被稱爲「新鄭」的地方（河南省新鄭市），是當時最大的霸權之一。然而，它處於中原四戰之地，國力經過長久消耗，無以爲繼，終於衰弱下去，每天伺候新興的強國，累得要死。不過，這是後話。現在它仍擁有強大的餘緒。所以鄭國國君姬突先生對這樁逐君政變的態度，非常重要。

姬突先生曾一度猶豫，但他的智囊，也是他的叔父姬詹先生，向他分析曰：「我們夾在齊國和楚王國之間，是一個危局，很容易受到屈辱，不是長久之計。鄭國國君，曾一連三代，在王朝的中央政府擔任重要官員（卿士），在國王的保護傘之下，不斷擴張領土，併吞附近一些弱小的封國，才有今天這種舉足輕重的局面。我們當子孫的，應尋求過去的美景，才可以應付變局。」

人牛同殲

另一位智囊師叔先生，提出「萬世之功」的建議。很顯然的，如果順水推舟，承認姬頹先生王位的合法性，「萬世之功」就只落到五位國務官（大夫）政變集團的頭上，鄭國根本沾不上邊。但是，如果發出勤王號召，集結各封國的軍隊，就可自稱爲「義師」或「勤王之師」。被罷黜的姬閬先生，正困居鄢陵（河南省鄢陵縣），跟一個小民沒啥分別，如果由鄭國國君出面，把他重新掇弄到王位之上，那可是眞正大撈一票的「萬世之功」；姬閬先生對鄭國旣充滿了感恩，鄭國就可利用他這個「國王」「天子」的招牌，在國際上縱橫捭闔，翻江倒海。

姬突先生採納了大撈一票的建議，但他認爲如果不用打仗，就能達到目的，豈不更顯出高手！

東周列國志曰：

「厲公（姬突）曰：『善，雖然，姬頽懦弱，所恃者衛燕之眾耳，五大夫無能爲也。寡人且使人以理諭之，若悔禍反正，免動干戈，豈不美乎？』一面使人如鄢陵迎王（姬閬），暫幸櫟邑（河南省禹州市）。因厲公（姬突）向居櫟邑十七年，宮室整齊故也。一面使人致書於姬頽。書曰：『突（姬突）聞：以臣犯君，謂之不忠。以弟奸兄，謂之不順。不忠不順，天殃及之。王子（姬頽）誤聽奸臣之計，放逐其君，若能悔禍之延，奉迎天子（姬閬），束身歸罪，不失富貴。不然，退處一隅，比於藩服（封國），猶可謝天下之口。唯王子（姬頽）速圖之！』」

——這封信的幾句開場白，冠冕堂皇，擲地作金石聲，大義凜然的嘴臉，躍然紙上。問題是，不過二十八年前的前七〇一年，姬突先生的身份，恰恰是「臣」，恰恰是「弟」，他卻把當時的國君姬忽老哥趕走，自己上台。他責備姬頹先生的話，正是他自己罪行的供狀。嗚呼，政治就是如此如此，眞的照他所言：「不忠不順，天殃及之」，姬突先生寫不成這封信，早死於雷劈之下矣。

姬頹先生看到這封信，嚇了一跳，蓋鄭國乃霸權之國，不可小覷。五位國務官（大夫）曰：「騎虎難下，正是今天的形勢，事既發生，不能回頭。而且既然已當了國王，豈能再去一個偏僻小城，當一個封國國君乎哉。姬突胡說八道，理他幹啥？」把信差驅逐出境。

五位國務官（大夫）犯的最大錯誤，不是不應該把鄭國信差驅逐出境，而是把鄭國信差驅逐出境之後，竟沒有立刻向他們的後台老闆衛國國君衛朔先生告急。於是，紀元前六七三年，鄭國和東虢國（河南省滎陽縣東北）的聯軍，向洛陽發動閃電突擊。鄭國軍隊猛攻南門，東虢軍隊猛攻北門，殺聲動地，煙火沖天。五位國務官（大夫）首領的蔿國先生，急忙奔向皇宮報告姬頹，要求發兵抵禦。可是，養牛專家姬頹先生正在專心餵他的牛老爺牛老奶，拒絕接見。蔿國先生說：「事急矣。」即以姬頹的名義，下令動員。可是機會已逝——蔿國先生在等候國王召見上浪費太多時間，鄭虢聯軍已破城而入。蔿國先生這時正在寫信向衛國求救，信還未寫完，得到被罷黜的姬閬先生已經坐朝的消息，長嘆一聲，拔劍自殺。

然而，最有趣的還是姬頹先生，這個在王位上已坐了三年的呆瓜，急忙逃出皇宮，他本來可以一溜煙跑掉的，可是，他捨不得他的寵物，教石速先生押解着「文獸」，列隊前行。那些文獸先生，身體又胖，走路又慢，結果可知，鄭虢聯軍一追就追上，連人帶牛，一古腦捉住。把姬頹先生和他的政變集團頭目，同時斬首。姬頹先生恐怕臨死時才發現老命危險，嗚呼。後人有詩嘆曰：

挾寵橫行意未休　私交乘釁起奸謀
三年南面成何事　只合關門去飼牛

姬帶

時代　紀元前七世紀六〇年代
王朝　周王朝第二十一任國王
綽號
在位　二年（前六三六—前六三五）
遭遇　逃亡被殺

奪嫡與反奪嫡

每一個中國君王，都有無數如花美眷。所以中國宮廷比洋大人之國的宮廷，要麻煩骯髒得多，也血腥得多。因愛牛而失掉寶座，丟掉老命的國王，歷史上僅只前文所報導的姬頹先生一人而已。大多數下台鞠躬，人頭落地的君王，都跟女人奪床鬥爭有關。姬帶先生就是一個典型。他從頭到尾，都被一位美麗的老奶擺佈，直到身死馬前。這位姬帶先生——本文的男主角，正是前文男配角姬閬先生的兒子之一。

姬閬先生有很多兒子，其中只有兩個在歷史上留下痕跡。一位是長子姬鄭，一位就是次子姬帶。姬閬先生的大老婆姜后，生長子姬鄭，當然是王座的合法繼承人。不幸她閣下早早逝世，姬閬先生又娶了被史書稱爲「惠后」的陳嬀（嬀，音guī【歸】）女士，生了娃兒姬帶。諺不云乎：「貓老食子，人老惜子。」人到老年，對幼兒往往又愛又憐，百依百順。姬帶小子從小就這樣被驕縱得不知道天有多高，地有多厚，對他的老哥姬鄭先生，看都沒看到眼裏。姬鄭先生以嫡長子兼王位合法繼承人之尊，卻被欺負得連頭都抬不起來。兄弟二人每次發生爭執，父母裁決的結果，錯的總是老大，對的總是老么，錯的一方受不完的斥責，對的一方可就得意洋洋。官場都是勢利的，所以不久姬帶先生就有了他的搖尾系統。

——搖尾系統者，爲了自己的利益而一臉忠貞的馬屁精，和迷湯大王也。

在這種情形下，惠后陳嬀女士和姬帶

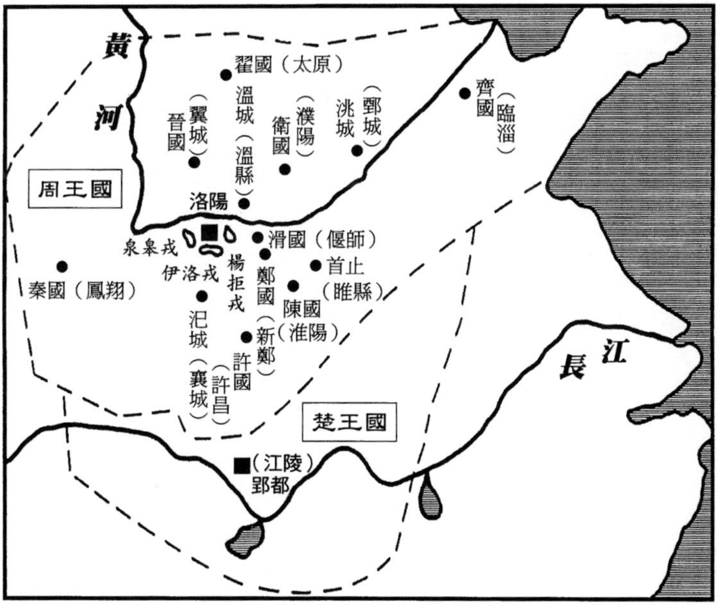

母子二人，無法避免的逐漸生出奪嫡陰謀。洛陽城裏的貴族，和政府官員，幾乎成一面倒趨勢。姬鄭先生孤立無援，岌岌可危。然而，想不到天無絕人之路，救星出現，當時的霸主齊國（山東省淄博市東臨淄鎮）國君姜小白先生，正在以「尊王攘夷」作爲政治號召。發現了這個火藥庫，他必須採取行動，才能鞏固霸權。智囊管仲先生獻言曰：「姬鄭所以危疑，因他缺少黨羽和外援。我們齊國如果向周國王請求，聲稱：各國國君（諸侯）要拜見世子，請世子駕臨主持封國國君高階層會議。姬鄭只要出席，君臣之分便告確定。國王老傢伙想廢嫡立庶，恐怕得多思量。」

姬閬先生和惠后陳嬀女士，以及荷花大少姬帶先生，明知道齊國的用意，可是，對方既名正言順，而現代武器又厲害難擋，只好答應。

紀元前七世紀四〇年代前六五五年，封國高階層會議，在首止（河南省睢縣）舉行。東周列國志曰：

「夏五月，齊、宋、魯、陳、衛、鄭、許、曹，八國諸侯（國君），並集首止。世子（姬鄭）亦至，停駕於行館。桓公（齊國國君姜小白）率諸侯候起居，子鄭（姬鄭）再三謙讓，欲以賓主之禮相見。桓公（姜小白）曰：『小白忝在藩室，見世子（姬鄭）如見王（國王），敢不稽首。』子鄭（姬鄭）謝曰：『諸君且休矣。』是夜，子鄭（姬鄭）使人邀桓公（姜小白）至於行館，訴以太叔帶（姬帶）陰謀欲奪位之事，桓公（姜小白）曰：『小白當與諸臣立盟，共戴世子（姬鄭）。世子（姬鄭）勿憂也。』」

首止共定王儲

齊國國君姜小白先生的計謀是，使高階層會議的時間儘量拖長，藉以傳遞一種信息：封國國君們一致愛戴這位王儲，不忍匆匆離別，使周國王姬閬先生和惠后陳嬀女士的奪嫡陰謀，不敢驟發——驟發將冒跟所有封國決裂的危險，以周國王所殘餘的那點家底，絕不敢嘗試。姬閬先生在少妻幼子的糾纏下，雖不敢明目張膽的採取激烈反應——如公然排斥姬鄭，逕立姬帶當太子，可是，他卻希望封國同盟瓦解，減少阻力。當時中國，被北方的周王國和南方的楚王國，攔腰瓜分。但楚王國卻是一個新崛起的強大國度，周王朝降成爲周王國後，已奄奄一息，哪個封國強大，就誠惶誠恐的聽哪個封國擺佈。而現在，齊國正是霸主。形勢比人強，周王國除了聽從擺佈外，沒有第二條路可走。可是，老糊塗姬閬先生爲了一點私心，卻找出了第二條路——聯楚抗齊。

這眞是一件荒唐的外交政策，齊國到底只是一個封國，外貌上對周王國仍然尊重，而且正以「尊王」口號，作爲政治號召。楚王國則表裏如一的是一個敵人，捉住姬閬先生，可能剝皮抽筋。然而，姬閬先生不管這些，立刻派人送一封信給正在首止（河南省睢縣）參加高階層會議的鄭國國君姬捷。

東周列國志曰：

「鄭文公（姬捷）讀之，函言：『子鄭（姬鄭）違背父命，植黨樹私，不堪爲嗣。朕意在次子帶（姬帶）也。叔父（姬捷）若能捨齊從楚，共輔少子（姬帶），朕願委國以聽。』鄭伯（姬捷）喜曰：『吾先公（祖先）武（姬掘突）莊（姬寤生），世當王（周國王）卿士，領袖諸侯（封國），不意中絕，夷於小國。厲公（姬突）又有納王（姬閬）之勞，未蒙召用。今王命獨臨於我，政將及焉，諸大夫可以賀我矣。』大夫孔叔諫曰：『齊以我故，勤兵於楚。今乃反齊事楚，是悖德也。況翼戴世子（姬鄭），天下大義，君不可以獨異。』鄭伯（姬捷）曰：『從霸（齊國）何如從王（周王國）？且王（姬閬）意不在世子（姬鄭），孤何愛焉？』孔叔曰：『周之主祀，惟嫡與長，幽王（姬宮涅）之愛伯服（姬伯服）、桓王（姬林）之愛子克（姬克）、莊王（姬佗）之愛子頹（姬頹），皆君所知也。人心不附，身死無成。君不惟大義是從，而仍蹈五大夫之覆轍乎，後必悔之。』大夫申侯曰：『天子所命，誰敢違之？若從齊盟，是棄王命也。我去，諸侯（各國國君）心疑，疑則必散，盟未必成。且世子（姬鄭）有外黨，太叔（姬帶）有內黨，二子成敗，事未可知，不如且歸，以觀其變。』」

姬捷先生採納了申侯先生的建議。

鄭國國君連夜開溜，並沒有發生作用。剩下的齊、宋、魯、陳、衛、許、曹，七國國君，仍歃血為盟，誓曰：「凡我同盟，共翼王儲，匡靖王室。有背盟者，神明殛之。」姬捷先生聽到盟約終於締結的消息，心裏發慌，他知道齊國不會饒恕他的逃盟行徑。

祕不發喪

申侯先生之所以建議鄭國棄齊投楚，除了嘴巴上說的原因外，還有心裏想的原因。蓋申侯原是楚王國的官員，口若懸河，腦筋靈敏，而又精於揣摩主子的心意，楚國王芈熊貲先生寵信倍加。紀元前六七五年，芈熊貲先生臨死時，怕後人不能接納申侯，就送給他一筆銀子，教他投奔周王國所屬的其他封國避禍。申侯先生選擇了鄭國（河南省新鄭市），鄭國國君姬突先生一見傾心，寵信如故（這種擁有精密技術的馬屁精，可是人見人愛），楚王國聽到鄭國逃盟消息，立刻向鄭國示好，並透過舊日的友情，敦促申侯從中撮合。申侯先生遂向鄭國國君姬捷先生，提出一份機密備忘錄，曰：「非楚不能制齊。現在周國王又命令我們這樣做，如果不早作決定，齊楚都會把我們當作敵國，兩大強權南北夾擊，我們就死定啦。」姬捷第二次接納了他的建議，跟楚王國締結祕密同盟。

首止（河南省睢縣）高階層會議和鄭楚祕密結盟的次年（前六五四），以齊國爲首的同盟聯軍，大舉報復，進攻鄭國，包圍鄭國境內的新密城。楚國王芈熊惲（芈，音mǐ【米】），親率大軍北征，進攻敵所必救的許國（河南省許昌市），同盟聯軍果然解鄭國之圍，赴援許國。楚兵團不待交鋒，便行撤退，而同盟聯軍已無力再回師對付鄭國矣。然而，得罪大國者不祥，蓋它會纏個沒完。明年（前六五三），齊國國君姜小白先生的大軍，再度光臨，一定要搞明白首止逃盟的原因，而楚王國的援兵卻不能再發。鄭國改變態度的結果，一點利益都沒有得到，反而兩次招來戰禍，而且看情形，今年即令把齊國打退，明年還會再來。鄭國國君姬捷先生悔懼交加，把申侯先生叫到跟前，責之曰：「你說只有楚王國能夠抗齊，而齊軍屢至，楚救到他媽的哪裏去啦？」不由分說，砍下尊頭，獻給齊國，齊國才行撤軍。

——「爲愚人劃策，其死，宜也。」棄齊投楚，原是姬捷先生自己的主意，申侯先生不過是順調份子而已，有挨揍之惡，無殺頭之罪。可是姬捷先生的權大，封建社會體制中，權大就是理大。

姬帶先生只不過剛剛開始奪嫡，就引起兩場國際戰爭。鄭國迅速重回齊國陣營，使老爹姬閬先生的盼望落空，一氣之下，就在該年（前六五三）冬天，躺床不起。姬鄭先生人單勢孤，唯恐老爹一旦挺屍，老弟姬帶先生先下手爲強。於是派人到齊國求援。不久，姬閬先生逝世。姬鄭先生和他的一小撮黨羽，祕不發喪，再派人到齊國告急。齊國國君姜小白先生發出十萬火急文告，邀請各國國君在洮城（河南省濮陽市東南），舉行緊急高階層會議，重申前誓，再度歃血爲盟，派出代表團，前往洛陽探病，各封國的代表是：

齊國國務官（大夫）隰朋
宋國國務官（大夫）華秀老
魯國國務官（大夫）公孫敖
衛國國務官（大夫）寧速

陳國國務官（大夫）轅選
鄭國國務官（大夫）子人師
曹國國務官（大夫）曹戊
許國國務官（大夫）百佗

幾乎血洗洛陽

代表團在殺氣騰騰，武裝部隊前呼後擁下，到達洛陽，這種聲勢像雷霆一樣，把周王國中央政府懾住。姬鄭先生這時才敢發喪，宣佈老王已死。代表團立刻改爲弔喪團，乘勢弔喪，並堅持要晉見新王。在這種咄咄逼人的形勢下，惠后陳嬀女士和她的愛子姬帶先生，束手無策。姬鄭先生安然上台。

——這件故事似乎有個漏洞，惠后陳嬀女士如果像所形容的那麼得寵得勢，丈夫姬閬先生死掉，她就不可能不知道。姬鄭先生又有啥本領「祕不發喪」？既有本領「祕不發喪」，力量必然夠強，惠后陳嬀女士一定早被隔離。如此，又何至於怕成那個樣子乎哉？可能是姬鄭小子故意誇張他所受的威脅，把各封國代表搞到洛陽，用以展示萬國來朝的盛大場面。從對老爹之死毫不知情上，可看出陳嬀女士母子所能發生的作用有限。

無論情勢如何，姬鄭先生反正坐上了金鑾寶殿。惠后陳嬀女士和姬帶先生吃了悶棍，自不肯善自罷休，雖然表面上不得不承認現狀，但背後仍積極佈置。姬鄭先生即位三年後的紀元前六四九年，姬帶先生忽然發出怪招，他和洛陽附近的蠻族（戎）：楊拒部落（河南省偃師市）、泉皋部落（河南省洛陽市西南）、伊洛部落（伊水洛水之間）祕密結盟，猶如鎬京（陝西省西安市西鎬京鎮）時代，申國（河南省南陽市）跟犬戎部落祕密結盟一樣。三個部落突然向首都洛陽，發動攻擊，焚燒城門。洛陽亂成一團，上自國王，下到小民，都知道一旦首都陷落，會有什麼樣的遭遇，鎬京（陝西省西安市西鎬京鎮）淪陷後的命運，歷歷在目。

三個蠻族（戎）部落的位置，竟都在首都洛陽近郊，而且成爲三面包圍的局勢，周王國政府衰弱到這種程度，使人嘆息。可能這些蠻族（戎）在此之前，生活落後，還不具備威脅首都的力量。而姬帶先生所給的援助，包括軍事訓練，使他們陡地興起野心。姬鄭先生理應向以齊國爲首的聯盟求援，但齊國太遠啦，遠在航空距離六百五十公里之外，遠水不救近火。所以他向西方，一向被視爲化外的秦國（陝西省鳳翔縣），和北方新興強權的晉國（山西省翼城縣），要求援兵。秦晉盡到他們封國的責任，他們直接攻擊三個蠻族（戎）部落的根據地，洛陽始告解圍。姬帶先生爲了奪取王位，竟用出這種手段，幾乎使洛陽一片血海，他應得到懲罰。可是，這個禍首反而平安無事，照樣以王弟的身份，耀武揚威。一直到了明年（前六四八）秋天，他還到處炫耀他這項傑作，姬鄭先生忍無可忍，下令他的禁衛軍攻擊姬帶的官邸，要捉拿歸案。姬帶先生得到風聲，拔腿就跑，投奔齊國，要求政治庇護。

假定姬帶先生從此不歸，不過一個普通的流亡王子。偏偏，八年之後的前六四〇年。國王姬鄭先生內受繼母惠后陳嬀女士的壓力，外受齊國的壓力，又把姬帶先生召回洛陽。

蠻族美女介入

姬帶先生返國之年，跟老哥姬鄭先生首止（河南省睢縣）會盟之年，相距一十五載，國際間發生很大變化，霸主齊國國君姜小白先生逝世，內戰正酣。舊霸權已經沒落、新霸權尚未興起，各封國群龍無首，鄭國位居中原要衝，爲了自保，再一次的向楚王國歸附。紅樓夢賴大先生曾有言曰：「奴才還有奴才。」國際間也是如此，鄭國雖然自降國格，甘作楚王國的尾巴，可是，它也有自己的尾巴，該尾巴的尾巴，就是距洛陽不過二十公里的滑國（河南省偃師市緱氏鎭）。問題是，滑國偏偏不願當鄭國的尾巴，而寧願當衛國（河南省濮陽市）的尾巴。鄭國仗着楚王國靠山，當然不肯善自罷手。

皇后之死曰：

「紀元前七世紀六〇年代，鄭國投靠楚王國旗下，成爲南方陣營的尾巴國，跟周王國若即若離。仗恃楚王國的威風，四出攻打它的鄰邦，偏偏鄰邦之一的滑國，不肯聽它那一套，硬是和衛國締結友好同盟，跟它對抗。鄭國每一次攻打滑國，滑國每一次都不得不屈服；可是等到鄭國軍隊一退，滑國仍跟衛國恢復原狀。鄭國國君姬捷先生，火冒三丈，紀元前六三九年，再度攻擊滑國。滑國知道：這次僅只屈服，恐怕仍不能脫險，簡直有亡國之禍，急向衛國求救。衛國不過一個空殼子，有啥辦法，只好向周王國求救。

「周王國政府早已一蹶不振，跟一個害虛脫症的老傢伙一樣，連手都握不緊啦，怎麼幫拳？可是不幫又不行，第二十任國王姬鄭先生，可憐巴巴，派出一個特使到鄭國，勸鄭國高抬貴手。嗟夫，一個侵略的國家，凶性已發，靠三寸不爛之舌，而沒有強大的武力做後盾，就想請它自動停止，如果不是白癡，就是做夢。鄭國國君姬捷先生立刻把那個倒楣的特使，就在邊界上捉住，關進監牢。

「姬鄭先生得到消息，氣得發昏。……最後，他閣下打出了翟國牌。」

姬鄭先生被逼打出翟國牌，是歷史的轉捩點，也是本文男主角姬帶先生命運的轉捩點。翟國（山西省太原市南），位於山西省中南部，是一個已經華化了的蠻族部落，不過仍保持着北方冰天雪地中游牧民族粗獷的生活方式，和盃酒高歌的豪邁之情。周王國國王的邀請，使翟國大爲歡喜，一方面可以大展軍威，一方面也可以在中國心臟地區姦淫燒殺，大肆剽掠。翟國的戰鬥力果然名不虛傳，大軍南下，避實就虛，立即攻陷鄭國的陪都櫟邑（河南省禹州市），還沒有發動下一個攻勢之前，鄭國已氣急敗壞的從滑國撤退，釋放特使，向國王姬鄭先生表示，誓做周王國最恭順的封國。

姬鄭先生好不高興，恰好他的王后逝世，皇后之死曰：

「使他興起一種趁此機會，用事實來報答翟國的辦法，那就是，他打算娶翟國國君的女兒當老婆。嗚呼，這個辦法如果小民來用，非砸鍋不可。若夫柏楊先生以老頭之身，要娶恩人的妙齡少女，以示感恩圖報，結局一定大有可觀，鼻子仍能嵌在臉上就很運氣啦。問題是，兩千六百年之前那個極端封建的時代，國王願娶一個夷狄部落的女兒當妻子，而且是堂堂正正坐首席的王后，對蠻族簡直是一樁空前的榮耀。所以翟國國君得到消息後，心花怒放，迫不及待的就把女兒送到王宮。」

叔嫂通姦

翟國國君的女兒翟叔隗女士，是中國歷史上最美麗的皇后之一，也是闖禍最大的皇后之一，她的天姿國色，可用翟國一個歌謠來證明，歌謠曰：「前叔隗（隗，音 wĕi【偉】），後叔隗，如珠如玉生光輝。」蓋翟國國君有兩個女兒，都名「叔隗」，又都同樣美貌如花，姊姊嫁給晉國國君姬重耳先生；現在嫁給周國王姬鄭先生的，則是妹妹。

皇后之死曰：

「翟叔隗女士從小就跟其他女孩子一樣，成爲戰鬥的一員。老爹每次打獵，她都自率一隊，騎馬射箭，驅鷹縱犬，馳騁山岳，如履平地，典型的北方巾幗英雄。她心目中的丈夫是一位足以跟她相配的健壯王子，英姿煥發，出入千軍萬馬，百戰榮歸，接受族人歡呼。再也料不到，周王國的國王姬鄭先生爲了報恩，老爹爲了虛榮，竟被送到繁華蓋世的洛陽，當了老漢的妻子。

「王后這個頭銜足以使任何一個女孩子動心，物質的享受也足以使任何一個女孩子出賣自己。可是，如果沒有愛情的滿足，當這些已經到手之後，再大的榮華富貴，都不能彌補心靈上的空虛。不過，也確實有些太太小姐，只要有眼前歡就心滿意足啦。」

人們一定會一口咬定說，翟叔隗女士準是性的不滿足，這當然是可能的，但人生除了性，還有別的，即令性滿足啦，心智上不能溝通，靈性上的巨大差距，更是嚴重的痛苦。而宮廷的封閉生活，尤其使青春年少，無論是男是女，都不能忍受。終有一天，翟叔隗女士要求打獵，姬鄭先生只好打獵。

東周列國志曰：

「翟叔隗解下繡袍，袍內預穿着窄袖短衫，罩上黃金鎖子，輕細軟甲，腰繫玉綠純絲束帶，用玄色輕綃，周圍抹額，籠蔽鳳簪，以防塵土。腰懸箭袋，手執朱弓，妝束的好不整齊，別是一番丰姿。喜得襄王（姬鄭）微微含笑，左右駕戎車以待，隗后（翟叔隗）曰：『行車不如行馬，妾隨行諸婢，凡翟國來的，俱慣馳馬，請於王前試之。』方欲跨馬，襄王（姬鄭）曰：『且慢。』遂問同姓諸卿曰：『誰人善騎，保護王后下場？』甘公帶（姬帶）奏曰：『臣當效勞。』這一差，正暗合了隗后（翟叔隗）之意，侍婢簇隗后（翟叔隗），做一隊兒騎馬先行，甘公帶（姬帶）隨後跨着名駒趕上，不離左右。隗后（翟叔隗）要在太叔（姬帶）面前，施逞精神。太叔（姬帶）亦要在隗后（翟叔隗）面前，誇張手段。未試弓箭，先試跑馬。隗后（翟叔隗）將馬連鞭幾下，那馬騰空一般去了。太叔（姬帶）亦躍馬而前。轉過山腰，剛剛兩騎，馳個並頭。隗后（翟叔隗）將絡韁勒住，誇獎甘公（姬帶）曰：『久慕王子大才，今始見之。』太叔（姬帶）馬上欠身曰：『臣乃學騎耳，不及王后萬分之一。』隗后（翟叔隗）曰：『太叔明早可到太后宮中問安，妾有話講。』言猶未畢，侍女數騎俱到。隗后（翟叔隗）以目送情，甘公（姬帶）輕輕點頭，各勒馬而回。次日，甘公帶（姬帶）入朝謝賜，遂至惠后（陳嬀）宮中問安。其時，隗后（翟叔隗）已先在矣，隗后（翟叔隗）預將賄賂，買囑隨行宮侍，遂與太叔（姬帶）眉來眼去，兩下會意，託言起身，遂私合於側室之中，男貪女愛，極其眷戀之情，臨別兩不相捨。」

惡棍們最大的法寶

這樁祕密愛情從此成爲姬帶先生和翟叔隗女士的主要生活內容，跟做任何具有危險事情一樣，最初無不小心翼翼，久而久之，得心應手，膽量也逐漸包天。俗云：上得山多必遇虎，終有一天，老虎出現。紀元前七世紀六〇年代前六三七年，姦情洩露，姬鄭先生立即把翟叔隗女士囚禁。姬帶先生得到消息，星夜逃走，投奔翟國。——他閣下不投奔別的封國，而投奔邊荒地區的翟國，當然是他跟翟叔隗女士防變計畫之一。姬帶先生的死黨頹叔、桃子二位先生，尾追而至。三個臭皮匠，勝過一個諸葛亮。三個傢伙經過一番設計，事實眞相就全變了樣兒。皇后之死上說，頹叔、桃子二位先生向翟國國君捶胸打跌曰：

「當初我們奉命前來，原是爲王弟姬帶求婚的，想不到國王姬鄭，色迷心竅，自己收留。只因爲有一天，王后到太后那裏請安，偶爾跟姬帶碰面，談起來往事，不勝欷歔，被宮人惡意造謠。國王是個昏君，既不念貴國攻打鄭國之勞，又不念與王后的夫妻之情，竟把王后打入冷宮，又把王弟驅逐出境，背德忘親，無義無恩。敢乞再發大兵，殺到洛陽，救出王后，扶立姬帶為王，使他們夫婦團聚，誠貴國的義舉也。」

嗚呼，一個被羞辱了的丈夫，卻成了「背德忘親」「無義無恩」。惡棍最大的法寶是：「我怎麼說，就一定會有人怎麼信。」

惡棍的法寶完全成功，翟國國君果然相信一面之詞，而又瞧姬帶先生相貌堂堂，青年才俊。翟國國君想，好姬鄭，你這個破落戶國王，怎麼敢這般大膽？於是大軍南征，周王國的軍隊，豈是蠻族兵團的對手。那時候的戰爭，還是用的戰車。貴閣下看過電影上羅馬帝國的戰車乎，兩個輪子一匹馬。而中國古代戰車，據說是四個輪子兩匹馬，戰鬥力比較強，但運轉起來，無論是逃跑或追擊，都活像一個千年老烏龜，毫不靈光。翟國軍隊因全是騎兵，視戰車蔑如也，一路勢如破竹，直抵洛陽。

姬鄭先生一聽翟國竟眞的幹上啦，趕忙逃跑。問題是，逃向何處？跑到何方？附近的一些封國，如陳國、蔡國、衛國，都弱小不堪，萬一翟軍追趕，仍難逃命，只有鄭國強大。可是，就在去年（前六三七），剛剛請翟國把它打得頭腫臉青，如今形勢恰恰的翻了個鍋底朝天——這就是政治，沒有永遠的朋友，也沒有永遠的敵人。再去投奔，老臉實在有點磨不開。可是，搞政治的人就是全憑臉皮厚，想了又想，丟臉事小，丟命事大，仍選擇了鄭國，進入鄭國國境，在汜城（河南省襄城縣）停下來，派人探聽鄭國國君姬捷先生的反應。

姬捷先生的反應良好，使姬鄭鬆了口氣（如果請他另投高明，他可慘啦），姬捷先生抓住這個機會，向國王表示，他才確實是忠心耿耿的呀，並且親自去汜城朝覲。兩個姓姬的見面，扭扭捏捏，互相自責了一陣，君臣總算和好如初。然後，由姬鄭先生頒下詔書，號召各封國勤王救駕。

劈死馬下

現在，周王國成了姬帶先生的世界，他進入洛陽，從冷宮中放出翟叔隗女士，好不高興。這時老娘惠后陳嬀女士患病在床，大概是受了驚嚇，一命歸天。姬帶先生就宣稱遵奉太后老奶的遺命，繼任周王國第二十一任國王，封翟叔隗女士當王后。——一身兼兩任元首的正宮大老婆，翟叔隗女士所創造的奇蹟，足可以媲美夏王朝的玄妻女士。

姬帶先生經過十餘年的內鬥，終於奪嫡成功，如願以償，登上國王寶座，可是，他們在洛陽卻完全孤立，爭取不到人們的效忠，這種逐兄霸嫂，藉着洋大人力量的幹法，無論貴族或小民，都一百個不服，街頭巷尾遂有歌謠曰：

暮喪母　晨娶婦
婦是嫂　臣娶后
爲不慚　言可醜
誰趕他們走　我跟隨你左右

這是一個火藥庫場面，隨時都可能有變，姬帶先生於是把中央政府從洛陽遷到黃河北岸的溫城（河南省溫縣——原蘇國），溫城是他的采邑，自以爲比較安全。也正是這個自以爲安全的感覺害了他，他教翟國軍隊撤退。

當姬帶先生跟翟叔隗女士如魚得水，大過國王癮、兼沉醉在溫柔之鄉的時候，各封國的勤王軍隊，也開始集結。晉國國君姬重耳先生——大翟叔隗女士的丈夫，小翟叔隗女士的姊夫，雄心萬丈的要接替齊國遺留下來的霸權，正苦於沒有機會，而現在機會突然叩門。國王雖然已不值錢，可是卻有剩餘的利用價值，如果繼承齊國「尊王攘夷」的事業，將如虎添翼。大臣之一的狐偃先生，警告姬重耳先生曰：「齊國國君姜小白所以能獨霸諸侯，就是靠的『尊王攘夷』，國王姬鄭流亡失所，晉國如果不出面使他復位，秦國必然出面，那就糟啦。」蓋拿到自己手上的活寶才是活寶，一旦別人拿到手上，玩得呼呼生風，自己只有乾瞪眼矣。

姬重耳先生兵分兩路，一路直赴汜城（河南省襄城縣），迎接姬鄭先生返回洛陽復位。一路直赴溫城，發動攻擊。大軍剛到城下，溫城軍民就來了個窩裏反，貴族們一面厭惡姬帶先生這對狗男女，一面也怕晉軍攻下城池，作玉石俱焚的大屠殺。他們大開城門，迎接晉軍，同時進攻王宮。姬帶先生這才發現他的作法爲國人所不容，慌了手腳，王位也不坐啦，急忙帶着翟叔隗女士，乘馬突圍，希望能逃到翟國。剛逃到城門，冤家路窄，正好遇到晉軍大將魏犨（犨，音 chōu【抽】）。姬帶先生乞憐曰：「老爺，饒我一命，大恩大德，異日相報。」魏犨先生曰：「國王饒你，俺就饒你。」大刀一揮，咔嚓一聲，人頭落地。這時軍士早把花容失色的翟叔隗女士團團圍住，魏犨先生曰：「這種淫婦，留她幹啥？」可憐，一個如花似玉的美女，便死於亂箭之下。

殺掉姬帶、翟叔隗之後，魏犨先生把二人的屍體，帶到元帥郤臻先生那裏（郤，音xì【隙】）。郤臻先生抱怨曰：「你怎麼下得了手？理應生擒活捉，獻給國王，經過審判，明正典刑才對呀。」魏犨先生曰：「你懂得啥？國王假仁假義，故意要避殺妻殺弟的惡名，希望借晉國的手剷除，我們不殺，送給老漢，豈不弄巧成拙乎哉。」郤臻先生大為嘆息。不僅郤臻先生大為嘆息，柏楊先生也大為嘆息，政治權術，實在複雜。

芈熊艱

時代　紀元前七世紀二〇年代
王朝　楚王國第三任國王
綽號　杜敖
在位　四年（前六七五—前六七二）
遭遇　亂兵斬殺

奇異的姓

楚王國的前身是楚部落，根據地丹陽（湖北省秭歸縣），在周王朝政府勢力鼎盛時代，對這個遠在天邊的蠻族，根本無可奈何，唯一的辦法是遙封他們酋長一個最起碼的爵位——子爵，表示天下一家，希望他們不要總是侵犯鄰居。楚部落對什麼是「封國」，什麼是「子爵」，既弄不懂，也不關心。酋長芈熊艱先生在位時（芈，音mǐ【米】），被周王朝那些典章制度，搞昏了頭，曾經特別發表一項聲明曰：「俺本來就是野蠻部落，中國所有的玩藝，與俺無關。」把他的三個兒子，一口氣都封為「王」，跟周王朝的「王」一模一樣：

長子芈康先生　句亶王（句亶，湖北省江陵縣）
次子芈紅先生　鄂王（鄂邑，湖北省武昌市）
幼子芈執疵先生　越章王（越章，湖北省宜昌市）

——楚部落雖然不在乎封國爵位，可是周王朝卻十分在乎。儒家學派開山老祖孔丘先生，就把這玩藝當成眞的。當楚部落自動升格爲王國，酋長自封爲國王之後，孔丘先生在他主編的編年史春秋裏，卻誓不承認，仍堅稱楚國王只是「楚子」，咦，千變萬變，正統不變，國王？笑話，不過子爵罷啦。

——「是什麼，就是什麼。」這是我們小民的正名主義。儒家學派的正名主義

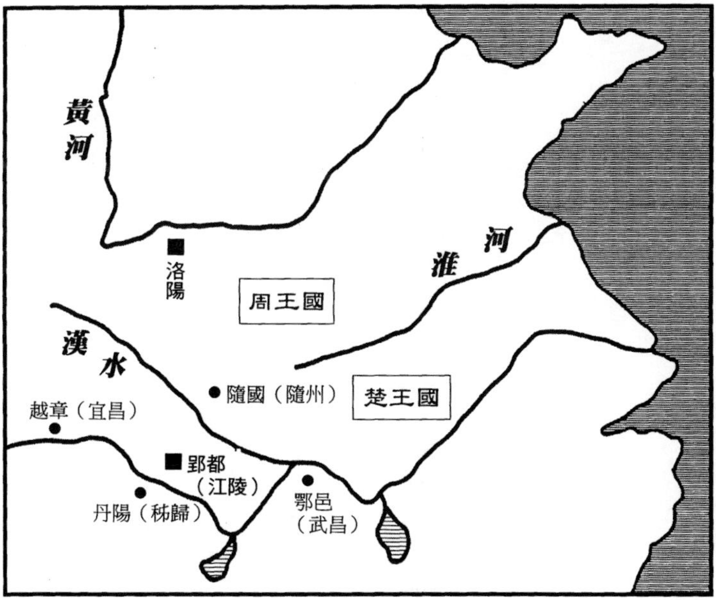

則是政治掛帥兼復古第一。一旦政治掛帥，或復古第一，那就有時候「是什麼，偏不是什麼」。楚國王明明已是國王，孔丘卻閉着眼咬定他們仍是子爵。這種意淫型的傳統文化，到今天都氣息可聞。

楚部落自稱蠻族，事實上也確實是蠻族，擁有跟當時中國不同的文化。站在現代人立場，是楚王國跟周王朝或周王國對抗；站在當時立場，則是楚王國跟中國對抗。史書不斷出現這種對抗的字句和對抗的意識形態，可爲說明。最顯著的是：楚部落酋長們的姓——芈，是一個怪字，到了二十世紀，仍沒有幾個人知道它的發音，辭典上注明：「羊叫聲。」柏楊先生一直認爲它是一個死了的字，可是，一九七七年春（也可能是一九七六年冬），我正在火燒島努力坐牢，有天看報，看到一篇關於一位姓芈的女歌星的訪問，那位芈女士（惜哉，名字已忘之矣），就談到她的姓。她說，很多人因爲唸不出音來，而建議她改上一改，她聲明曰：姓怎麼可以亂改？柏楊先生出獄已六年之久，仍抱着能見到她的願望，她可能並不知道她有皇家血統。可是她以後似乎退出歌壇，或者終於擋不住改姓的壓力，已經改之了矣。我想我之想見到她，主要的是，我希望親耳聽聽「芈」字的發音。

芈熊覸先生發表的那項聲明，史記原文：

「我蠻夷也，不與中國之號謚。乃立其長子康爲句亶王，中子紅爲鄂王，少子執疵爲越章王。」

在這段聲明中，可看出楚部落跟中國是對立的。也可看出他們對「號謚」的反感，其實，對於「號謚」，不但楚部落反感，任何一個有頭腦的人都反感。只有儒家系統認爲這是他們最偉大的發明，樂此不疲。

亂兵舉起鋼刀

楚部落是在紀元前七世紀才正式在中國政治舞台上露面的，一露面便勇不可當。紀元前八世紀五〇年代最後一年——前七四一年，最後一位酋長羋熊眴先生逝世，酋長寶座本來應由兒子繼承的，老弟羋熊通先生卻發動宮廷政變，把合法繼承人殺掉，自己就位。

這位殺侄凶手羋熊通先生，是一位雄才大略的首領，他正式宣佈他是國王，建立楚王國，放棄老根據地丹陽（湖北省秭歸縣），遷都郢都（湖北省江陵縣，也就是古老的句亶）。他被後世尊稱爲「武王」，也就是楚王國第一任國王。

羋熊通先生在位五十二年，紀元前六九〇年逝世，兒子羋熊貲先生繼位。羋熊貲先生在位十六年，紀元前六七五年逝世，兒子羋熊艱先生繼位——這位羋熊艱先生，就是本文的男主角。

羋熊艱先生是楚王國第三任君王，嶄新的楚王國政權，恰恰進入瓶頸時代，似乎必然的要出點動亂。史書上對羋熊艱先生報導的不多，只知道他閣下跟他的弟弟羋熊惲（惲，音yùn【運】），仇深似海。仇恨的起因不明，可能涉及到繼承權的爭鬥，爭鬥的經過也不明，反正是到了紀元前六七二年，也就是羋熊艱先生當國王的第四年（史記上說第五年），決定對這位弟弟下手。可是，羋熊惲不是等閒之輩，得到消息後，遠走高飛，投奔東北二百公里外的隨國（湖北省隨州市）。

隨國在淮漢平原（漢水、淮河之間），是最強大的一個封國。不過，它顯然不能抵抗楚王國的北進政策。當楚王國初建立時，隨國爲了討好這個凶悍的鄰居，曾向周王國第十三任國王姬宜臼先生，請求承認既成事實。姬宜臼先生氣得一佛出世，二佛升天，這算啥話？天無二日，民無二主，俺這個國王可是天下共主，他姓羋的蠻族算老幾？他如果也當了「王」，置俺這個「王」於何地乎？你這個小小隨國，怎麼敢亂開黃腔，顯然別有居心兼是何居心。「二居心」法寶一出籠，隨國遂嚇得不敢跟楚王國來往。楚王國的反應既迅速又簡單，派出大兵，把隨國團團圍住，請隨國選擇：或是跟楚王國和平友好？或是滅亡？隨國當然選擇和平友好。蓋得罪了周王國，不過得罪一隻死老虎。而得罪了楚王國，可是得罪一隻活老虎，要吃不了兜着走。

羋熊惲先生投奔隨國，隨國嚇了一跳，這件事處理不好，可能大禍臨頭。但羋熊惲先生終於把隨國說服，說服的條件，史書上不載，不外乎事成之後，割讓給隨國一點土地；或海誓山盟，提出永不侵犯的保證之類，隨國國君答應幫助羋熊惲先生奪取王位。

於是，羋熊惲先生率領隨國軍隊，翻過高達七百七十公尺的大洪山，渡過漢水，發動長程閃電突襲。羋熊惲先生以王弟之尊，他有他的聲望和早已埋伏好的黨羽。所以，隨軍順利的進入首都。羋熊艱先生正沉睡在美女懷抱裏，等他突然驚醒，所看到的已是破門而入的亂兵們舉起的鋼刀，他來不及作任何反抗，便被劈開頭顱。

羋熊艱先生死後，被尊稱爲「杜敖」，這是楚語發音，史書上沒有說明含意是啥。楚王國已長久的接受中國文化，所以國王的尊號往往效法老祖宗羋熊渠先生鄙視中國的那一套，如「武王」「文王」「成王」「莊王」之類。但也有些國王，仍保持楚語，像本文男主角羋熊艱先生稱「杜敖」，稍後第九任國王羋員先生稱「郟敖」。以及前輩酋長們稱「若敖」，稱「霄敖」，稱「蚡冒」，都有音無字。它當然有一定的解釋，然而，連中國歷史之父司馬遷先生都弄不懂是啥，我們更無法插嘴矣。

——羅馬帝國皇帝屋大維先生，稱「奧古斯都」，似乎跟「杜敖」之類，是同一性質。可是，我們只知道「奧古斯都」是大帝之意，卻不知道「杜敖」是啥。

芈熊惲

時代 紀元前七世紀二〇—七〇年代
王朝 楚王國第四任國王
綽號 成王
在位 四十七年（前六七二—前六二六）
遭遇 爲子所逼．絞死

調整外交政策

前文男主角芈熊艱先生是一位混沌人物，本文男主角芈熊惲先生（惲，音 yùn【運】）先生，可是聰明絕頂——並且深知自己聰明絕頂。他私通外國，靠着外力把老哥幹掉之後，自己坐上龍椅，成爲楚王國第四任君王。

楚王國由楚部落演變而成，中國史書上說，這個蠻族是黃帝王朝第三任君王姬顓頊先生的後裔，事實上楚部落似乎根本不可能是中華族，跟當時中華族建立的周王國，很少相同之處，他們有特有的語言、風俗，和典章制度。但他們跟世界上任何一個蠻族一樣，一面侵略身邊的文明世界，一面也拚命向身旁的文明世界學習。

楚王國到了芈熊惲先生，開始有計畫的吸收中國的進步文化，完成一個獨立王國最低立國條件。他這個殺兄凶手，在奪取政權後，倒是爲國家作了很多重大而影響深遠的工作，使楚王國迅速的更加強大，正式擠進國際社會，成爲備受尊敬畏懼的一員。長達四百餘年之久的南北對峙形勢下，北方霸主不斷變更，而南方霸主卻一直是楚王國。史記形容芈熊惲先生曰：「初即位，布德施惠，結舊好於諸侯。」這不過是重新調整外交政策的第一步。第二步是，不再跟周王國爲敵，並派遣使節，訪問洛陽，致送禮物。周王國天經地義的把這項行爲當作「朝貢」——越是窮措大，越要面子，於是大喜若狂。周國王姬閬先生還特別把皇家祭祀時用過的豬肉（胙），送一份給芈熊惲先生。致意曰：「

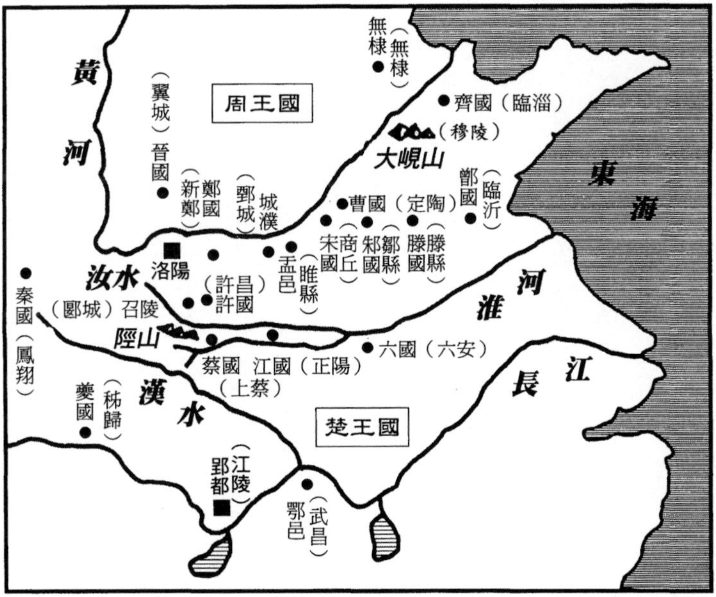

請你鎮守南方，剷平野人的叛亂，千萬莫侵略中國。」

——史記原文：「天子賜胙，曰：『鎭爾南方，夷越之亂，無侵中國。』」這幾句話，正顯示楚王國當時並非中國的一部份。「中國」的意義不過是指黃河中游一帶，後來才逐漸擴大範圍。今天，如果有人說湖北省人不是中國人，恐怕準要打上一架。

芈熊惲先生所以這樣做，就是要培植實力。楚王國非常類似西方的羅馬帝國，羅馬最初也不過只是一個部落，後來發展成爲一個城市，再由一個城市作基地，南征北討，東戰西爭，最後成爲一個空前的龐大帝國。楚王國也是如此，所以「布德施惠，結舊好於諸侯」的結果是，漢水、淮河之間，江淮平原上周王國所屬的大批封國，不是被併而吞之，就是被打得奄奄一息，筋疲力盡，最後仍是被楚王國一口下肚。紀元前六五八年，楚王國的軍隊在統帥鬥章先生率領下北進，直抵航空距離六百公里外的鄭國（河南省新鄭市）城下，俘擄了鄭國國務官（大夫）聃伯先生。

兩霸第一回合

楚王國軍隊對鄭國（河南省新鄭市）的攻擊，造成周王國所屬封國的震驚，南方蠻族的力量深入到中國心臟地帶，是一個壞消息。北方霸主齊國（山東省淄博市東臨淄鎭）國君姜小白先生，不得不硬着頭皮起來對抗。

對抗行動發生在楚王國攻擊鄭國後的第三年（前六五六），封國聯合兵團——八國聯軍，進抵陘山（河南省鄭州市西南五十公里）。本預備發動奇襲，想不到楚王國早有準備。

東周列國志曰：

「八國之師，望南而進，直達楚界。只見界上早有一衣冠整肅官長，停車道左，磬折而言曰：『來者可是齊侯（姜小白）？可傳言楚國使臣奉候久矣。』那人姓屈名完，乃楚之公族（貴族），官拜大夫（國務官）。……屈完開言曰：『寡君聞上國車騎，辱於敝邑，使下臣屈完致命，寡君命使臣啓曰：齊楚各君其國，齊居北海，楚居南海，雖風馬牛不相及也。不知君何以涉於吾地，敢請其故？』管仲（齊國宰相）對曰：『昔周武王（姬發）封吾先君太公（姜子牙）於齊，使召康公賜之命，辭曰：五侯九伯，汝世掌征伐，以夾輔周室。其地東至海（東海），西至河（黃河），南至穆陵（山東省臨朐縣南五十公里大峴山），北至無棣（宣惠河，流經河北省鹽山縣南），凡有不共王職，汝勿赦宥（依照此項召康公之命，齊國的勢力範圍，也不過只限於山東省境，如今卻跑到河南省，早撈過界了）。自周室東遷，諸侯（封國國君）放恣，寡君（姜小白）奉命主盟，修復先業。爾楚國於南荊，當歲貢包茅，以助王（周王國國王）祭，自爾缺貢，無以洒酒，寡人是徵。且昭王（姬瑕）南征不返，亦爾故也，爾其何辭？』屈完對曰：『周失其綱，朝貢廢缺，天下皆然，豈惟南荊？雖然，包茅不入，寡君（羋熊惲）知罪矣，敢不供給，以承君命！若夫昭王（姬瑕）不返，唯膠舟之故。君其問諸水濱，寡君不敢任其咎，我將覆命於寡君。』言畢，揮車而退。

「管仲告桓公（姜小白）曰：『楚人倔強，未可以口舌屈也，宜進逼之。』乃傳命八軍同發……離汝水不遠，管仲下令：『就在此屯札，不可前行。』諸侯皆曰：『兵已深入。何不濟汝，決一死戰，而逗留於此？』管仲曰：『楚既遣使，必然有備，兵鋒一交，不可復解。吾今頓兵此地，遙張聲勢。楚懼吾之眾，將復遣使，吾因取成（簽訂和約）。以服楚而歸，不亦可乎？』……」

身爲楚國王的芊熊惲先生，這時已在汝水南岸結集精銳、築防佈陣，任命鬥子文先生擔任總指揮官，準備迎擊渡河而來的八國聯軍。可是八國聯軍停頓不發，使他狐疑，最後決定再派遣使節接觸，於是屈完先生再往。屈完先生是中國最早和最成功的外交家之一，他追求的是光榮的和平，而且得到。他向姜小白先生曰：「敝國因未曾向洛陽運送茅草之故，使你勞師動眾，其實這件事很簡單，你們如果肯向後撤退一舍（十五公里）之地，敝國君王當有相當反應。」姜小白先生即下令撤退十五公里，在召陵（河南省郾城縣）安營，芊熊惲先生立即裝了一車茅草，送到洛陽。

——稟告讀者老爺得知，書上本是漢水，是我老人家大筆一揮，把它改成汝水的。蓋只有汝水才適合地理條件，如果是漢水的話，已深入楚王國心臟，勢不可能。

雷聲大・雨點小

南北兩大霸權第一次疆場接觸，誰都以爲要爆發一場世界大戰，結果雷聲大而雨點小，潦草收場。當姜小白先生率領八國聯軍，浩浩蕩蕩南下，唯恐把楚王國的軍隊嚇跑，故意放出煙幕，聲稱這次軍事行動，只是爲了對付蔡國（河南省上蔡縣）。可是等到眞的跟楚王國面對的時候，既不敢提侵略鄭國之事，又不敢要楚王國保證以後不再北來，只提出一車茅草。而周國王姬瑕先生之死，屈完先生回答得漂亮：「你們去問漢水才對，問俺莫不相干的楚王國幹啥？」一句話頂回去，把齊國國君姜小白先生，和他的宰相管仲先生，頂得啞口無言。

看起來不像是眞的國際間大事，倒像一場兒童鬧劇。嗚呼，不僅兩千餘年後的今天，我們大惑不解，當時也就有人大惑不解矣。齊國智囊鮑叔牙先生就問管仲先生曰：「楚王國的罪狀大啦，最不可原諒的是他們也稱國王，跟咱們的周國王一般高，這正是僭號，不責備他眞正的罪行，只去查問一車茅草，俺可是不懂。」管仲先生曰：「楚部落酋長自稱國王，已歷三代，除了把它當成蠻族，不跟它計較外，還有啥法？如果一定責備它不該稱國王，他們肯聽咱們的呀？那麼，只好打仗。戰端一開，勝勝敗敗，兵連禍結，恐怕多少年都不會完，從此南北騷然，人民水深火熱矣。只不過爲了爭一個國王的虛名，實在無聊。我們只責備它一車茅草，正因爲狗屁小事，他毫不在乎，才容易解決。只要它接受我們的要求，雖只一車茅草，卻表示楚王國已經承認錯誤，我們政治號召就占了上風，回去也可以向周國王誇耀。比纏戰不休，豈不是上策？」嗚呼，管仲先生是中國歷史上最偉大的政治家之一，他爲小民帶來平安。

史書上說，羋熊惲先生聽到八國聯軍向後撤退十五公里的報告時，他幾乎要進兵追擊，後來還是被屈完先生勸阻。事實上，他也得到平安。

然而，南北衝突，不久就演變爲「爭霸中國」，無論北方霸權或南方霸權，都不再以控制局部爲滿足，他們要控制完整的中國。

紀元前七世紀五〇年代前六四三年，姜小白先生逝世，北方霸權中斷。一個不自量力的老糊塗——宋國（河南省商丘市）國君子滋甫先生，雄心勃勃，企圖塡補這個眞空。這個老糊塗在紀元前六四一年，曾在曹國（山東省定陶縣）南郊；跟曹國國君、邾國（山東省鄒縣）國君、滕國（山東省滕州市）國君、鄫國（山東省蒼山縣西北）國君，舉行高峰會議。在這幾個三四流封國之前，宋國可凶猛得像一頭餓狼，子滋甫先生大發餓狼之威。滕國國君遲到了一天，他下令把滕國國君囚禁。鄫國國君本不要來參加的，發現宋國這麼蠻橫，大吃一驚，急忙趕來，已遲到兩天。嗚呼，一天還要囚禁，兩天就更嚴重。於是把鄫國國君捉住，綁到睢水河畔，當作畜牲一樣殺掉，用來祭祀睢水水神，以鎭壓東方未肯臣服的部落（東夷）。

更大的絕招

子滋甫先生旣囚滕國國君，又殺鄫國國君，自以爲聲威大震，想不到與會的其他兩個封國——邾國和曹國，一哄而散。尤其是身爲地主的曹國，下令斷絕對宋國軍隊的供應。子滋甫先生抹了一鼻子灰，把曹國首府（山東省定陶縣）團團圍住，攻打了三個月，最後垂頭喪氣回國。

世界上竟有用這種惡劣手段要人心服口服的，可謂一大絕招。可是，更大的絕招還在後頭哩。子滋甫先生的餿主意打到本文男主角羋熊惲先生的頭上，結果比打到老虎頭上還要叫苦連天。子滋甫先生異想天開，企圖利用楚王國的龐大聲勢，來建立自己的霸主地位。經過一番折騰經營，自以爲把羋熊惲先生掌握在手心裏之後，南北高階層會議，於紀元前七世紀六〇年代·前六三九年，在宋國境內的盂邑（河南省睢縣南）舉行，子滋甫先生認爲這個會議就可以確定他身爲全中國霸主的身份，結果演出一場趣劇。

東周列國志曰：

「方才升階之時，先論賓主。既登盟壇之上，陳牲歃血，指天誓日，列名載書，便要推盟主爲尊了。宋襄公（子滋甫）指望楚王（羋熊惲）開口，以目視之，楚王（羋熊惲）低頭不語。陳蔡諸國，面面相覷，莫敢先發。襄公（子滋甫）忍不住了，乃昂然而出曰：『今日之舉，寡人欲修先霸主齊桓公（姜小白）故業，尊王安民，息兵罷戰，與天下同享太平之福，諸君以爲如何？』諸侯尙未答應，楚王（羋熊惲）挺身而前曰：『君言甚善，但不知主盟者，今屬何人？』襄公（子滋甫）曰：『有功論功，無功論爵，更有何言？』楚王（羋熊惲）曰：『寡人爲王久矣。宋雖公爵，難列王前，寡人告罪占先了。』便立在第一個位次。襄公（子滋甫）把個盟主揑在手中，臨時變卦，如何不惱，一肚子氣，不免疾言厲色，謂楚王（羋熊惲）曰：『寡人徼福前代，忝爲公爵，天子（周國王）亦待以賓客之禮。君言王爵，乃僭號也，奈何以假王而壓眞公乎？』楚王（羋熊惲）曰：『寡人既是假王，誰教汝請寡人來此？』……楚將成得臣在旁大喝曰：『今日之事，只問諸侯，爲楚而來乎？爲宋而來乎？』陳蔡各國，平素畏服於楚，齊聲應曰：『吾等實奉楚命，不敢不至。』楚王（芈熊惲）呵呵大笑：『宋君更有何說？』」

嗚呼，更有何說？便是有說也說不出來。芈熊惲先生下令逮捕子滋甫先生（他閣下此時該想到被他逮捕的滕國國君和鄫國國君矣，一報還一報，恐怕心膽俱裂），然後押解到行營，邀集與會的各國國君出席，當面宣佈曰：

「子滋甫這傢伙，乘齊國喪亂出兵，隨意廢立國君，一罪也。滕國國君赴會稍遲，就加囚禁，二罪也。用人代替畜牲，祭祀睢水水神，三罪也。曹國不過未盡地主之誼，乃小事一樁，而竟恃強圍攻，四罪也。以亡國之餘（宋國乃商王朝君王的後裔），不度德量力，天象示威，猶妄想圖霸，五罪也。求諸侯於寡人，妄自尊大，全無遜讓之禮，六罪也。寡人今日統甲車千乘，戰將千員，踏碎睢陽城（宋國首府——河南省商丘市），爲齊鄫報仇。各位國君，且少駐車駕，看寡人滅宋而回，再跟各位痛飲十天方散。」

姦及甥女

史書上說，子滋甫先生霎時間啞口無言，像木頭人一樣，呆在那裏。最後，鄭國國君姬捷先生提議尊芈熊惲先生爲盟主，子滋甫先生也不得不追隨於後。然而，這還不是最後一次自取其辱，子滋甫回國復位後，並不檢討他所以挫敗的原因，反而對鄭國竟敢首先提議尊芈熊惲先生爲霸主，勃然大怒。發兵攻打鄭國。

楚王國的強大兵團爲了援救鄭國，直襲宋國首府睢陽（河南省商丘市），子滋甫先生只好解鄭國之圍，還軍抵抗。兩國大軍在泓水（河南省柘城縣渦水）南岸決戰，這是南北第一次爭霸之戰，決戰的結果在意料之中，宋軍崩潰，子滋甫先生御腿被箭射中，不能起立，雖然逃掉一命，可是，那些小兵小官，卻沒有這種運氣，十分之九喪生在楚軍刀下。爲了一個蠢材的私慾，有多少人傷亡？嗚呼，無論什麼時候，野心家都是人類的一大災禍，而愚蠢狂妄的野心家，除了爲人類帶來災禍，更爲自己帶來災禍。古之子滋甫先生，今之希特勒先生和五人幫大亨之類，層出不窮，而且將來還會不斷登台亮相。這種人物啥時候絕了跡，人類啥時候才有眞正的幸福。

芈熊惲先生之所以取得勝利，不是他這個人有過人之處，而是他的國家有過人之處。芈熊惲先生被尊爲中國霸主後不久，就露出豺狼面目。起因於鄭國國君鄭捷先生的妻子，親自勞軍。

東周列國志曰：

「原來鄭文公（姬捷）的夫人芈氏，正是楚成王（芈熊惲）之妹，是爲文芈，以兄妹之親，駕了輜軿，隨鄭文公（姬捷）至於柯澤（河南省新鄭市南郊），相會楚王（芈熊惲）。楚王（芈熊惲）示以俘獲之盛，鄭文公（姬捷）夫婦稱賀，大出金帛，犒賞三軍。鄭文公（姬捷）敦請楚王（芈熊惲）來日赴宴。次早，鄭文公（姬捷）親自出郭，邀楚王（芈熊惲）

進城，設享於太廟之中，行九獻禮，比於天子，食品數百，外加籩豆六器，宴享之侈，列國所未有也。」

對這種排場派頭，羋熊惲先生大爲滿意。接着，更大的滿意跟蹤而至。

「文羋所生二女，曰伯羋、叔羋，未嫁在室。文羋率之，以外甥之禮覲見舅父，楚王（羋熊惲）大喜。鄭文公（姬捷）同妻女更番進籌，自午（中午）至戌（中夜），吃得楚王（羋熊惲）酩酊大醉。楚王（羋熊惲）謂文羋曰：『寡人領情過厚，已逾量矣。妹與二甥女，送我一程如何？』文羋曰：『如命。』鄭文公（姬捷）送楚王（羋熊惲）出城，先別。文羋及二女，與楚王（羋熊惲）並駕而行，直至軍營。

「原來楚王（羋熊惲）看上了二位甥女美貌，是夜拉入寢室，遂成枕席之歡。文羋徬徨於帳中，一夜不寐，然畏楚王（羋熊惲）之威，不敢出聲。

「次日，楚王（羋熊惲）將軍獲之半，贈於文羋。載其二女以歸，處於後宮。」

書中嘆曰：「以舅納甥，眞禽獸也。」其實，如果以「亂倫」爲標準來作判斷的話，中國帝王恐怕不是禽獸的，沒有幾個。舅父納甥女根本算不了啥，比較起來，弟殺兄，兄殺弟，子殺父，父殺子，其凶其惡，又遜一籌。而且這還只限於親屬，帝王們對平民的迫害，那股瘋狂發作出來，人權人道，全都勾消，連禽獸都不如。羋熊惲先生不過殺掉了老哥，姦淫了甥女，罪惡還算是第三四流的——也就是，不過是個禽獸而已。

伏下被殺種子

芈熊惲先生輕易的擊敗了宋國，取得中國霸主高位，對北方的一些封國，多少有點瞧不上眼，心裏想：「連爵位最高的宋國國君，也不過如此。其他的就馬尾巴提豆腐，提不起來啦。」然而，他卻不知道，一個比齊國更厲害的封國——晉國（山西省翼城縣），在年邁蒼蒼的國君姬重耳先生領導下，悄悄而迅速的崛起。姬帶先生篇幅裏，他已初試其鋒，把身爲周王國第二十一任國王的姬帶先生殺掉，迎接第二十任國王姬鄭先生復位。姬重耳先生的野心，如同火焚，他不僅要接替姜小白先生的北方盟主，還要取代芈熊惲先生剛弄到手的全中國霸權。

國際上的事很簡單，千言萬語，不如一場勝仗。晉國要想取得霸權，芈熊惲要想維持霸權，唯一的方法是再透過一次具有決定性的戰爭。

芈熊惲先生取得中國霸主高位後第六年——紀元前七世紀六〇年代前六三二年，楚王國跟晉國在城濮（山東省鄄城縣）決戰，楚軍大敗，芈熊惲先生在盛怒下殺掉他的前敵總指揮成得臣。這一仗使他喪失了得來不易的中國霸主的頭銜，辛辛苦苦爭取到手的尾巴國，包括鄭國在內，紛紛投向晉國懷抱。但楚王國國力並未崩潰，他仍是南方封國群的主宰，晉國勢力，只限於黃河流域的中原地帶，不能南下。同時，沒有多久，姬重耳先生逝世，秦國（陝西省鳳翔縣）又在西方興起，給晉國很大威脅。楚王國這個龐然大物，經過一陣養精蓄銳，又逐漸恢復當年雄威。到了紀元前六二七年（城濮之役後五年），若干封國再向楚王國靠攏。其中許、蔡二國的轉向，引起楚王國跟晉國第二次兵戎相見，雖然沒有打起來，但芈熊惲先生又殺掉他的前敵總指揮鬥勃。這一切都與本文無關，與本文有關的是，殺掉了鬥勃先生卻伏下芈熊惲先生毀滅的種子。嗚呼，人生多變，一個不相干的因，有時竟會被連鎖反應出不可知的果。

東周列國志曰：

「時許蔡二國，因晉文公（姬重耳）之喪，復盟於楚。晉襄公（姬重耳之子姬歡）拜陽處父為大將，帥師伐許，因而攻蔡。楚成王（芈熊惲）命鬥勃同成大心，帥師救之。行及泜水（不知道何處），隔岸望見晉軍，遂逼泜水下寨。晉軍營於泜水之北，兩軍只隔一道水面，擊柝之聲，彼此相聞。晉軍為楚師所拒，不能前進。如此相恃，約有兩個月。看看歲終，晉軍糧食將盡。陽處父意欲退軍，既恐為楚所乘，又嫌人譏避楚。乃使人渡泜水，直入楚軍，傳語鬥勃曰：『諺云：來者不懼，懼者不來。將軍若欲與吾戰，吾當退去一舍（十五公里）之地，讓將軍渡水而陣，決一死戰。如將軍不肯渡，將軍可退一舍之地（十五公里），讓我渡河南岸，以請戰期。若不進不退，勞師費財，何益於事？處父今駕馬於車，以候將軍之命，惟速裁決。』鬥勃忿然曰：『晉欺我不敢渡河耶？』便欲渡河索戰。成大心急止曰：『晉人無信，其言退舍，殆誘我耳。若乘我半渡而擊之，我進退無據矣。不如姑退，以讓晉涉。我為主、晉為客，不亦可乎。』鬥勃悟曰：『君言是也。』乃傳令軍中，退三十里（十五公里）下寨，讓晉涉水。」

誣殺鬥勃

兵不厭詐，鬥勃先生下令楚軍退後十五公里，等待晉軍渡河決戰。想不到晉軍卻趁着敵人向後撤退的機會，拔營開溜。臨開溜前，晉軍司令官陽處父先生宣稱：「楚國怕我們晉國，不敢過河，已跑他娘的啦。」鬥勃先生這才知道中計，只好班師。

這是一場沒有爆發的戰爭，就在鬥勃先生班師回國之後，楚王國太子芈商臣先生，向老爹芈熊惲，上了可怕的小報告，他曰：「我並沒有證據，但軍中人人皆知，鬥勃接受了陽處父的賄賂，所以才先行撤退，造成國際間認爲晉國壓倒我們的印象。」芈熊惲先生被兒子的讒言刺激得火冒三丈，立即拒絕鬥勃覲見。嗚呼，庸才的特徵是：專門聽一面之詞，而又不容分說。已經暈頭脹腦的踏進挑撥離間的圈套裏，還自以爲英明蓋世，洞燭其奸。拒絕鬥勃先生覲見，不過是連珠炮的第一炮，第一炮既出，當然還有第二炮，第二炮是，芈熊惲先生越想越不能克制，派人送出一把寶劍給鬥勃。事到如今，鬥勃先生無法表明自己的清白——事實上，即令他能覲見君王，細訴根苗也沒有用，結果一定是一巴掌拍到桌子上，吼曰：「你還敢強辯！」局勢仍是一樣。鬥勃先生唯一的一條路，就是自殺。

鬥勃自殺之後，芈熊惲先生的氣也慢慢消失，成大心先生小心翼翼的向芈熊惲先生說明撤軍的前因後果，只不過中計而已，並沒有受賄。芈熊惲先生於是恍然大悟，對太子芈商臣誣陷忠良的動機，起了懷疑。

再隱密的事都有蛛絲馬跡，羋商臣先生所以誣陷鬥勃，只不過爲了報復昔日的一箭之仇。原來羋商臣是老爹羋熊惲先生的長子，當老爹要宣佈羋商臣當太子的時候，曾徵詢鬥勃先生的意見。鬥勃先生反對，他曰：「楚王國儲君，一向都是年幼的佔多數。年長的儲君，往往發生悲劇。史跡斑斑，可以查考。而且羋商臣的長相，眼睛像馬蜂，聲音像豺狼，性情殘忍（左傳原文：「蠭目豺聲，忍人也。」），今天愛他，立他當太子，過了些時，一旦討厭他，想罷黜他時，必定激起強烈回應。」

羋商臣先生所以打小報告，就是爲了鬥勃先生這段幾乎毀了他的話，老爹羋熊惲先生對羋商臣用這種手段誣陷忠良，既失望又憤怒，認爲他不可能是一個公正的君王。而這時候，羋熊惲先生正寵愛他的幼子羋職，頗後悔不該那麼早確定太子的名份。於是，他打算把太子轉授給羋職。也就是弟弟羋職將代替哥哥羋商臣，接替老爹的王位。但是，羋熊惲先生已了解兒子的惡毒，恐怕驟然宣佈，會引起變化。

這時最興奮的該是羋職先生啦，已經飛走的煮熟了的鴨子，現在竟又飛了回來，而且不偏不倚的飛到自己盤子裏。他和他那位同樣得到寵愛的年輕母親（我們不知道她姓啥名啥），喜上眉梢，他們要求老爹早作決定，在他們眼中，君王有無限權威，只要他一開口，乾坤就可倒轉。老爹安慰他們說，目前還不是時候，要耐心的等待，等待到有一天，羋商臣犯了錯——他不可能永不犯錯。老爹會突然變臉，來一個迅雷不及掩耳，藉口法律尊嚴，把他立即處決，才是斬草除根上策。母子們認爲到底薑是老的辣，老謀深算，百無一失。

然而，這個陰謀逐漸洩漏，史書上沒有記載是誰洩漏的。我們推測，可能出自芈職先生母子之口，蓋他們有他們的搖尾系統。眼巴巴希望他們的主子早定名份。母子們難免不透露一點老爹的話，撫慰他們，要他們稍安勿躁。

突擊皇宮

搖尾系統的得意洋洋和芈商臣先生埋伏在皇宮裏的眼線奸細，使芈商臣先生不久就得到這項驚人情報，他不相信有這種怪事——尤其不相信老爹竟會用計謀殺害親生之子。但他提高警覺，把情報轉告給他的教師潘崇先生。潘崇先生是個智囊，他認爲有這種可能性，曰：「我有一個辦法，可以試探出這消息是眞是假。」芈商臣先生向他請教，潘崇先生曰：「你有一位姑媽，嫁給江國（河南省正陽縣南）的國君，大家稱她『江芈』，她是你爹最疼愛的妹妹，前些時回娘家，住在宮裏已經很久，如果情報是眞，她必定得知。你不妨請她赴宴，在筵席上故意怠慢，把她激怒。她性情暴烈，被激怒後，必然對你責罵，盛怒中責罵，口不擇言，可能說溜了嘴。」

這是一項高智慧的鬥爭手段，芈商臣先生依計行事，擺下盛大的滿漢全席和法國大菜，恭請姑媽光臨。江芈女士到了太子宮，芈商臣先生以侄兒的身份，必恭必敬，把江芈女士搞得大爲歡喜，可是酒過三巡，菜過五味，就露出沒有把這位姑媽看到眼裏的惡形惡狀，既不肯起身伺候，又跟身旁的美麗侍女，打情罵俏。江芈女士幾次向他問話，他都帶理不理，表示我總有一天要坐到王位上，妳這個姑媽算老幾？江芈女士受不了這種羞辱，拍案而起，詬罵曰：「你這小子果然不是好東西，怪不得你爹要殺你，立芈職當太子。」芈商臣先生急忙匍匐謝罪，可是中了圈套的江芈女士已氣昏了頭，不接受道歉，悻悻然登車而去。

事情已經證實，大禍就要降臨。芈商臣先生連夜晉見教師，請他指示一條生路。潘崇先生曰：「你能屈居在弟弟芈職先生之下乎？」芈商臣先生曰：「不能。」潘崇先生曰：「你能連夜逃亡別的國家乎？」芈商臣曰：「不能。」潘崇先生曰：「除了這兩條路，別無他路。」芈商臣先生苦苦哀求，潘崇先生曰：「另外還有一條路，只怕你不忍心。」芈商臣先生曰：「死在眼前，還有啥不忍心的。」潘崇先生曰：「附耳過來。」告之曰：「只有行大事，始可轉禍爲福。」芈商臣先生了解「大事」的意義，矍然曰：「這個我能。」

這是一場父子之間的互相殘殺，悲劇中的悲劇。芈商臣先生立刻動員太子宮的侍衛部隊，向皇宮發動突擊。

那一年是紀元前七世紀七〇年代前六二六年，等潘崇先生率叛軍直抵寢宮之時，老爹芈熊惲先生才大吃一驚。他的貼身衛士一看情形不對，也顧不得平常的誓言，和主子的老命矣，來一個一哄而散。芈熊惲先生明知道大勢不好，卻不得不開口發問：「你來幹啥？」潘崇先生曰：「你閣下當國王已當了四十六年，不嫌膩呀，古人不云乎，四時之序，成功者退，而今全國人民一致希望換一位新王，你應該把王位傳給太子。」芈熊惲先生曰：「傳位沒有關係，我現在就可以傳。可是，不知我能不能活命？」羋熊惲先生一生威不可當，想不到今天卻向他的部下搖尾乞憐。潘崇先生一口拒絕，曰：「老國王死亡，新國王才能繼承，你如果不死，難道全國有兩個國王呀，貴閣下眞是糊塗透頂。」羋熊惲先生仍作最後掙扎，曰：「我剛才教廚師給我燉熊掌，能不能讓我吃過熊掌再死，死也無恨。」

潘崇先生看穿羋熊惲先生的主意，喝曰：「老昏君，別耍花樣，熊掌最難燉熟，你閣下不過拖延時間，等待宮外勤王之兵罷了。這些小聰明沒有用，你如果不自己動手，我可要動手啦。」說罷，把腰帶解下，扔到羋熊惲先生跟前。千萬雄兵這時候都救不了他，羋熊惲先生陷在沒有轉身餘地的窄門之中，他仰天號曰：「好鬥勃，好鬥勃，我不聽忠言，自取其禍，復何言哉。」就把潘崇先生扔過來的腰帶纏到脖子上，潘崇先生下令左右用力緊拉。霎時間，羋熊惲先生，這位國際舞台上烜赫半個世紀的君王，氣絕身死。妹妹江羋女士曰：「是我殺了哥哥。」也跟着自縊。後人有詩嘆曰：

熊惲昔日弑熊艱　今日商臣報叔冤
天遣潘崇爲逆傳　詭計猶想食熊蹯

羋商臣先生殺父之後，登上王座，在位十三年，平平安安死在床上。要說天地間的事，件件都「報應不爽」，可不見得。此所以使人扼腕嘆息，不能自已者也。

帝王之死　第2集

忘了他是誰

《忘了他是誰》提要

「帝王之死」第二集寫了十二位帝王，包括楚國的羋麇（郟敖）；羋圍（楚靈王）、羋比（楚初王）、羋槐（楚懷王）；趙國的趙雍（武靈王）；宋國的宋偃（康王）；燕國的姬噲和子之；齊國的田地（湣王）、田建；吳國的吳諸樊、吳餘祭等。時間從紀元前六世紀到三世紀，大約是春秋後期到秦亡這段歷史時期。

柏楊徹底發揮說書人的看家本領，把歷史文獻中相關的材料，融裁活用，說的全都是現代人聽得懂的話，譬如說楚靈王羋圍謀殺國君（他的侄子）取而代之，並追殺其餘，在國際間大動干戈，橫行霸道，成爲標準的暴君，卒自縊於昔時罪臣之子的農莊之家，柏楊敘其來龍去脈，又揷入靈王淩遲、誅殺齊國大夫慶封亂政，以及崔杼弒君之後被慶封滿門屠殺之故實，扣人心弦。

柏楊說：「嗚呼，暴君總以爲酷刑和虐殺，可以根絕叛變造反，而暴君們卻往往死於叛變造反者之手。」但很少人能以史爲鑑，就如同宮廷奪嫡之爭的戲碼不斷上演，連動業彪炳的趙國武靈王（雍）皆毀於此，柏楊說「當君王的都有點怪」，「絕對權力使人絕對糊塗」，這樣的「君王論」發人深省。

序

帝王之死剛寫滿三個月，出版了第一集，政治氣象忽然「小浪轉大浪」。有一天，黃道吉日，紐約中國時報美洲版台北編輯部美麗的編輯老奶陳文茜女士，御駕親臨柏府，吼曰：「好老頭，教你寫稿，不過恤老憐貧，賞你一碗飯吃罷了，怎敢借古諷今？現在有人告你，你要聽眞，從今天起，一刀兩斷。這是剩下來的你的臭文，拿去拿去，你可把我害苦啦。」刷的一聲，扔了一地，我一面揀一面請她稍坐獻茶，企圖用馬屁功軟化她鐵石心腸，她卻不理，跺腳而去。

我老人家自一九七七年從火燒島監獄榮歸，迄今六年，敝大作還是第一次受到腰斬。嗟夫，國內根本看不到禁止進口的中國時報美洲版，這正說明海外文化大亨的神經末梢，似乎更凶。好吧，兵來將擋，水來土屯，既不准報紙刊我的敝大作，我就關着房門，埋頭猛寫。匆匆又是三個月，殘稿加上猛寫的成績，再成一册，直接送給出版社，第二集遂轟然問世。如果風雲仍緊，「大浪轉巨浪」，咱們就到此爲止，沒第三集啦。如果風和日麗，我就繼續口吐眞言，三集四集，直寫到最後一位死於非命的眞龍，才功德圓滿。

是爲序。

柏楊　一九八三年七月一日於台北

《忘了他是誰》目錄

第２集

羋麇．羋圍

時代　紀元前六世紀五〇——七〇年代
王朝　楚王國第九．第十任國王
綽號　羋麇——郟敖．羋圍——靈王
在位　羋麇五年（前五四五—前五四一）
　　　羋圍十三年（前五四一—前五二九）
遭遇　羋麇絞死．羋圍縊死

陣前奪功

羋麇先生（羋，音mǐ【米】）是弒父凶手羋商臣先生第五代苗裔——子、孫、曾孫、重孫，羋麇正是羋商臣的重孫。羋商臣先生能夠保持王位，而且善終在王位上，他的子孫才可以瓜瓞綿綿，稱君稱王，作威作福。如果他閣下當時就被拉下馬鞍，以弒父的罪名，滿門處斬，就早斷了根矣。

歷史發展到紀元前六世紀，國際形勢，有重要變化。若干小封國，陸續被大國併吞，好像惹起弒父之禍的江羋女士，她丈夫是江國（河南省正陽縣南）的國君，在她懸樑自盡後不久，楚王國便把它滅掉。小封國的消失，使大封國或王國，越發膨脹。而就在長江下游，新崛起一個吳王國，建都姑蘇（江蘇省蘇州市），跟楚王國爭霸。楚王國遂陷於兩面作戰的局勢——東有吳王國，北有以晉國（山西省翼城縣）爲首的封國聯盟，自然不能跟往日般的在國際上爲所欲爲，得心應手。這種緊張的三角關係，不可避免的會引起更多的緊張情勢和更多的宮廷殺機。

羋麇先生雖然做了五年楚王國的第九任國王，實際上是一個不重要的人物，史書上只幾句話便教他了賬，而羋圍先生才是主要演員。要談到羋圍先生，必須從他爹第七任王羋審先生開始，羋審先生正是弒父凶手第五任王羋商臣先生的孫兒。羋審先生的兒子群中，有左列重要角色：

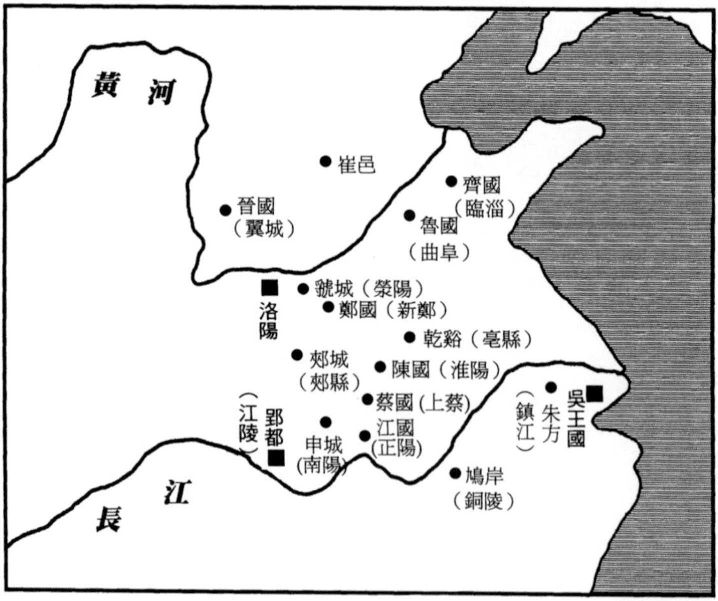

羋昭——第八任國王（康王）
羋圍——第十任國王（靈王）
羋比——第十一任國王（初王）
羋棄疾——第十二任國王（平王）

當羋昭先生在位時，羋比、羋棄疾年紀尚小。羋圍先生以王弟之尊，已掌握大權，像螃蟹一樣，橫行霸道，建立起私人黨羽。這需要舉一個例證說明，紀元前五四五年初春，楚王國宰相（令尹）屈建先生，率軍大舉向吳王國攻擊，吳王國用重兵防守國境，楚兵團不能前進。於是驅軍北上，攻擊鄭國（河南省新鄭市），鄭國大將皇頡先生，領軍迎敵，楚兵團前遣軍司令官（大夫）穿封戍先生在一陣衝殺後，把皇頡先生生擒活捉。

羋圍先生這時以王弟的身份，也在軍中，他急於建立威望，就跟穿封戍先生商量，是不是可以把俘擄皇頡之功，轉讓給他。他曰：「老哥，捉住敵將，當然威名遠播，可是對你而言，不過升官而已，對我而言，卻妙不可言。」穿封戍先生是一個直性漢子，對王弟這種行爲，既驚訝，又鄙視，對妙不可言的內涵，更聽不懂。「你是王弟，已經夠啦，還要跟我們這些小官爭這點芝麻綠豆大的功勞幹啥？」羋圍先生當然不肯甘休，他先向老哥羋昭先生告狀，聲言他活捉了皇頡之後，卻被穿封戍先生奪去。不久，穿封戍先生押解着皇頡先生，親向國王獻俘報功。對這項絕對相反的兩面之詞，羋昭先生無法驟下判斷。

問病遽下毒手

芈圍先生下令元老（太宰）伯州犁先生調查，嗚呼，這是一樁既明顯而又簡單的事件，千軍萬馬之中，哪一位將軍生擒敵將，一問便知。可是伯州犁先生是官場人物，中國傳統的官場文化中，伯州犁先生應是最重要的祖師爺之一。蓋在官場中，只有勢利，沒有是非，至於我們小民所肯定的公理正義，更屬於他媽的書生之見，連嗤之以鼻的資格都沒有。伯州犁先生知道爭執的原因，他了解：得罪了穿封戌，等於得罪一個屁；但得罪了芈圍，那可是後患無窮。而且實話出口，穿封戌先生不會領情，事實上本來就是如此的呀；如果說謊，芈圍先生會認為他忠心耿耿，準有回報。決心一定，就曰：「俘虜也是一員名將，不是呆瓜，問問他到底是被誰捉住的，豈不是眞相立刻就可大白。」

這是最公正的辦法，問題是，最公正的辦法必須有最公正的執行。偏偏官場中從不缺公正的辦法，獨缺公正的執行。伯州犁這個老奸巨滑，把皇頡先生喚到階前，向芈圍先生拱手向上曰：「這位芈圍，是敝國國王的老弟也。」再向穿封戌先生拱手向下曰：「這位穿封戌，不過邊界上的一位縣長。」然後問曰：「好吧，皇頡先生，請你自己說，是誰把你擒下馬鞍的？」這是一項很明顯的誘供，皇頡先生心裏明白，假裝看了又看，然後對曰：「我是被這位王弟捉住的。」穿封戌先生氣得七竅生煙，公堂之上，眾目睽睽之下，竟然出現這麼大的詐欺，太出他的意料，穿封戌先生跳起來，從武器架上抽出長矛，就要攻擊芈圍，芈圍先生拔腿溜掉。羋昭先生看到穿封戍先生氣成那個模樣，相信事情必有蹊蹺，但他已無意更進一步追查，這段故事，正是「上下其手」成語的來源，形容卑鄙人物們結黨營私的卑鄙勾當。

對這種千萬人目睹的事件，都顛倒是非，連國家最高職位的太宰，都向他搖尾，說明羋圍先生的跋扈和毫無忌憚，也說明他羽毛已成，不在乎有人拆穿。就在「上下其手」的當年（前五四五），羋昭先生逝世，太子羋麇先生繼任第九任國王。羋圍先生由王弟升改成了王叔，就更張牙舞爪。他被任命擔任宰相（令尹）。當宰相的次年（前五四三），就把國防部長（大司馬）蔿掩先生殺掉，奪取他豐富的家產。這件流血事件沒有引起任何反擊，強大的控制力量使羋圍先生產生自信，他不再以幹宰相（令尹）爲滿足，他的目標是侄兒羋麇先生屁股底下的國王寶座。

紀元前五四一年，事變終於發生。那一年，第三次國際裁軍會議（弭兵之會），在鄭國（河南省新鄭市）的虢城（河南省滎陽市）舉行。羋圍先生以楚王國宰相（令尹）身份，代表國王羋麇先生參加。參加該會的有晉國、齊國、宋國、魯國、衛國、陳國、蔡國、鄭國、許國、曹國，都是周王國所屬的封國，只有羋圍先生是楚王國國王的代表，顧盼自雄，聲勢烜赫，根本沒把各國國君看到眼裏。封國聯盟的盟主晉國（山西省翼城縣），國勢衰弱，已無力對抗，唯有息事寧人，但求表面和平。晉國代表團團長趙武先生，爲了掩飾晉國的窘境，告訴他的同僚曰：「羋圍在會議期間，竟蓋了一座行宮，跟他們國王的架勢相同。看情形，他不僅對外強硬，對內可能還有陰謀，不如暫時順着他，使他自命不凡，產生傲心。」

芊圍先生不費吹灰之力，就爭取到霸主的位置，然後班師。大軍剛進入楚王國國境，密探報告，國王老侄芊麇先生臥病在床。芊圍先生腦子裏剎那間閃出天地初開時那道亮光，急馳回京（郢都——湖北省江陵縣）。史記只用簡單的兩句話曰：「（芊）圍入問王（芊麇）疾，絞而弑之。」

目標直指慶封

東周列國志形容的比較多一點，曰：

「（芊）圍入宮問疾，託言有密事啓奏，遣開嬪侍，解冠纓加芊麇之頸，須臾而死。」世界上第一強國的元首，就這樣輕易的死於謀殺。嗚呼，人類中最危險的事業莫過於謀殺君王，而芊圍先生卻幹得乾淨俐落，他的力量早伸入政府核心之中矣。芊圍先生殺掉老侄後，接着把芊麇先生的二子：芊幕、芊平夏，也一律捕獲斬首。一些跟芊麇先生血統較近的王孫公子，包括芊麇先生的幾位弟弟，右副宰相（右尹）芊熊比先生、交通部長（宮廄尹）芊黑肱先生，連夜逃亡：芊熊比先生投奔晉國（山西省翼城縣），芊黑肱先生投奔鄭國（河南省新鄭市）。

順理成章，芊圍先生繼任楚王國第十任國王。他閣下即位後，除了大肆封官拜爵外，又做了一件大出意料之外的糗事，那就是，以「上下其手」聞名後世的伯州犁先生，這時不在郢都（河北省江陵縣），而在郟城（河南省郟縣）。芊圍先生派出殺手到郟城，就地處決。

伯州犁先生到死恐怕都想不通，以他那種出神入化的超級諂媚武功，何以落得如此下場。

羋圍先生雄心萬丈，要鞏固他的霸主地位，就在登基後的第三年（前五三八），在申邑（河南省南陽市），徵召黃河以南主要的封國國君，舉行高階層會議。參加會議的有：蔡國、陳國、鄭國、許國、徐國、滕國、頓國、胡國、沈國、小邾國、宋國。羋圍先生看到這麼多封國臣服，龍心大悅。東周列國志對這次會議的演變，有下列報導：

「靈王（羋圍）曰：『寡人欲用兵諸侯，效桓公（齊國國君姜小白）伐楚故事，誰當先者？』伍舉對曰：『齊國大夫慶封弒其君，逃於吳，吳不討其罪，又加寵焉，處以朱方（江蘇省鎮江市），聚族而居，富於其舊，齊人憤怨。夫吳，我之仇也，若用兵伐吳，以誅慶封爲名，則一舉兩得矣。』」

於是羋圍先生決定「一舉而兩得」，要用慶封先生的血，榮耀自己霸主的英名。

慶封先生的故事，說來話長，要追溯到二十年之前。

想當初——紀元前六世紀四〇年代，當時齊國第二十四任國君姜環先生在位，他閣下的元配夫人顏姬女士，是魯國國君的女兒，無子，可是她的陪嫁女侍（媵）鍾姬女士，卻生下一子姜光。請讀者老爺記住這小子，他在一串狗男女惹下滔天大禍的故事中，扮演主要角色。姜環先生立姜光小子當太子，準備繼承國君的位置。可是，過了幾年，姜環先生又寵愛一對姊妹花，姊姊戎子女士也無子，妹妹仲子女士，卻生了一子姜牙，戎子女士就抱來自己撫養。這時除了姜光、姜牙兩個娃兒外，姜環先生跟別的小老婆，還生一子姜杵臼。戎子女士仗着老傢伙正對她着迷，堅持要老傢伙答應改立姜牙當太子。妹妹仲子女士頭腦比較清醒，警告姊姊曰：「姜光太子的身份，已確定了很多年，又屢次代表國家，出席國際會議，跟其他封國國君，都有友誼。而今忽然改變，人心不服，會造成我們後悔來不及的局面。」老傢伙姜環先生曰：「笑話，我大權在握，想教誰當太子，誰就當太子。服也得服，不服也得服。」

流血政變

當君王的都有點怪，從不記取歷史上血跡斑斑的教訓，總是一再反覆的犯同一類型的毛病。愛某一位漂亮老奶時，迫不及待的立她的兒子當太子。等到又愛上另一位漂亮老奶，迫不及待的又要立她的兒子當太子。問題是，太子只有一個，宮廷悲劇只好發生。姜環先生派遣姜光先生前往即墨（山東省平度市）鎮守，這是調虎離山之計，等姜光到了即墨，老爹姜環先生立刻下令罷黜他，另立他弟弟姜牙當太子。魯國國君姬午先生聽到消息，派遣使臣來探詢外甥姜光到底有啥過錯，或犯了啥罪？姜環先生張口結舌，嘟嚷了半天也嘟嚷不出一句話。魯國使臣憤憤不平的告辭後，姜環先生心裏有鬼，他認爲魯國一定會幫助姜光奪取政權，於是決定先發兵擊敗魯國，然後殺掉姜光，來一個釜底抽薪。——這又是一樁父殺子的巨變，虎毒尚不食子，權力改變人性，改變得連禽獸都不如。

一連兩年，前五五七、前五五六，齊國兩次向魯國發動攻擊。第三年，前五五五年，在盟主晉國率領下，十二封國的聯軍——十二封國是：晉、宋、魯、衛、鄭、曹、莒、邾、滕、薛、杞、小邾，把齊國首都臨淄（山東省淄博市東臨淄鎮）團團圍住，最後雖然沒有攻下，但齊國因姜環先生一念之私，已使很多人喪生，民窮財空。

次年（前五五四），姜環先生臥病在床，眼看就要完蛋，國務官（大夫）崔杼先生跟另一位國務官（大夫）慶封先生結合，——現在，慶封先生登場亮相。二人派出使節，前往一百五十公里外的即墨（山東省平度市），祕密迎接姜光。慶封先生率領他的私人衛士，黑夜中前往戎子女士的死黨，託孤大臣高厚先生家叩門，聲稱有機密面報，叫開了門之後，衛士一擁而入，把高厚先生一刀斃命。剷除了重要爪牙，勝利已在握一半。姜光先生接着展開一場復仇性的屠殺，他率領崔杼先生和慶封先生的私人衛士，衝進皇宮，那位美貌迷人，正在慶幸奪嫡成功的戎子女士，和她的籌碼姜牙小子，同時死於亂刀之下。躺在床上的老爹姜環先生得到報告，又氣又怕，吐了幾口鮮血，伸腿瞪眼。一場奪嫡與反奪嫡鬥爭，在血腥中結束。姜光先生即位，成爲齊國第二十五任國君。他恨戎子女士入骨，下令把她的屍首拖到大街上，公開示眾三天。咦，一位漂亮的女嬌娃，此時血肉模糊，已不成人形矣。

姜光先生上台後，貢獻最大的功臣崔杼先生和慶封先生，被擢升爲左右宰相——上卿，共同掌理國政。姜光先生時常去他們家，歡飲作樂，其樂融融。這種君臣之間的友情，實在難能可貴，如果一直維持下去，將是政治史上一段佳話。可是，一位天仙化人的美麗老奶，忽然介入，使得全盤都亂，面目全非。

這位天仙化人的美麗老奶，是崔杼先生的妻子棠姜女士。崔杼先生的前妻，於生下二子——崔成、崔疆之後逝世。而東郭偃先生的妹妹，先嫁給棠先生（史書不載他的名字），因名「棠姜」，生一子棠無咎，而棠先生早死。崔杼先生前往弔喪時，驀然看見棠姜女士，這位美麗蓋世的小寡婦，使崔杼先生一霎時神魂顛倒，眼如銅鈴。經過一番周折，終於把棠姜女士娶到家中，作爲他的繼室。棠姜女士再生下一子崔明。崔杼先生既愛棠姜女士愛得如醉如癡，就任命她哥哥東郭偃先生，跟她前夫之子棠無咎先生，擔任崔家的總管，並向棠姜女士誓言：「等崔明長大，就教他繼承我的官爵和家產。」

閨房佈下陷阱

事情就出在這位妖艷美麗的棠姜女士身上。

在一次君臣無拘無束的歡宴中，崔杼先生請棠姜女士出來向姜光先生敬酒。姜光先生一瞧，當時就魂不守舍。回宮之後，茶也不思、飯也不想，只想貌美如花的棠姜女士。就把東郭偃先生找來，許他種種好處，而且，如果他不幫忙，俺可是國君，將來找個碴，給你扣上一頂鐵帽，你可別怪俺手下無情。東郭偃先生只好安排一個機會——不外乎趁棠姜女士回娘家之便，教姜光先生出面。姜光先生以國君之尊，又加老哥事先致意，棠姜女士既不是三貞九烈之輩，於是乎，半推半就，二人就上了象牙之床。男女之間，一旦上了象牙之床，就成了二位一體，不可開交。

最初還遮遮蓋蓋，謹謹愼愼，不過在娘家亂搞。日子一久，「色膽包天」，姜光先生索性到崔杼先生之家，上了崔杼先生象牙之床矣。

於是，春光外洩。崔杼先生不能接受這頂綠帽，嚴厲盤問棠姜，棠姜女士前言不照後語的支吾了一陣，問到無話可說時，只好承認曰：「是有這麼回事，可是他是國君，用國君的勢力強迫我，我一個女人，怎敢拒絕他呀。」（柏老按：這是該女人胡說八道，第一次可能在權勢威脅下，之後為啥不告訴老公，卻在自己家大開轅門？）崔杼先生果然問曰：「妳為啥不馬上說給我聽？」棠姜女士曰：「不敢對你說呀，我害怕的不得了。」崔杼先生呆了半晌，嘆氣曰：「這件事跟妳沒有關係。」（柏老按：怎麼會跟她沒有關係？關係可大啦。）崔杼先生雖然饒了淫婦，卻不饒奸夫。姜光呀姜光，你這小子，要不是俺冒生命危險，發動政變，把你從即墨（山東省平度市）接回臨淄（山東省淄博市東臨淄鎮），你當國君？當個屁吧，現在連命都沒有啦，你卻姦淫我的妻子作為回報！

紀元前五四八年，莒國（山東省莒縣）國君，前來齊國訪問，姜光先生在臨淄北郊，大擺宴席款待，而崔杼先生的府第，恰恰也在臨淄北郊。崔杼先生決心「捉姦捉雙」，就詐稱有病臥床，不能參加國宴。

東周列國志曰：

「（崔杼）密使心腹叩信於賈豎（柏老按：賈豎是崔杼埋伏在國君身旁的內線），（賈豎）密報云：『主公（姜光）只等席散，便來問相國（崔杼）之病。』崔杼笑曰：『君（姜光）豈憂吾病哉，正以吾病爲利，欲行無恥之事耳。」乃謂其妻棠姜曰：『我今日欲除此無道昏君，汝若從吾之計，吾不揚汝之醜，仍立汝子爲嫡子。如不從吾言，先斬汝母子之首。』棠姜曰：『婦人，從夫者也。夫有命，焉敢不依？』崔杼仍使棠無咎，伏甲士百人於內室之左右，使崔成、崔疆，伏甲兵於門內，使東郭偃伏甲兵於門外。分撥已定，約以鳴鐘爲號。……

「且說莊公（姜光）愛棠姜美色，心心念念，寢食不忘，只因崔杼防範稍密，不便數數來往。是日，見崔杼辭病不至，正中下懷，神魂早已落在棠姜身上。燕享之儀……已畢，趨駕往崔宅問疾。門者謬對曰：『病甚重，方服藥而臥。』「莊公（姜光）曰：『臥於何處？』對曰：『臥於外寢。』」莊公（姜光）大喜，竟入內室。時衛士州綽、賈舉、公孫敖、僂堙四人從行。賈豎曰：『君（姜光）之行事，子所知也。盍待於外，無混入以驚相國（崔杼）。』」州綽等信以爲然，遂俱止於門外。唯賈舉不肯出，曰：『留一人何害？』乃獨止堂中。賈豎閉中門而入，門者復掩大門，拴而鎖之。莊公（姜光）至內室，棠姜艷裝出迎。未交一言，有侍婢來告：『相國（崔杼）口燥，欲索蜜湯。』棠姜曰：『妾往取蜜，即返也。』棠姜同侍婢自側戶冉冉而去。」

崔杼滅門內鬥

東周列國志曰：

「莊公（姜光）倚檻待之，望不至，乃歌曰：『室之幽兮，美所遊兮。室之邃兮，美所會兮。不見美兮，憂心胡底兮。』歌方畢，聞廊下有刀斧聲，莊公（姜光）訝曰：『此處安得有兵？』呼賈豎不應。須臾間，左右甲士俱起，莊公（姜光）大驚，情知有變，急趨後戶，戶已閉。莊公（姜光）力大，破戶而出，得一樓登之。棠無咎引甲士圍樓，聲聲只叫：『奉相國（崔杼）之命，來拿淫賊。』莊公（姜光）倚檻諭之曰：『我，爾君也，幸捨我去。』（棠）無咎曰：『相國（崔杼）有命，不敢自專。』莊公（姜光）曰：『相國（崔杼）何在？願與立盟，誓不相害。』（棠）無咎曰：『相國（崔杼）病，不能來也。』莊公（姜光）曰：『寡人知罪矣，容至太廟中自盡，（柏老按：這是芈熊惲先生要求吃熊掌故技，只是等救兵耳，連鬼也騙不住），以謝相國如何？』（棠）無咎曰：『我等但知拿奸淫之人，不知有君。君既知罪，即請自裁，毋徒取辱。』莊公（姜光）不得已，從樓牖躍出，登花台，欲踰牆走。（棠）無咎引弓射之，中其左股，從牆上倒墜下來。甲士一齊俱上，刺殺莊公（姜光）。」

慶封先生是崔杼先生「親密的戰友」，當崔杼先生幹掉姜光先生之際，慶封先生同時搜捕姜光先生的黨羽，展開屠殺。接着，擁立姜光先生的弟弟姜杵臼先生當國君，崔杼先生仍任右宰相，慶封先生仍任左宰相。

這種局面本可以維持下去，然而，權力慾望跟男女慾望一樣，使人喪失理智，崔杼先生家庭之內，前妻之子和後妻（棠姜）之子，發生內鬥，慶封先生陡起獨霸齊國的野心，在一場充滿了陰謀詭詐的殺戮中，崔杼先生血染滿門，全家喪生。

東周列國志曰：

「崔杼獨秉朝政，專恣益甚，慶封心中陰懷猜忌。崔杼原許棠姜立崔明爲嗣，因憐長子崔成損臂，（在捕殺姜光先生之役中，爲姜光先生衛士所傷），不忍出口。崔成窺其意，請讓嗣與崔明，僅願得崔邑（山東省章丘市——崔家的封邑）養老，崔杼許之。可是東郭偃與棠無咎貪得無厭，不肯曰：『崔邑，崔氏封邑也，必以授嗣子。』崔杼謂崔成曰：『吾本欲以崔邑予汝，（東郭）偃與（棠）無咎不聽，奈何？』崔成訴其弟崔彊，崔彊曰：『嫡子之位，且讓之矣，一邑尚吝不予？吾父在，東郭等尚然把持，父死，吾弟兄求爲奴僕而不能矣。』崔成曰：『姑請左相（慶封）爲我求之。』（崔）成、（崔）彊求見慶封，告訴其事。慶封曰：『汝父唯（東郭）偃與（棠）無咎之謀是從，我雖進言，必不聽也。異日恐爲汝父之害，何不除之？』（崔）成、（崔）彊曰：『某等亦有此心，但力薄，恐不能濟事。』慶封曰：『容更商之。』（崔）成、（崔）彊去，慶封召盧蒲嫳，述二子之言。盧蒲嫳曰：『崔氏之亂，慶氏之利也。』慶封大悟。過數日，（崔）成、（崔）彊又至，復言東郭偃、棠無咎之惡。慶封曰：『汝若能舉事，吾當以甲兵相助。』乃贈以精甲百具，兵器如數。（崔）成、（崔）彊大喜。夜半率家眾，披甲執兵，散伏於崔氏近側，東郭偃與棠無咎每日必朝崔氏，候其入門，甲士突起，將東郭偃、棠無咎刺死。崔杼聞變，大怒，急呼人使駕車，與僕逃匿皆盡，惟圉人在廄。乃使圉人駕馬，一小豎爲御，往見慶封，哭訴家難。慶封佯爲不知，訝曰：『崔慶雖為二氏，實一體也。孺子敢犯上至此，子如欲討，吾當效力。』崔杼信以為誠，乃謝曰：『倘得除此二逆，以安崔宗，我使（崔）明拜子為父。』慶封乃悉起家丁，命盧蒲嫳率之，吩咐：『如此如此……』盧蒲嫳受命而往。（崔）成、（崔）彊，見盧蒲嫳兵至，欲閉門自守，盧蒲嫳曰：『吾奉左相（慶封）之命而來，所以利子，非害子也。』（崔）成謂（崔）彊曰：『得非欲除孽弟（崔明）乎？』（崔）彊曰：『容有之。』乃啓門納盧蒲嫳。」

又一次血腥屠殺

崔成、崔彊先生打開大門，等於打開死門，再也料不到他們所敬愛信賴的「慶叔叔」，會對他們採取行動。

東周列國志曰：

「盧蒲嫳入門，甲士俱入，（崔）成、（崔）彊阻擋不住，乃問曰：『左相（慶封）之命何如？』（盧蒲）嫳曰：『左相（慶封）受汝父之訴，吾奉命來取汝頭耳。』喝令甲士：『還不動手？』（崔）成、（崔）彊未及答言，頭已落地。盧蒲嫳縱甲士抄擄其家，車馬服器，取之無遺，又毀其門戶，棠姜驚駭，自縊於房。唯崔明在外，不及於難。」

接着是崔杼先生打道回府。

「行至府第，只見重門大開，無一人行動。比入中堂，直望內室，窗戶門闥，空空如也。棠姜懸樑，尚未解索。崔杼驚得魂不附體，欲問盧蒲嫳，已不辭而去矣。遍覓崔明不得，放聲大哭曰：『吾今爲慶封所賣，吾無家矣，何以生爲？』亦自縊而死。髯翁有詩曰：昔日同心起逆戎，今朝相軋便相攻。莫言崔杼家門慘，幾個奸雄得善終。」

慶封先生跟崔杼先生是舉世皆知的死黨，這一招血腥詭計，不過爲了獨攬齊國政權。一連三次——立姜光、殺姜光、屠崔杼的巨變之中，慶封都取得最後勝利。使他產生強烈的自信，自信他的智慧謀略，高人一等，已經完全掌握局勢。這種自信使他更勤於獵狩和狂飲。有一天，他在盧蒲嫳先生宴會中，盧蒲嫳先生請妻子出來敬酒，艷麗奪目。慶封先生大驚失色，世界上有這麼奇妙的老奶呀，就用盡心計，跟她私通。嗚呼，這恰恰是「姜光模式」，不過結局不一樣。盧蒲嫳先生沒有殺了慶封，而是也跟慶封先生的老婆私通。兩家狗男女有時聚在一起，還公開表演雜交節目。盧蒲嫳先生的老哥盧蒲癸，是位有名的大力士，慶封先生的兒子慶舍先生，用爲貼身侍衛，並且把女兒慶姜嫁給他。而另外一位王何先生，經盧蒲癸先生推薦，慶舍先生也用爲貼身侍衛，出入相隨，防衛得密不透風。

然而，反慶封陣線，已在暗中組成，最厲害的是，他們以「爲故君姜光復仇」的大義，說服和買通了盧蒲癸和王何。嗚呼，姜光先生姦淫恩人之妻，以當時社會規範，被宰掉本是活該，可是姜光先生不是一個普通小民，而是一個國君，身價就忽然不同，爲奸夫復仇，竟成了他媽的「大義」矣。在國務官（大夫）高蠆先生和欒灶先生領導下的反慶封陣線，能得到慶封之子慶舍先生的兩位最親信的侍衛爲內應，實在是了不起的成就，勝利已掌握一半。

慶封先生屠殺崔杼先生滿門的次年（前五四五），八月，慶封先生出獵，侄兒慶嗣先生已察覺到情勢不穩，進言曰：「國中恐有他變，我們應火速回軍。」慶封先生曰：「我兒慶舍在，有啥可擔心的？」而慶舍先生方面，他的女兒慶姜女士，也得到消息，可是這個女兒卻是一個變種，只要丈夫，不要親爹，她站在丈夫這一邊，決心幫助丈夫要親爹老命，（柏老按：有慶姜女士這樣的女兒，也是造孽之報）。當反慶封陣線佈置好在太廟祭祀大典對慶舍先生採取行動時，這位可敬的女兒唯恐老爹不去參加，特地回家用話激老爹曰：「聽說高蠆、欒灶，準備在祭祀時，對您不利，您最好不要前往。」慶舍先生果然大怒曰：「那兩個老畜牲，我隨時都可以剝他們的皮當褥子。誰敢對付我？即令有不要命的，我又怕啥？」顢頇的結局是，他的兩位侍衛——其中一位還是他女婿，在背後把刀刺進他的心臟。

慶封先生在獵狩興盡的歸途中，得到情報，怒髮衝冠，領着他的獵狩部隊，進攻臨淄西門。高蠆先生反慶封陣線登城守禦，不能敢下。慶封先生還要繼續攻打，可是，他的時代已經結束，獵狩部隊的家人都在城內，政治號召是爲故君復仇，正義又站在守城的那一邊，士兵們逐漸開溜。慶封先生無可奈何，只好逃亡，他知道周王國屬下的所有封國都不會收留他，就千里迢迢，投奔南方直線八百公里外的吳王國（江蘇省蘇州市）。吳王國不理會周王國的政治道德標準，把慶封先生安置在朱方（江蘇省鎮江市），並且厚厚的撥給他一筆經費。要他負責注意楚王國的動靜。

政治意淫

慶封先生的來龍去脈，已交代淸楚。現在，我們回到本題。紀元前五三八年——距迎立姜光先生十七年，距幹掉姜光先生十一年，距慶封先生逃亡朱方（江蘇省鎭江市）八年。楚王國第十任君王芈圍先生，在申城（河南省南陽市）主持十一國高階層會議，接納智囊伍舉先生的建議，宣佈慶封先生的罪狀，要「一舉而兩得」，替天行道，加以誅殺。

各封國當然熱烈贊成，芈圍先生任命國務官（大夫）屈申先生擔任聯軍總司令，率領聯合兵團西征。芈圍先生給屈申先生的任務有二，一是活捉慶封先生，一是突擊吳王國首都姑蘇（江蘇省蘇州市）。申城（河南省南陽市）距朱方（江蘇省鎭江市），航空距離五百公里，中間橫亙着主峰高達一千七百公尺的大別山脈和滾滾長江，但屈申先生仍能完成任務，成功的攻陷措手不及的朱方，生擒慶封先生，把跟從慶封先生從齊國逃來的家族親戚部屬，全部屠殺。（嗚呼，他們確實過了八年的快樂日子，有婚喪、有嫁娶、有愛情、有恩仇，如今在一片哭號中霎時結束）。朱方距吳王國首都姑蘇直線僅一百五十公里，當朱方大屠殺之時，姑蘇已得到消息，動員戒備。屈申先生聯合兵團只能奇襲，不能攻堅，他不敢孤軍深入，就班師回到申城（河南省南陽市）向芈圍先生獻俘。芈圍先生對屈申先生沒有攻擊姑蘇，認爲他有「二居心」，把屈申先生處斬。

芈圍先生對慶封先生的處置，有他的奇異妙計，他要在各國國君面前殺掉慶封先生，用以展示他代表正義，使天下所有的亂臣賊子都以慶封爲戒。伍舉先生警告他：「我聽說，只有清白的人，才可以揭對方的瘡疤。如果用你的方法殺慶封，恐怕他反唇相稽，你會自取其辱。」羋圍先生咆哮曰：「他敢呀？」嗟夫，對方如果還有活命的希望，他可能不敢；對方自知死定，還有啥不敢的。君王威風的極致，不過要人的老命而已，對一個死人而言，君王也好、領袖也好，不値一屁。

果如伍舉先生所料，精彩節目，隆重演出。羋圍先生高坐台上，封國國君們兩廂相陪，各國高級官員及軍隊，環繞成一個廣場，好不莊嚴。慶封先生赤身露體，兩臂反縛，背着巨斧，被押到面前。劊子手把利刃架到慶封先生的脖子上，逼着他自己宣佈自己的罪狀：「各國請聽，不要效法齊國宰相（相國）慶封，謀殺他的國君，裹脅國務官（大夫）跟他盟誓。」慶封先生雖落得如此下場，卻不是等閒之輩，他死在任何人之手，都會甘心，獨死在羋圍先生——比他更壞的惡棍之手，他要反擊。羋圍先生敎慶封先生自己宣佈罪狀，是天老爺賜給他最後一次反擊機會。於是，他伸長脖子，拉大嗓門喊曰：「各國請聽，不要效法楚國國王羋審小老婆養的（庶子）羋圍，謀殺他的國王，裹脅各國國君（諸侯）跟他的盟誓。」這些話一出口，立刻鬨堂大笑，但大笑立即被克制，封國國君們不敢觸怒霸主，但仍忍不住掩口葫蘆。羋圍先生本想要羞辱慶封先生的，卻製造一個機會使慶封先生羞辱他，公開暴露他跟慶封先生原是一窩貨色，像屁股着了火，急急下令行刑。

羋圍先生丟臉砸鍋之後，企圖用烜赫武功建立尊嚴。恰好吳王國大軍攻擊楚王國的邊疆，以報復楚王國攻陷朱方（江蘇省鎮江市）之役。第二年（前五三七），芈圍先生率領五個封國的聯軍，大舉反攻吳王國，打算一下子併而吞之，結果在鳩岸（安徽省銅陵市）被打得大敗，只好撤退。這是第二次的丟臉砸鍋，使他心如火燒，武功既然烜赫不起來，只好靠土木功，蓋個堂皇富麗的宮殿過癮矣。這跟二十世紀的有些半瓶醋頭目一樣，在國外臭名四溢，人們嗤之以鼻，只好在國內教小民猛喊萬歲過癮一樣，乃是另一種政治意淫。

天下第一號凶險

芈圍先生在首都郢都（湖北省江陵縣）開始興建章華宮，也稱三休台，蓋它閣下高聳天際，當時既沒有電梯，只有兩條腿往上爬，必須休息三次，才能爬到頂層。芈圍先生當然不必休息，非他的肺活量特別大，也非他的御腿特別健，而是，他只要坐到轎子上，自有小民抬着他爬。這個宮所佔面積，約二十方公里，咦，不僅是個「宮」而已，簡直是個巨城，跟台北市的面積，相差無幾，縱是舊金山，也可媲美。僅這一點，也確有資格夠芈圍先生誇口：「俺雖打不過外國，可是蓋房子的功夫，應數天下第一吧！」章華宮在紀元前六世紀已知的世界，是一座最高最豪華的建築，好像紀元後二十世紀紐約帝國大廈，巴黎艾菲爾鐵塔一樣，萬國景仰。然而，芈圍先生還創下另一項奇蹟，他特別喜歡三圍恰到好處的美女，他是一位歷史上最早而又最有名的「拜腰狂」，特別喜歡美女的細腰，章華宮中所有老奶，沒有一位是粗腰的。中國婦女講究三圍，應該從紀元前六世紀就開始啦，以致有很多宮女，爲了盼望得到芈圍先生的寵愛，便拚命挨餓，有些甚至活活餓死。這風俗不但普及於老奶，也影響到臭男人，有些大腹便便的官員和商人，只好用軟帶猛勒自己的肥肚。

——芈圍先生對世界唯一的貢獻，就是提倡女人細腰。美容院應該把他閣下當祖師爺，供奉牌位，一年四季，焚香叩拜。

紀元前五三五年，章華宮落成，芈圍先生廣發請柬，邀請各封國國君，前來參加典禮。可能請柬的措詞十分謙虛，沒有威脅意味，各封國國君就來一個婉轉辭謝，禮到人不到。然而，仍有一位到的，那就是魯國（山東省曲阜市）第二十六任國君姬裯先生，在楚王國特使半騙半迫下，前來與會。芈圍先生大喜，一場空前盛大的國宴中，慷慨的把國寶之一，名叫「大屈」的巨弓，送給姬裯先生，作爲回禮，姬裯先生千謝萬謝。可是到了第二天，芈圍先生想起這隻弓價值連城，怎麼鬼迷心竅，一時高興，送給那小子，不由懊悔得又捶頭，又跺腳。國務官（大夫）薳啓疆先生曰：「請你閣下稍安勿躁，我能把弓騙回來。」於是拜見姬裯先生，曰：「昨天國宴，不知我們國王送給你一些啥禮物？」姬裯先生把弓拿出來讓他看，薳啓疆先生作驚喜交加之狀，蹟嘖稱讚，千賀萬賀，然後點頭嘆氣。姬裯先生訝曰：「一張弓豈値你這麼大驚小怪。」薳啓疆先生曰：「這裏面的學問可大啦，此弓名『大屈弓』，乃是楚王國的一寶，名聞天下。齊國、晉國，以及新興的越部落（浙江省北部），都曾派專使來求，敝國當然拒絕。楚王國強大，他們當然不敢用強。現在三國聽說弓在魯國，恐怕一定使用戰爭手段奪取。貴國可千萬重整三軍，愼守此寶。」姬裯先生一聽，我的媽呀，這不是寶，而是禍也，趕忙把禮物退還。智囊伍舉先生聽到這件事，嘆曰：「以落成邀請各國國君，沒有人來，僅只姬裯先生千里迢迢光臨，連一張弓都捨不得，而寧願失信。凡不能犧牲自己利益的，必將犧牲別人利益，犧牲別人利益多啦，累積怨恨，危亡立至。」芈圍先生的權力，這時正達巔峰，而權力巔峰，也正是瘋狂巔峰兼糊塗巔峰，認為伍舉先生迂闊而不切實際。

章華宮落成後的次年（前五三四）芈圍先生滅掉一個重要的封國——陳國（河南省淮陽縣），使一樁存亡續絕的仁義美事，化成一種邪惡行為。原來陳國第二十一任國君嬀溺先生，有三個兒子：長子嬀偃師、次子嬀留、三子嬀勝。嬀偃師先生早已被立為世子，（柏老按：王國王位合法繼承人，稱太子；封國國君合法繼承人，稱世子）。可是嬀留先生的老娘，最為得寵，得寵的結果，爆發奪嫡鬥爭，而奪嫡鬥爭的劇情，也最單調，幾乎千篇一律，我們已報導過不少，以後更層出不窮。不過簡單雖然簡單，卻都是天下第一號凶險，演着演着，忽然轟的一聲爆炸，連靠近舞台的觀眾，都會血肉模糊。

扒灰模式

嬀溺先生雖然蠢血沸騰，但嬀偃師立作世子已經很久，一下子找不出藉口罷黜，於是，嬀溺先生想出一個解決辦法，任命兩位弟弟：嬀招先生和嬀過先生，分別擔任嬀留的皇家正教師（太傅）和皇家副教師（少傅），囑咐二人曰：「將來，嬀偃師死後，你們負責要他把國君寶座傳給弟弟嬀留。」這一年（前五三四），嬀溺先生躺床不起，二人商量曰：「世子嬀偃師的兒子嬀吳，年紀漸長，嬀偃師將來一定會傳位給兒子，怎麼會傳位給弟弟？與其將來動手動腳，不如今天就把嬀偃師殺掉，一了百了。」再跟國務官（大夫）陳孔奐先生商量，允許事成之日，增加他采邑的面積。重利之下，必有昏腦，陳孔奐先生自告奮勇，把世子嬀偃師先生刺死。國君嬀溺先生悔恨交加。懸樑上吊了賬。嬀留先生當然繼承國君之位，叔叔嬀勝先生，帶着小侄兒嬀吳先生，逃到楚王國，向霸主哭訴，請求庇護。羋圍先生抓住機會，立刻擺出霸主架勢，親率大軍，向陳國（河南省淮陽縣）進發。新坐上國君位置的嬀留先生，板凳還沒暖熱，得到消息，嚇了一跳，連國君也不幹啦，拔腿就跑，投奔鄭國（河南省新鄭市）。只有嬀招先生篤定泰山曰：「楚軍若至，我自有計退之。」嗚呼，他的計不過是賣友之計，賣國之計，無恥之尤之計。

東周列國志曰：

「卻說楚靈王（羋圍）大軍至陳……司徒（軍事部長）（嬀）招使人請（嬀）過議事。（嬀）過坐定，問曰：『司徒云有計退楚，計將安出？』（嬀）招曰：『退楚只須一物，欲向汝借。』（嬀）過問：『何物？』（嬀）招曰：『借汝頭耳。』（嬀）過大驚，方欲起身。（嬀）招左右鞭捶亂下，將（嬀）過擊倒，即拔劍斬其首，親自持赴楚軍，稽首訴曰：『殺世子立（嬀）留，皆（嬀）過所爲。我今仗大王之威，斬之以獻，唯君赦臣延誤之罪。』靈王（羋圍）聽其言詞卑遜，心中已自歡喜。（嬀）招又膝行而前，行近王座，密奏曰：『

從前，莊王（羋侶）已將陳國收爲楚國一縣，後又使之復國，遂喪其功。今國君（嬀）留懼罪出奔，陳國無主，願大王收爲郡縣，勿爲他姓所有也。』靈王（羋圍）大喜曰：『汝言正合吾意，汝且歸國，爲寡人辟除宮室，以候寡人巡幸。』司徒（嬀）招叩謝而去。公子（嬀）勝聞靈王（羋圍）放（嬀）招還國，復來哭訴，言：『造謀俱出（嬀）招，其臨時行事，則（嬀）過使大夫（陳）孔奐爲之，今乃委罪於（嬀）過，冀以自解，先君（嬀溺），世子（嬀偃師），目不瞑於地下矣。』言罷，痛哭不已，一軍爲之感動。靈王（羋圍）慰之曰：『公子勿悲，寡人自有處分。』」

羋圍先生的處分是：把陳孔奐先生處斬，把正在洋洋得意的嬀招先生全族驅逐到東海荒涼的邊陲，然後把陳國改成楚王國的一個縣，使當初「上下其手」的主角之一，羋圍先生的對手穿封戌先生，屯兵駐守。

接着是討伐蔡國（河南省上蔡縣）。

蔡國的故事簡單明瞭，另一樁「新台醜聞」而已——我們稱之爲扒灰模式的變亂。蔡國第十七任國君蔡同先生，立他的兒子蔡般先生當世子，並給蔡般先生娶了楚王國皇家女兒羋氏爲妻，羋氏貌美如花，老傢伙心癢難熬，左勾右搭，扒灰成功，公公媳婦就上了床。這種事當然掩飾不住，蔡般先生咬牙：「父不父，則子不子矣。」

東周列國志曰：

「（蔡般）乃僞爲出獵，與心腹內侍數人，潛伏於內室。景公（蔡同）只道其子不在，遂入東宮，逕造羋氏之室。世子（蔡）般率內侍突出，砍殺景公（蔡同），以暴疾訃於諸侯，遂自立爲君。史臣論（蔡）般以子弒父，千古大變，然景公（蔡同）淫於子婦，自取悖逆，亦不能無罪也。有詩嘆云：新台醜行污青史，蔡同如何復蹈之。逆刃忽從東宮起，因思急子可憐兒。」

迴光返照

這是十二年前（前五四三）的事矣，蔡般先生的國君已當了十三年。羋圍先生在滅了陳國之後，聲威大震，他選定蔡般先生，作爲第二個主持正義的對象。紀元前五三一年，也就是滅陳後第三年，羋圍先生發出請柬，邀請蔡般先生到申城（河南省南陽市）舉行巨頭會議。羋圍先生的豺狼性格，使蔡國（河南省上蔡縣）大爲震動，很多人阻止蔡般先生前往，蔡般先生曰：「蔡國之地，不能當楚王國一個縣，來請而不去，一旦派兵來捉，眞是敬酒不吃吃罰酒矣。」到了申城後，羋圍先生擺下盛大筵席，把蔡般先生灌醉，然後繩綑索綁，連同他的隨從七十餘人，一股腦處決。後人有詩譏羋圍先生不該用這種詐欺手段，曰：

蔡般無父亦無君　嗚鼓方能正大倫
莫怪誘誅非法典　羋圍亦是弒君人

請讀者老爺注意最後一句話，羋圍先生自己弒君，卻對其他弒君的同類，深痛惡絕，端出儼然凜然嘴臉，拳打腳踢，好不熱鬧。他之所以這樣做，只是求得心理上的洗滌，用同類的血，來洗掉自己的罪惡，希望小民產生一種印象：他既然這麼撲殺弒君之徒，正好反襯他絕不是弒君之輩。我們這種揣測對不對，並不重要，只要了解，芈圍先生所做的，不過企圖一手掩盡天下人的耳目。

殺了蔡般先生之後，芈圍先生像滅掉陳國一樣，滅掉蔡國，俘擄了世子蔡有。可憐的蔡有先生，芈圍先生祭祀九岡山山神時，把他當作豬一樣的宰掉，作爲祭品。芈圍先生宣佈理由曰：「他是逆臣蔡般之子，罪人之後，應當作禽獸看待。」嗚呼！

芈圍先生把蔡國改爲蔡縣，納入楚王國版圖之後，任命他的幼弟芈棄疾先生鎭守。——千萬記住芈棄疾，此公在一連串的流血政變中，扮演主角。

呑併蔡國使芈圍先生嚥下毒藥，呑併蔡的第三年後（前五二九），芈圍先生結束他的折騰，而在結束他的折騰之前，還有轟轟烈烈，大舉進攻吳王國的迴光反照。

東周列國志曰：

（柏老按：我們把君王的尊號和單名、別號之類，從現在開始，統統取消，全部採取現代形式，免得夾註解釋，使貴讀者老爺看起來累得要死，敝作者老爺寫起來也累得要死。如果不夾註解釋，敝作者老爺雖然輕鬆愉快，可是貴讀者老爺恐怕還要辛苦。）

「芈圍既滅陳國、蔡國，又遷許國、胡國、沈國、道國、房國、申國等六個小封國到荆山山區，人民流離、道路嗟怨。羋圍自謂天下可唾手統一，日夜宴於章華之台……曰：『今寡人先伐徐國（安徽省泗洪縣），次及吳王國。自長江以東，皆爲楚王國屬地，則天下已定其半矣。』及遣（宰相）薳罷同蔡洧（柏老按：他是蔡國貴族，老爹被羋圍先生殺掉。）奉太子羋祿留守郢都（湖北省江陵縣），大閱軍馬，命司馬督率車三百乘伐徐國，圍其城。羋圍大軍屯於乾谿（安徽省亳縣），以爲聲援。冬月，值大雪，積深三尺有餘。羋圍服裘加被、頭帶皮冠、足穿豹靴，執紫絲鞭，出帳前看雪。右宰相鄭丹來見，羋圍去冠被、舍鞭，與之立而語。羋圍曰：『寒甚。』鄭丹對曰：『王重裘豹靴，身居虎帳，猶且苦寒，況軍士單衣露腿，頂兜穿甲，執兵於風雪之中，其苦如何？王何不返駕國都，召回伐徐之師，俟來春天氣和暖，再圖征進，豈不兩便？』羋圍曰：『卿言甚善，然吾用兵以來，所向必克，司馬督且晚必有捷音矣。』鄭丹對曰：『徐國與陳蔡不同。陳蔡近楚，久在宇下，而徐國在楚王國東北三千餘里（一千五百公里。柏老按：這可不是直線航空距離，而是地面實質距離），又有吳王國支持。王貪伐徐國之功，使三軍久頓於外，受勞凍之苦。萬一國人有變，軍士離心，竊爲王危之。』羋圍笑曰：『穿封戍在陳縣，羋棄疾在蔡縣，伍舉與太子留守首都，是三楚也，寡人又何慮哉？』」

餓得栽倒在地

羋圍先生決心不管士兵們的死活，繼續駐紮乾谿（安徽省亳縣），等候攻陷徐國（安徽省泗洪縣）的捷音。不久，春天到來，芊圍先生興高采烈，整天出獵，並且大興土木，建築宮殿。他把他的安全寄託在他最信任的「三楚」上。再也想不到，「三楚」中最可靠的「一楚」，弟弟芊棄疾先生，正是殺手。

鎮守蔡縣，封爲公爵的芊棄疾先生，集結故陳國和蔡國已星散了的武裝部隊，許諾將來蔡國復建，連同他率領的駐屯兵團，組成遠征突擊隊，南下進襲郢都（湖北省江陵縣），郢都城內的蔡國一些故臣，以蔡洧先生爲首，裏應外合，大開城門迎接，芊棄疾先生不費吹灰之力，便佔領皇宮。捉到太子芊祿先生，跟王子芊罷敵先生，當場處決；宰相薳罷先生倉皇自殺。芊棄疾先生擁立三哥芊比先生坐上寶座，頒下嚴厲命令，捉拿芊圍：如果有人掩護藏匿，滿門處斬。

芊圍先生這時正在乾谿。醉臥在豪華宮殿裏，享受艷福。

東周列國志曰：

「芊圍聞二子被殺，自床上投身於地，放聲大哭。鄭丹曰：『軍心已離，王宜速返。』芊圍拭淚言曰：『人之愛其子，亦如寡人否？』鄭丹曰：『鳥獸猶知愛子，何況人也。』芊圍嘆曰：『寡人殺人之子多矣，人殺吾子，又何足怪！』少頃，哨馬報：『新王遣芊棄疾爲大將，同鬥成然率陳蔡二國之兵，殺奔乾谿來了。』芊圍先生大怒曰：『寡人待鬥成然不薄，安敢叛吾？（柏老按：芊麇先生待你也不薄，你安敢叛他？）寧可一戰而死，不可束手就縛。』拔寨起營……欲以襲郢都，士卒一路逃散，芊圍拔劍擊殺數人，猶不能止，比到訾柴

（不知今地），從者才數百人。……鄭丹恐自己獲罪，私奔歸楚。」

最後是大家跑了個淨光，只剩下芈圍先生一個老漢。這位不可一世的暴君，這時候氣焰全消，已沒啥可要的矣。不久就肚子發餓——恐怕還是他此生第一次知道飢餓是啥。想找個村莊像乞丐一樣的討一口飯，又不認識道路。偶有碰到他的小民，看他的模樣，準是國王，平常日子，早叩頭如搗蒜矣，現在他已失勢，新王法令森嚴，也都腳底抹油。芈圍先生一連三天，沒有進餐，餓得御眼昏花，栽倒在地，眼珠雖仍骨碌碌亂轉，卻一步也爬不動。正在狼狽不堪，救星來啦。

該救星是一位曾擔任過宮門侍衛（涓人）的鄉紳，那是一個卑賤低微的職位。政變之前，向芈圍先生下跪，芈圍先生也不屑理他。可是此時已非當年，芈圍先生眼尖，喚曰：「請救救我。」侍衛這才敢確定倒臥路旁的老漢，竟然是高與天比的故主，上前大禮參拜。芈圍先生曰：「同志，我已餓了三天，頭昏腦脹，四肢無力，求你找一碗飯，讓我苟延殘喘一時。」侍衛曰：「您知道，小民都害怕新王詔令，誰敢拿出飲食？」芈圍先生嘆口氣，求侍衛靠近坐下，他枕到侍衛腿上，稍稍安息，因爲身體衰弱，不知不覺，沉沉睡去，侍衛心裏一想：你這個淫棍，平日既無恩於我，我爲啥要冒殺頭之險救你？就用一個土塊塞到他御頭之下，自己逃之夭夭。芈圍先生一覺醒來，呼喚侍衛，不見答應，用手一摸，摸到土塊，不禁大慟，流下御淚。正在這時，一輛小車，轆轆而至。在鄉間而能乘車，來路一定非凡，車主申亥先生一瞧見他，馬上下車拜見，看樣子芈圍先生要渡過難關矣。

東周列國志曰：

「芊圍流淚滿面，問曰：『卿何人也？』申亥曰；『我乃芋尹（大概是個官名）申無宇之子也，臣父兩次得罪吾王，王赦不誅。臣父往歲臨終，囑臣曰：吾受王兩次不殺之恩，他日王若有難，汝必捨命相從。臣牢記在心，不敢有忘。近傳郢都（湖北省江陵縣）已破，芊比自立。星夜奔至乾谿（安徽省亳縣），不見吾王，一路追尋到此，不期天遣相逢。今遍地皆芊棄疾之黨，王不可他適。臣家住棘村，離此不遠。王可暫住臣家，再作商議。』乃以乾糧跪進，芊圍勉強下咽，稍能起立。申亥扶之上車，至於棘村。芊圍平昔住的是章華之台，崇宮邃室。今日觀看申亥農莊之家，篳門蓬戶，低頭而入，好生淒涼，淚流不止。申亥跪曰：『吾王請寬心，此處幽辟，無行人來往，暫住數日，打聽國中事情，再作進退。』芊圍悲不能語。申亥又跪進飲食，芊圍只是啼哭，全不沾唇。申亥乃使其親生二女侍寢，以悅芊圍之意。」

上吊？勒斃？

芊圍先生在台上時，拳打腳踢，好不英雄。事實上他不過是一個膿包人物，已沒有能力再賭前程矣。他閣下在斗室之中，也不脫衣服，也不睡覺，徘徊哭泣，最後在臥房之內，伸了脖子上了吊，瞪目吐舌，結束他這罪惡的一生。他是中國歷史上第一位自動自發上吊的君王，值得大書特書，舉盃誌異。後人有詩嘆曰：

茫茫衰草沒章華　因笑芈圍昔好奢
台土未乾蕭管絕　可憐身死野人家

然而，事情尚未結束，使我們對芈圍先生自殺的可能性，興起疑雲。東周列國志曰：

「芈圍衣不解帶，一夜悲嘆，至五更時分，不聞悲聲。二女啓門報父曰：『王已自縊於寢所矣。』申亥聞芈圍之死，不勝悲慟，乃親自殯殮，殺其二女以殉葬焉。後人論申亥感芈圍之恩，葬之是矣，以二女殉，不亦過乎？有詩嘆曰：章華霸業已沉淪，二女何辜伴窀穸，堪恨暴君身死後，餘殃猶自及閨人。」

申亥先生冒生命危險，爲父報恩，這種胸襟道義，我們感動至深。一臉忠貞學之輩，一有風吹草動，都作鳥獸散，或則破口大罵，或者落井下石矣。然而，更進一步教自己親生女兒去陪芈圍先生上床，便太離譜，如果女兒自己願意這麼做，我老人家舉雙手贊成。但老爹逼着她們這麼做，該老爹便是畜牲。他沒有權力傷害女兒們獨立人格，更沒有權力奪取女兒們獨立生命。他這種畫蛇添足的行爲，使他的義舉蒙受可恥的汚點。

然而，問題還不止此，而在芈圍先生伸脖子上吊。兩個女兒奉命共同陪伴一個老傢伙，該老傢伙憂心如焚，好像鞋子是租來的，走來走去，走了一夜，難道二位老奶竟視若無睹，逕自呼呼沉睡如豬乎哉？老傢伙上吊，同在一個臥房，豈能悄悄無聲？上過吊的或看過別人上吊的朋友都知道，把尊脖伸到圈套裏之後，必須把腳下的板凳踢倒，才能了賬。板凳踢倒時，豈能不忽咚哐啷，二女難道一點也聽不見？爲啥不當時呼叫，卻要等到天明？

似乎有一種可能，申亥先生也是一臉忠貞學之輩，不過更爲老奸巨滑，他要女兒代他下手。否則，教一個女兒陪宿就足夠啦。似乎是申亥先生要殺芈圍先生，而又不願承當凶手的惡名。所以，說不定芈圍先生不是懸樑，而是被二位女兒絞死床頭。然後，申亥先生爲了保護自己，再殺掉親生二女滅口。

我們沒有直接證據證明申亥先生幹出這種勾當，只是根據一項觀察推論。蓋凡做得過度違反人性的人，一定有一副惡毒奸詐心腸。申亥先生殺掉兩位女兒就足夠我們肯定矣。

司馬遷先生對芈圍先生之死，評論曰：

「芈圍方會諸侯於申城，誅齊慶封，作章華台，求周九鼎之時，志小天下。及餓死於申亥之家，爲天下笑，操行之不得，悲夫！勢之於人也。可不愼歟？」

芈圍先生那樣對付慶封先生，不過是爲了阻嚇野心家不可叛逆造反。嗚呼，暴君總以爲酷刑和虐殺，可以根絕叛變造反，而暴君們卻往往死於叛變造反者之手。壓力越大，一旦反彈，其力越強。司馬遷先生指出形勢重要，暴君如果了解形勢重要，便不是暴君矣。

芈比

時代　紀元前六世紀七〇年代
王朝　楚王國第十一任王
綽號　初王
在位　二月（前五二九）
遭遇　自刎

挑擔的小鬼

廣笑府上，有一則故事：鍾馗先生過生日，妹妹老奶差遣一個小鬼，挑着另外兩位小鬼，作為賀禮，送給壽星大餐。挑擔小鬼千里迢迢，把禮物送到鍾馗先生府上，呈上書信，鍾馗先生打開一瞧，原是七言詩一首，詩曰：「萬歲誕辰普天樂，兩個小鬼送哥哥，若嫌兩個小鬼少，加上挑擔湊三個。」遂即教人一齊拿下，送到廚房做紅燒肉。兩個小鬼謂挑擔鬼曰：「我們兩個注定要死，沒啥可說，只奇怪你老哥為啥辛辛苦苦，挑這個擔子？」

原文記不清楚，只記大意如此，全文至此，嘎然而止，沒有寫出挑擔鬼的答話。我想，他閣下除了自嘆霉氣外，實在沒啥可說。

歷史上這種挑擔鬼多的是，楚王國第十一任王羋比先生，就扮演這個角色。羋圍先生是在他所頒佈嚴厲詔令下喪生的，但挑這個置人於死的擔子，只挑了兩個月，便被鍾馗先生一併把他吞下尊肚。專制政體下，政治鬥爭是嗜血的，血不吃飽，鬥爭不止。羋比先生白白送掉性命。

羋比先生顯然是豬八戒的脊樑，無能之輩。當紀元前六世紀七〇年代·前五二九年四月。鎮守蔡縣（河南省上蔡縣），封爲公爵（蔡公）的弟弟羋棄疾先生，率領大軍襲取郢都（湖北省江陵縣），殺掉太子羋祿，罷黜國王羋圍時，羋棄疾先生軍權在手，本來就可以登上王位，但他拒絕，他要兄長羋比先生登極。羋比先生一再推辭，羋棄疾先生義正詞嚴曰：「長幼之序，不可廢也，我們是法治國家，依照

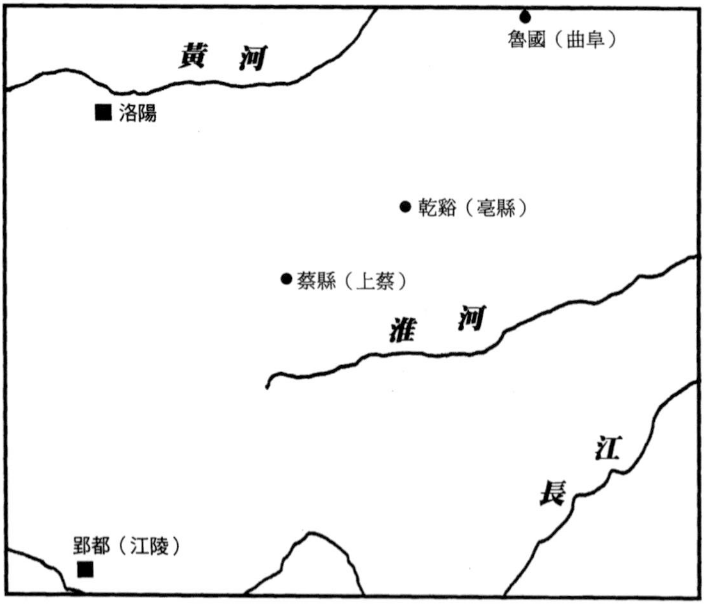

憲法規定，理應由你繼承王位，哪有老哥尚在，老弟就跨到頭上之理？」

這一番鬼話，套句古老的贊語：「擲地有金石聲」，對芈棄疾先生的高貴態度，誰都得由衷敬服。然而，芈棄疾先生有芈棄疾先生的深謀遠慮：當時局勢還十分混亂，他不敢確定芈圍先生的戰鬥潛力，芈圍先生如果仍能統御他的大軍——精銳的武裝部隊都在乾谿（安徽省亳縣），一旦憤怒反撲，以芈棄疾先生麾下的那股烏合之眾（倉促組成的陳蔡聯軍），可能抵抗不住。屆時，已登上寶座的芈比先生，絕無法倖免。而芈棄疾先生居於第二線，卻有活命的可能性。如果芈圍先生的力量瓦解，芈比先生不過是一個因人成事的光棍，收拾一個光棍，那可易如反掌。

總而言之，芈棄疾先生要老哥芈比先生挑起這個危險的擔子，挑擔子的只有一個結果——死。唯一不敢肯定的是，這死來得早或來的遲。

蔡國的故臣，同時也是芈棄疾先生的智囊蔡朝吳先生，對芈棄疾先生堅持把王位讓給芈比先生，大惑不解。祕密詢問曰：「你冒這麼大的危險，首先發難，怎麼如此安排乎耶？」芈棄疾先生說出心腹之話：「你這個傻子，芈圍仍在乾谿（安徽省亳縣），情況不明，我們並沒有必勝把握。而且，我們自稱是正義之軍，而三哥芈比，和四哥芈晳，是我的兄長，超越他們而自己稱王，恐怕招來抨擊，那不是上策。我必須等到塵埃落定，順序而上，才能保持人心不變，你懂了吧。」

這段眞心話冠冕堂皇，但悟解力較高的人聽啦，立刻醒悟到隱藏着殺機。蔡朝吳先生是幹啥的，他完全了解。

倉皇刎頸

蔡朝吳先生知道，要想蔡國復國，必須芊棄疾先生當王，所以他向芊棄疾先生建議曰：「現在，必須先解決芊圍。芊圍先生暴師千里之外，已一年有餘，官兵們誰不思返鄉里？我們應派出專使，前往乾谿（安徽省亳縣），號召官兵來歸，預料那些久想擺脫枷鎖的將士，會一哄而散，你再率聯軍出征，芊圍難逃掌握。」芊棄疾先生採納了這項建議，一面宣佈新王芊比先生即位，太子王子已被誅殺，一面宣佈芊比先生的命令：「先起義的保護他的財產家人，最後才歸降的，處以割鼻重刑。凡追隨芊圍的，或供應芊圍糧食的，一律滅族。」

在這種強烈的號召之下，芊圍先生的軍隊瓦解。前已言之，連宰相鄭丹先生，也拔腿開溜。

芊棄疾先生接着率領聯軍北伐，直指乾谿（安徽省亳縣）。半途遇到鄭丹先生一行逃亡客，知道芊圍先生已成甕中之鼈。芊圍先生手下精兵瓦解得如此迅速，兼如此徹底，使芊棄疾先生大喜過望，下令作地毯式搜索，附近村落小民在溝渠旁揀到芊圍先生所穿的國王帽子和衣服，持來軍營獻寶曰：「三天之前，在河邊柳堤上發現的。」——可能是芊圍先生死在申亥先生家之後，申亥先生把他剝了個光，但也有另一種可能，芊圍先生餓倒在地之前，就自己先脫了蟒袍玉帶，便利逃亡。

羋棄疾先生得到羋圍先生的衣冠，大爲欣慰，至少證明他走投無路，短期內已沒有力量反擊。不過，羋棄疾先生仍不能放心，星星之火，可以燎原，羋圍先生不死，總是禍根，他必須看到他的屍體。獻寶的村人們也不知道羋圍先生的死活，羋棄疾先生決心加強搜捕。可是，蔡朝吳先生曰：「羋圍已落到拋棄穿戴的地步，凶焰氣勢，都告消失，多半倒斃田野。即令還活着，幾個警察就可捉拿歸案矣，不必勞動大軍。貴閣下的災難，已不在羋圍而在郢都（湖北省江陵縣）。現在羋比先生在位，他如果夠聰明，趁你在外逗留，佈置黨羽，發號施令，鞏固政權，收拾民心。則大勢即去，你縱有千鈞之力，都無可奈何。」

一語驚醒夢中人，羋棄疾先生曰：「我們怎麼辦？」蔡朝吳先生建議：「羋圍在外，下落不明，郢都（湖北省江陵縣）人心一定非常浮動……」咬耳朵曰：「如此如此，這般這般。」羋棄疾先生像班鳩一樣，既點頭而又咕咕作聲讚嘆。就在這項密謀之中，羋比先生這個挑擔工作，走到了盡頭。

可憐的羋比先生，他最大的錯誤是，他不該坐上寶座。一句話全包：任何極權政治——無論是專制也好，獨裁也好，都建立在槍桿上。而羋比先生的政權卻建立在法統上，他並沒有控制着槍桿，而是依靠控制槍桿的人擁護，這是一個致命傷。羋比先生的智囊觀從先生密告曰：「全國軍權，都在羋棄疾之手，而政權又是他所奪取，他不是一個屈居下位的人。如果不殺掉他，你雖得到王位，同時也得到災禍，願你三思。」羋比先生曰：「我不忍心。」觀從先生曰：「你不忍心，他卻忍心。」羋比先生不能採納。觀從先生隨即逃亡，他對將來的發展，已明察秋毫。

芈比先生每天在金鑾殿上等候老弟芈棄疾先生活抓芈圍先生的捷報，忽然間，芈棄疾先生幾位最親信的將領，帶着幾百個狼狽不堪，丟盔摞甲的敗兵，潰散到郢都（湖北省江陵縣）城下，驚恐甫定，透露前線悲慘情況：芈棄疾公爵戰死，聯軍崩潰，芈圍先生乘勝直進，正向郢都挺進。這消息使全城震動。芈比先生正驚疑間，副統帥鬥成然先生也披頭散髮，倉猝逃回，到金鑾殿上哭曰：「啓稟大王，芈圍怒不可遏，聲稱不能寬恕大王叛變行爲，他要用對付蔡般、慶封的手段，對付大王。請大王保重御體，早作準備。從此辭別，微臣逃命去矣。」啓奏已畢，因爲心膽已碎之故，回頭就跑。

芈比先生急召芈皙先生研究對策，嗚呼，此時還有啥對策？兄弟二人唯一的對策是相抱痛哭。正在這時，又傳來消息：「芈圍先遣軍已經入城！」人心大亂，哭號奔走，喧聲直達深宮，深宮中芈圍先生留下的妃妾宮女，驚恐的、欣喜的，更嚷成一片。芈皙先生情知難逃此劫，與其被捉住受酷刑受汚辱，不如自裁，於是拔出佩劍，照咽喉一抹，血噴如注，倒地身死。芈比先生垂下眼淚，只好也跟着自刎。他閣下這個國王，只幹了兩個月，挑擔任務已畢，死在他最信賴的人之手，政治詭詐，到處都是鍾妹妹危機。

後事用不着多敍述矣，當芈棄疾先生大駕返回郢都（湖北省江陵縣）時，人們還以爲來的是芈圍先生，又是一番天翻地覆。等到發現竟是久懷野心的芈棄疾先生，才恍然大悟，原是他閣下一個人在那裏翻雲覆雨。

羋槐

時代 紀元前四世紀八〇年代—紀元前三世紀〇〇年代
王朝 楚王國第二十一任王
綽號 懷王
在位 三十一年（前三二九—前二九九）
遭遇 囚死異國

合縱與連橫

紀元前五世紀二〇年代前四八〇年，戰國時代開始，周王國雖然墮落到跟一個普通封國一樣大小，但仍然苟延殘喘的據守洛陽，不過已再沒有人瞧它一眼。大批弱小的封國被消滅——被強大的封國一口下肚。到了紀元前四世紀，強大的封國追隨楚王國之後，陸續的改稱王國，國君也改稱國王。提高到跟周王國、楚王國平等地位。各王國之間，一面稱兄道弟，一面互相廝打，出動的兵力，動則十萬、十幾萬、或幾十萬，甚至百萬，這個龐大的數目，使從前的那些戰役，簡直比小兒科都不如，能活活羞死。孟軻先生在他的言論集孟子中，曾形容戰國時代的特徵：「爭城之戰，殺人盈城。爭野之戰，殺人盈野。」戰國時代後期，秦王國在西方崛起，所向無敵。東方各國，除了不斷的割地賠款外，束手無策。

羋槐先生當楚王國第二十一任君王時，正是戰國時代後期，戰鬥更慘烈，詭計更險惡，他的才能既不能應付複雜的國際關係，又無力改革已歷時四百餘年，早已暮氣沉沉的楚王國內部根深柢固的腐敗政治。再加上他貪心和愚昧，使他扮演的不僅是一個悲劇角色，更是一個令人失望的悲劇角色。

紀元前四世紀是一個智慧世紀，在歷時數千年嚴密的封建社會中，只有貴族才可以接受教育，也只有這些受過教育的貴族掌握政權。直到紀元前四世紀，有兩位小民，既十分貧窮，而又沒有一點權貴份子的血統。孤苦伶仃，像街頭上流浪，隨時都會被人踩死的醜小鴨。可是，他們刻

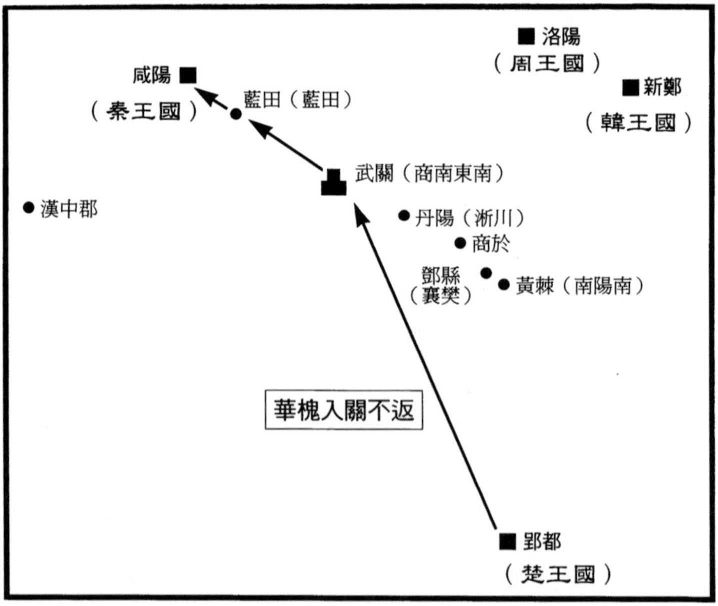

苦的追求知識，最後突然間跟火箭一樣，射入太空，發出五光十色的彩虹，引起千萬人頭落地，促使國際局勢改變。這兩位智慧之星，任何一位對中國歷史稍有興趣的人，都有深刻印象。一位是周王國人蘇秦先生，一位是魏王國人張儀先生。

蘇秦先生說服了東方的六個大國：燕、趙、韓、魏、齊、楚，組成南北防禦聯盟——當時稱爲「合縱」，共同對抗西方秦王國侵略。秦王國對這項南北防禦聯盟（合縱）的組成，反應強烈，既大怒而且大恐。如果蘇秦先生的外交政策被東方各國遵行不渝，秦王國的戲就沒得唱的矣，不但沒得唱的，如果南北防禦聯盟（合縱）固若金湯，秦王國簡直還沒得活的。所以，秦王國必須破壞這個聯盟，它才能生存，才能繼續像吃柿子一樣，對東方諸國，捏一個、下肚一個。

張儀先生應運升空，這位魏王國人，卻擔任秦王國宰相的謀士，提出另一個更有號召力的構想：東西和解戰線——當時稱爲「連橫」。

蘇秦先生的道理很簡單，國土終有割完之日，而秦王國的欲望則永遠無窮，東方國家團結起來的力量，將超過秦王國力量的五倍，不要說防禦對抗啦，一高興或一不高興，隨時都可以把秦王國從地圖上抹掉。針對蘇秦先生千古不破的眞理，張儀先生有他的反擊手段，他利用人性的弱點，使出狗搶骨頭戰術。嗚呼，貴閣不不見乎？飢餓的野狗群攻擊你時，看起來啥辦法都不能把牠們打敗，可是，只要投過去一根骨頭，野狗老爺立刻就陣營大亂，自己先嘶咬成一團。張儀先生先以「和解」作爲政治號召，威脅說，你們如果要和平共存，避免毀滅性的現代化戰爭，絕不可以把秦王國當假想敵。然後，張儀先生再拋出一根骨頭在列國之中，南北防禦聯盟終於瓦解。本篇的男主角芈槐先生，就是蘇秦、張儀二位先生兩大策略下的犧牲品之一。

蘇秦先生和張儀先生支配世界的策略，雖然針鋒相對，但他們卻是同窗好友，而且有一段傳奇的故事，活躍在史書之上，使兩千年之後的我們拜讀時，仍怦然心動。尤其是小民出身，在楚王國受過無比屈辱的張儀先生，在得勢後，把貴爲國王的芈槐先生，像玩弄猢猻一樣，玩弄於股掌之上，尤令人嘆爲奇觀。

遠因——一場冤獄

有一位鬼谷子先生，是紀元前四世紀隱名埋姓的文武奇才。跟他學軍事的學生中，龐涓先生後來擔任魏王國的武裝部隊最高統帥，另一位孫臏先生則擔任齊王國最高統帥部參謀總長（軍師）。龐涓先生和孫臏先生二位是同學好友，當龐涓先生已經大貴之後，孫臏先生才拜別師父，前往投奔。龐涓先生把他介紹給魏王國的國王，在幾次表現中，孫臏先生的才能，深受魏王國國王的賞識，這使心胸狹小的龐涓先生妒火中燒。他想總有一天孫臏先生會把他的元帥擠掉，於是，暗下毒手，飛起鐵帽，砸到孫臏先生頭上。該鐵帽是傳統鐵帽——誣以謀反。結果判處刖刑，砍掉孫臏先生的雙足。孫臏先生只好詐作瘋狂，吃屎吃尿，語無倫次，每天在街頭行乞。最後，他的祖國齊王國，祕密把他接回臨淄，擔任參謀總長，兩次大破魏王國的野戰軍，而且在最後一次軍事行動中，把負義的龐涓先生，亂箭射死。

蘇秦先生和張儀先生則跟鬼谷子學習政治，二人間的友情，跟龐涓先生跟孫臏先生當年的友情一樣，而且發展演變，也幾乎相同。蘇秦先生靠他的謀略，身兼六國宰相，名震國際，炙手可熱時，張儀先生潦倒異鄉，霉運正在當頭。

東周列國志曰：

「張儀自離鬼谷歸魏，家貧，求事魏惠王魏瑩而不可得。後見魏兵屢敗，乃携其妻離魏遊楚，楚王國宰相芈昭陽，留之爲門下客。芈昭陽率軍伐魏，大敗魏軍，取襄陵（河南省睢縣南一公里）等七城。楚威王芈商嘉其功，以和氏璧賜之。此璧乃無價之寶。只爲芈昭陽先滅越，又敗魏，功勞最大，故以重寶賜之。芈昭陽隨身携帶。未嘗稍離。一日，芈昭陽出遊於赤山，四方賓客從行者百人。那赤山下有深潭，相傳姜子牙曾垂釣於此，潭邊建有高樓，眾人在樓上飲酒作樂，已及半酣。賓客慕和氏璧之美，請於芈昭陽，求借觀之。芈昭陽命守藏吏於車箱中取出寶盒至前，親自開鎖，解開三重錦袱。玉光爍爍，照人顏面。賓客次第傳觀，無不極口稱讚。正賞玩間，左右曰：『潭中有大魚躍起。』芈昭陽起身憑欄而觀，眾賓客一齊出看。那大魚又躍起來，足有丈餘，群魚從之跳躍。俄焉雲興東北，大雨將至。芈昭陽吩咐：『收拾轉程。』守藏吏欲收和氏璧置還盒中，已不知傳遞誰手，竟不見了。亂了一會，芈昭陽回府，教門下客搜查盜璧之人，門下客曰：『張儀赤貧，又素無行，要盜璧除非是他。』芈昭陽亦心疑之，使人執張儀拷掠，要他招認。張儀不曾盜，如何肯服，鞭至數百，遍體俱傷，奄奄一息。芈昭陽見張儀垂死，只得釋放。」

嗚呼，「赤貧」兼被指責「無行」，就必然的一定非幹小偷不可，可見人是窮不得的也。但我佩服張儀先生，他被鞭打得「遍體俱傷，奄奄一息」，卻仍拒絕招認。想當年，柏楊先生只不過被打斷右膝，便哭爹叫娘，啥都招認啦。英雄好漢，當推張公。不過，柏楊先生招認之後，用不着證據，只憑口供，就立即定罪。而張儀先生招認之後，去哪裏交出和氏璧哉？是他想招認也無法招認也。咦，如果向柏楊先生要的也是和氏璧，縱是再打斷了左膝，我恐怕也會「堅不吐實」兼「不肯合作」，悲哉。

東周列國志曰：

「旁有可憐張儀的，扶張儀回家。其妻見張儀困頓模樣，垂淚而言曰：『夫君，你今日受辱，皆由讀書遊說所致，若安居務農，寧有此禍耶？』張儀張口向妻使視之，問曰：『吾舌尚在乎？』妻曰：『尚在。』張儀曰：『舌在，便是本錢，不愁終困也。』於是將息半載，復還魏國。」

張儀先生眞是運氣，賢妻還爲他撫困養傷，柏老一入獄，柏楊夫人便「寒蟬曳聲過別枝」矣。但代替賢妻進忠言的，則是朋友：「老頭，你今日弄到這種地步，皆由寫文太多所致。若安份打工，寧有此禍耶？」柏老不能伸出舌頭教朋友瞧瞧，只好找支原子筆亮亮相矣。

張儀傳奇遭遇

戰國時代的魏王國，位居中原，物產豐富，平民教育發達。國際上出類拔萃的人物，半數以上都是魏王國人。可是魏王國卻把他們當成糞土，應驗了舊約上的兩句話：「先知在本鄉都是被輕視的。」「他們拋棄掉的石頭，當了殿角的石頭。」所以，張儀先生回到魏王國首都大梁（河南省開封市）之後，照例得不到魏政府那些顢頇官員的重視，他雖然用出渾身解數，想晉見國王魏瑩先生，結果不但見不到國王，連宰相也見不到。誰肯用一個在外國犯了竊盜罪，受刑幾死的無賴漢乎哉。張儀先生早已聽說好友蘇秦先生因倡導南北防禦聯盟跟秦王國對抗的大戰略，在趙國（當時仍是封國）當了宰相。他想前往投奔，可是一方面自顧形慚，一方面也沒有盤纏旅費，只好困在家裏，唉聲嘆息，乾瞪大眼。

然而，一個偶然機會，張儀先生遇到一位剛從趙國首都新鄭（故鄭國首府——河南省新鄭市）來的商人賈舍人先生，二人一見如故，談得頗爲融洽。張儀先生向他打聽蘇秦先生的消息，當他確定蘇秦先生果眞是趙國宰相時，雄心再發。賈舍人先生正好做完生意，要打道回家，竭力鼓勵張儀先生同行，張儀先生決定一試。

東周列國志曰：

「既至趙（河南省新鄭市）郊，賈舍人曰：『寒舍亦在郊外，有事只得暫別。城內各門，俱有旅店，安歇遠客，容鄙人過幾日相訪。』張儀辭賈舍人下車，進城安歇。次日，修刺

(名片)求謁蘇秦，候至第五日，方得投進名刺(名片)。蘇秦辭以事忙，改日請會。張儀復候數日，終不得見，大怒欲去。店主人拘留之曰：『子已投刺相府，未見發落，萬一相國來召，何以應之？雖一年半載，亦不敢放子去也。』張儀悶甚，訪賈舍人，人亦無知者。」

味口吊足了之後，蘇秦才見他，場面使人吐血。

「又過數日，復書刺往辭相府，(老子不見你啦，要走！)蘇秦傳命：『來日相見。』張儀向店主人假借衣履停當，(窮得連穿戴都沒有像樣的)。次日，侵晨往候。蘇秦擺下威儀，合其中門，命客從耳門(旁側小門)而入。張儀欲登階，左右止之曰：『相國公謁未畢，客宜稍待。』張儀乃立於廊下，睨視台前，官屬拜謁者甚眾。已而，稟事者又有多人。良久，日將午，聞堂上呼曰：『客今何在？』左右曰：『相國召客。』張儀整衣升階，只望蘇秦降坐相迎，誰知蘇秦安坐不動。張儀忍氣進揖，蘇秦起立，微舉手答之，曰：『別來無恙？』張儀怒氣勃勃，竟不答言。左右稟進午餐，蘇秦復曰：『公事匆忙，煩餘子(張儀別字)久待，恐飢餒，且草率一飯，飯後有言。』命左右設坐於堂下，蘇秦自飯於堂上，珍饈滿案，張儀前不過一肉一菜，粗糲而已。張儀本待不吃，奈腹中飢甚，況欠店主人飯錢已多，只指望今日見了蘇秦，即使不肯薦用，也會有些資金相助，不想如此光景。正是：在他矮簷下，怎敢不低頭。無可奈何，只得含羞舉箸。遙見蘇秦杯盤狼藉，以其餘分賞左右，比張儀所食，還豐盛許多，張儀且羞且怒。」

這已經夠吐血的矣，更吐血的還在蘇秦先生的幾句重話。

「食畢，蘇秦傳言：『請客上座。』張儀舉目觀看，蘇秦仍舊高坐不起，忍氣不過，走上幾步，大罵：『季子（老二），我道你不忘故舊，遠來相投，何竟辱我至此？同學之情何在？』蘇秦徐徐答曰：『以餘子之才，只道先我而際遇了，不期窮困如此。吾豈不能薦於趙國國君，使子富貴？但恐子志衰才退，不能有爲，貽累薦舉之人。』張儀曰：『大丈夫自能取富貴，豈賴汝薦乎？』蘇秦曰：『你既能自取富貴，何必來謁？念同學情分，助汝黃金一笏，請自方便。』命左右以金授張儀，張儀一時性起，將金擲於地下，憤憤而出。蘇秦亦不挽留。」

針鋒相對大戰略

張儀先生雖窮，卻仍保持正常的傲骨。蘇秦先生加到他身上的羞辱，他寧可餓死，也不接受。這分明是龐涓先生昔日對老友孫臏先生的翻版，只差沒有「誣以謀反」罷啦。張儀先生回到客棧，才發現陷於悲慘困局。第一，他無力償還店錢。第二，他無力返回故鄉。第三，更難堪的是，人們認爲他厚顏高攀，被宰相趕出相府。

日暮途窮，英雄垂淚。正在進退維谷，多少日子找不到的賈舍人先生，適時前來拜訪，對蘇秦先生的無情無義，也感激憤。賈舍人先生表示抱歉，自責當初不該建議張儀先生貿然前來趙國。願意代張儀先生淸償債務，並送他回魏王國。但張儀先生受到的刺激太深，無顏再見故鄉父老。他立志報復，可是一個窮苦小民要報復一國宰相，可比踢翻一座大山還難。

只有一條路可走，那就是前往強大的秦王國，靠三寸不爛之舌，取得權柄，破壞蘇秦先生賴以生存的南北防禦同盟。問題是，秦王國太遠，遠在直線四百五十公里之外，山川崎嶇，地面距離約有一千三百五十公里之遙，而他又身無一文。

東周列國志曰：

「賈舍人曰：『先生若往他國，小人不敢奉陪。若欲往秦，小人正欲往彼探親，依舊與小人同載，彼此得伴，豈不美哉。』張儀大喜曰：『世間有此高義，足令蘇秦愧死。』遂與賈舍人結爲八拜之交。……一路之上，賈舍人爲張儀製衣裳、買僕從，凡張儀所需，不惜財費。

「及至秦王國，復大出金帛，賂秦惠王嬴駟左右，爲張儀延譽。……嬴駟聞左右之薦，即時召見，拜爲客卿，與之謀諸侯之事。」

事到如今，眞相大白。

「賈舍人乃辭去，張儀垂淚曰：『始吾困頓至甚，賴子之力，得顯用秦國。方圖報德，何遽言去耶？』賈舍人笑曰：『我非能知君者，知君者，乃蘇秦相國也。』張儀愕然良久，問曰：『子以資斧給我，何言蘇秦？』賈舍人曰：『蘇秦相國方倡「合縱」（南北防禦聯盟），慮秦伐趙敗其事，思可以得秦柄者，非君不可。故先遣我僞裝商人，招君至趙。又恐君安於小就，故意怠慢，以激君怒，君果萌遊秦之志。蘇秦相國乃大出金資付我，吩咐恣君所用，必得秦柄而後已。今君已用於秦，我應回報蘇秦相國矣。』張儀嘆曰：『嗟呼，吾在季子（老二）術中，而吾不覺，吾亦不及季子遠矣。煩君多謝季子，當季子之身，不敢言「伐趙」二字，以報季子玉成之德也。』」

張儀先生不久（前三二八）就當了秦王國宰相，他的大戰略是：各國不應跟秦王國對抗，而應跟秦王國和解，主張東西和平戰線，跟蘇秦先生的大戰略針鋒相對。不過，這個大戰略要在蘇秦先生逝世之後，才付諸實施。在張儀先生就任秦王國宰相的前一年（前三二九），楚王國老王羋商先生逝世，我們的男主角羋槐先生繼位。這兩個歷史上的冤家對頭，同時登上政治舞台。

南北防禦同盟，是一個鬆懈的組織，各國都爲自己的利益打算，當初所估計超過秦王國五倍以上的力量，那是建立在團結無間的基礎上。而國際上的團結，乃天下最困難的團結，國家領導人差不多都是近視眼，都貪圖眼前的一塊骨頭，而忘了藏在骨頭背後的牛耳刀。所以從南到北的六大強國，各有各的鬼胎。楚王國跟秦王國是當時世界兩大超級強國，所以楚王國國王羋槐先生順理成章的被推選爲「縱約長」——南北防禦聯盟盟主。紀元前三一八年，羋槐先生繼承王位第十二年，他以「縱約長」身份，結集六國的軍隊，向秦王國發動一次史無前例的大規模攻擊，這一次攻擊如果取得勝利，中國歷史將展開新頁。

無法使豬淸醒

六國同盟聯軍，一開始就缺了一國——齊王國，蓋張儀先生早對齊王國下了工夫，發動美女攻勢，讓秦王國皇女嫁給齊王國國王。皇女不是一個人提起小包袱走馬上任，她的陪嫁團就是一個游說團，包括宮女和男性侍從，都能言善道，身擁巨金——用來作爲賄賂。現在，正排上用場。齊國王田辟彊先生左右和政府大批高級官員，認爲齊秦兩國有姻親之好，齊王國沒有理由找秦王國的痲煩。醞釀到最後，身爲貴族的田文先生（孟嘗君），提出滑頭辦法，他曰：「攻打則跟秦王國結怨，不攻打則觸同盟國之怒。我的建議是，我們聲稱派出軍隊，而軍隊卻在途中緩緩前進，用來觀望。」

在這種情況下，芈槐先生所集結的不過五國軍隊，在秦王國邊險要塞函谷關外會師，刻期進攻。芈槐先生雖然身爲盟主兼聯軍總司令，事實上他對誰都指揮不動，「怎麼，教俺韓國打前鋒呀，爲啥你楚國不先動手？」「攻城！俺趙國人不是人，燕國可全是北方大漢，你爲啥不派他，他給你多少銀子？」當秦王國函谷關守將嬴疾先生大開關門，陳兵挑戰時，烏合之眾面面相覷，誰都不肯、也不敢出馬。僵持了幾天之後，嬴疾先生派出奇兵，斷絕楚軍糧道，乘着軍心慌恐，嬴疾先生對楚軍陣地發動強攻，其他四國軍隊像看戲一樣，站在旁邊看熱鬧，漠不關心。等到楚軍潰敗，大家立即拔營，一哄而散。

秦王國雖然擊敗聯軍第一次攻擊，但南北防禦同盟（合縱）的存在，卻是一個禍根，必須剷除。於是五年後的前三一三年，張儀先生到楚王國作一次劃時代的訪問，計畫拆散楚王國跟齊王國的親密關係。楚齊如果互相仇視，同盟便告瓦解。

張儀先生充份了解楚王國，政治腐敗已到不可救藥的程度，腐敗的首腦人物芈槐先生最親信的高級國務官（上官大夫）靳尚先生，正是張儀先生的王牌，他先用重賄結交靳尚，使這位楚王國最有權勢的權要，成爲毀滅楚王國最有力的工具。在以後故事的發展中，每一個節骨眼上，我們都可察覺到靳尚先生的輻射能，無微不至，控制一切，張儀先生是找對了角色。

芈槐先生以國王之尊，親自到郢都（湖北省江陵縣）郊外迎接張儀，盛大國宴後，二人在密室中對話。

東周列國志曰：

「張儀曰：『臣之此來，欲合秦楚之交耳。』芈槐曰：『寡人豈不願納交於秦耶？但秦侵伐不已，是以不敢求也。』張儀對曰：『今天下之國雖多，然大者無過楚齊，與秦共三耳。秦東聯齊則齊重，南聯楚則楚重。然寡君之意，竊在楚而不在齊，何也？以齊爲婚姻之國，而負秦獨深也。寡君欲事大王，雖我亦願歸大王門牆。而大王與齊通好，犯寡君之大忌。大王誠能閉關絕齊，寡君願以商於（陝西省丹鳳縣至河南省西峽縣一帶河谷）之地六百里（三百公里），還歸於楚，使秦女爲大王箕帚妾，秦楚世爲婚姻兄弟，以禦諸侯之患，唯大王納之。』芈槐大悅曰：『秦肯還楚故地，寡人又何愛於齊？』」

商於（陝西省丹鳳縣至河南省西峽縣一帶河谷），原是楚王國土地，被秦王國奪走。現在張儀先生拋出商於，就跟拋出骨頭一樣，這麼一點點利益，連盟主「縱約長」都會變心，自甘拆夥，南北防禦同盟（合縱）如果不消滅，還有天理乎哉？當然，楚王國政府中不全是豬，也有人指出張儀先生的陰謀。但張儀先生的金銀財寶是會說話的，既然大多數重要官兵，包括可敬的靳尙先生在內，一致眞知灼見地認爲跟秦王國和解是最聰明的謀略，芈槐先生也別無選擇。何況芈槐先生，一聽「商於六百里」，先就春心大動，利令智昏，誰都無法使豬清醒。

天下第一大謊

東周列國志曰：

「群臣皆以楚復得地，合詞稱賀。獨一人挺身曰：『不可，不可，以臣觀之，此事宜弔不宜賀。』芈槐視之，乃客卿陳軫也。芈槐曰：『寡人不費一兵一卒，坐而得地六百里，群臣賀，子獨弔，何故？』陳軫曰：『王以張儀爲可信乎？』芈槐笑曰：『何爲不可信？』陳軫曰：『秦所以重楚者，以楚聯齊故也。今若絕齊，則楚孤矣，秦何重於孤國，而割六百里之地以奉之耶？此張儀之詭計也。倘絕齊而張儀負王，不與王地。齊又怨王，而反附於秦。齊秦合而攻楚，楚亡可待矣。臣所謂宜弔者，爲此也。王不如先遣一使隨張儀往秦受地，地入楚而後絕齊未晚。』大夫（國務官）屈原進曰：『陳軫之言是也，張儀反覆小人，決不可信。』嬖臣靳尙先生曰：『不絕齊！秦肯與我地乎？』芈槐點頭曰：『張儀不負寡人明矣，陳軫閉口勿言，請看寡人受地。』遂命北關守將，勿通齊使。一面使逢侯丑，隨張儀入秦受地。」

張儀先生離間楚齊兩國，人人皆知。然而，如果說在這種國際高階層巨頭會議上，張儀先生竟敢公然詐欺，恐怕很難使人相信。

「張儀一路與逢侯丑飲酒談心，歡若骨肉。將近咸陽（秦王國首都——咸陽市），張儀……失足墜於車下，左右慌忙扶起，張儀曰：『吾足脛損傷，急欲就醫。』先乘臥車入城，閉門養病，不入朝。逢侯丑求見秦王嬴駟，不得，往候張儀，只推未癒。如此三月，逢侯丑乃上書秦王嬴駟，述張儀許地之言，嬴駟復書曰：『張儀如有此約，寡人必當踐之。但聞楚與齊尚未決絕，寡人恐受欺於楚，非得張儀病起，不可信也。』逢侯丑乃遣人以嬴駟之言，還報芈槐。芈槐曰：『秦猶謂楚之絕齊未甚耶？』乃遣勇士宋遺，假道於宋，借宋符直造齊界，辱罵齊湣王田地。田地大怒，遂遣使西入秦，願與秦共攻楚國。」

一塊商於的骨頭投下去——其實投下去的還不是骨頭，不過骨頭的影子，已使齊楚兩國由友變仇。張儀先生的足疾，適時的痊癒，開始入朝。當然一下子就被逢侯丑先生攔住，張儀先生訝曰：「老哥，你怎麼不去接收土地，仍留在秦王國幹啥？」逢侯丑先生曰：「秦王專候相國面決，感謝耶穌基督，你終於康復，請入朝稟報大王，早定疆界，我好回國覆命。」張儀曰：「這件小事，何必稟報大王得知，我所說的是我的采邑六里，自願獻給你們貴國耳。」逢侯丑先生好容易才相信自己的耳朵，駭曰：「我奉命前來，言明商於（陝西省丹鳳縣至河南省西峽縣一帶河谷）地區六百里，怎麼忽然變成貴閣下的采邑六里啦。」張儀先生大驚曰：「你說啥？六百里！秦王國國土，都是三軍將士，血汗苦戰，寸寸得來，怎麼會平白割讓給別人六百里乎，簡直像場童話，誰能相信？我想，一定是貴國大王聽錯啦。」

這眞是天下第一大謊，敢說天下第一大謊的人，固然很多，但竟然相信天下第一大謊的人，芈槐先生卻是第一位君王。芈槐先生聽到垂頭喪氣回國的逢侯丑先生報告後，像中了風的驢子一樣，跳起來大聲咆哮，下令動員武裝部隊，向秦王國攻擊。這時那位睿智的陳軫先生又出面阻止——讀者老爺注意。陳軫這傢伙，總是在唱反調，專門說權貴份子聽不進耳朵的話，這種人一旦被認爲「二居心」，老命危矣。陳軫先生曰：「大王已失去齊王國，今再攻秦王國，看不到有啥益處，因不見得能戰勝也。依我之見，不如順水推舟，索性割兩城給秦王國，作爲賄賂，跟秦王國結盟，聯軍攻齊。那麼，雖然失去兩城，還可以在齊王國方面，得到補償。」芈槐先生曰：「欺負我們楚王國的，是秦王國，跟齊王國有啥關係？如果照你所說，反而跟秦王國聯合攻擊齊王國，人們會笑掉大牙。」

大軍兩次潰敗

芈槐先生在這件事上，立場嚴正，倒不像一個糊塗蟲，如果眞的照陳軫先生的話去做，張公飲酒李二麻子醉，找錯對象，確實會引來更羞辱的嘲弄。問題是，楚王國戰鬥力已非昔比，以楚王國一國的力量，很難單獨對付生氣勃勃的秦王國。芈槐先生唯一可選擇的是克制自己激憤的情緒，效法秦王國的辦法，改革內政、變法圖強。可是，芈槐先生選擇了戰爭。軍事是政治的延長，楚王國的軍事已跟政治同樣腐敗，芈槐先生卻不知道。

羋槐先生任命屈丐先生當總司令，跟隨張儀先生前往秦王國接受土地的逢侯丑先生當副總司令，率領十萬遠征軍北伐。秦王國也動員十萬大軍應戰，總司令匡章先生、副總司令甘茂先生，都是當代名將，兩軍在丹陽（河南省淅川縣西丹江北岸）會戰，楚軍崩潰，秦軍縮小包圍圈，展開無情屠殺，楚軍八萬餘人喪生戰場，包括總司令屈丐先生、副總司令逢侯丑先生在內的高級將領（執圭）七十餘人，全部被俘。秦軍乘戰勝之勢，回軍佔領楚王國的漢中郡（漢水中上游）。

敗訊傳到郢都（湖北省江陵縣），羋槐先生既悲又怒，這次他可是眞正的發了瘋，下令動員全國所有可以作戰的男性，發動更大規模的攻擊，這一次到底動員了多少人，由誰擔任指揮官，史書上沒有記載。史記只曰：「乃悉國兵復襲秦。」通鑑外記也只曰：「悉發國內兵，以復襲秦。」既然傾全國之力，則定是一個使人震驚的龐大數目，楚王國大軍這次銳不可當，進入秦王國國境，直指藍田（陝西省藍田縣）。藍田縣距秦王國首都咸陽（陝西省咸陽市）僅五十公里，而距本國根據地郢都（湖北省江陵縣），直線卻有六百公里（地面距離當在一千八百公里左右），已成強弩之末。這一戰的結果比上一戰的結果更慘，全軍覆沒。

一年之中（前三一二），兩次毀滅的慘敗，楚王國的弱點和缺點，全部暴露，從此一蹶不振。這跟一八九四年中國跟日本的甲午戰爭一樣，一場淒涼的敗仗下來，中國淪落到谷底。嗚呼，張儀先生一句謊話，竟引起十數萬人伏屍沙場，和國際形勢的轉變，使人震驚。然而，羋槐先生所做的窩囊事，層出不窮，這只不過是一個開始。

當楚王國敗報傳出時，韓王國和魏王國食指大動，爲了不讓秦王國一口下肚，他們決定要楚王國五馬分屍。昔日信誓旦旦的南北防禦聯盟（合縱），一筆勾銷，「縱約長」盟主也者，更不值得一屁。兩國分別出動大軍，向楚王國突襲，魏王國的突襲軍團，前鋒已抵達鄧城（湖北省襄樊市）。噩耗從四面八方傳來，芈槐先生抵擋不住，他已沒有堅持的本錢。一定要堅持的話，只有亡國。只好屈膝，派遣陳軫先生擔任謝罪專使，前往齊王國謝罪。再派屈原先生，前往秦王國，獻出兩個城市求和。嗚呼，既有今日，何必當初。

秦王國答應和解，並且願歸還漢中郡（漢水中上游）的一半土地，這是一個優厚的條件。芈槐先生的答覆是，他不要漢中郡一半土地，而只是張儀。蓋芈槐先生把張儀先生恨入骨髓，他已忘了他是一個君王，應以國家利益爲重。他不能忍受張儀先生的愚弄，要得之而甘心，他要用最殘酷的刑罰，活活剝他的皮。

芈槐先生的反建議，在秦王國政府引起風波，妒火中燒的一些高級官員，認爲這是剷除張儀先生最好的方法，他們一致認爲，用一個人換取數百里土地，簡直是一本萬利。但秦王國國王嬴駟先生還有天良，他知道，張儀一入楚境，必然慘死無疑，他不忍心這麼做。可是，張儀先生自告奮勇，願投羅網。

贓官是敵人的王牌

張儀先生跟柏楊先生不一樣，柏楊先生千里孤騎，聾子不怕雷，瞎逞英雄，結果隆重入獄，幾乎綁赴刑場，執行槍決。張儀先生敢於投身於蓄怒以待的虎穴，是謀定而後動。蓋他手中握有一張救命王牌，該王牌就是楚王國贓官靳尚先生和他的貪汚系統。

在意料中，張儀先生一入楚境，立刻被捕，押送到郢都（湖北省江陵縣），囚入天牢。羋槐先生下令擇一個黃道吉日，祭告太廟，就在該項隆重大典之上，要把張儀先生帶到大廳，像羋圍先生對付慶封先生那樣，對付張儀。這是一個難解的危局，張儀先生命在旦夕。

就在這時候，靳尚先生向羋槐先生最寵愛的姬妾鄭袖女士，提出警告曰：「夫人聽稟，妳的好日子就要過去啦。」鄭袖女士問他緣故。這一問，有分教，局勢倒轉。

東周列國志曰：

「靳尚曰：『秦不知楚之怒張儀，故遣之使楚。今聞大王欲殺張儀，秦勢將歸還所侵楚地，使親女下嫁於楚，以美女善歌舞者陪嫁，來贖張儀之罪。秦女至，大王必尊而禮之，夫人雖欲擅寵，得乎？』鄭袖大驚曰：『子有何計，可止其事？』靳尚曰：『夫人如僞爲不知者，而以利害言於大王，使釋張儀還秦，危機可免。』」

且看鄭袖女士的手段。

「鄭袖乃中夜涕泣，言於羋槐曰：『大王欲以地（漢中郡）易張儀，地未入秦，而張儀先至，是秦之有禮於大王也。秦兵一舉而席捲漢中（漢水中上游），有吞楚之勢，若殺張儀以怒之，必將增兵攻楚。我夫婦不能相保，妾心如割，飲食不甘者累日矣。且人臣各事其主，張儀天下智士，其相秦國甚久，與秦偏厚，何怪其然，大王若厚待張儀，張儀之事楚，亦猶事秦也。』羋槐曰：『卿勿憂，容寡人從長計議。』翌日，靳尙復乘間言曰：『殺一張儀，何損於秦？而我則失漢中（漢水中上游）數百里之地。不如留張儀活命，作爲和秦之地。』羋槐亦惜漢中之地，於是出張儀，因厚禮之。張儀遂說羋槐以事秦之利。羋槐即遣張儀歸秦，通兩國之好。」

可是，爲善不終，事情又出了變化。

「屈原出使齊國而歸，聞張儀已去，乃諫曰：『前大王見欺於張儀，張儀至，臣以爲大王必烹食其肉。今赦之不誅，又欲聽其邪說，率先事秦。夫匹夫猶不忘仇讎，況君王乎？未得秦歡，而先觸天下之公憤，臣竊以爲非計也。』羋槐大悔，使人駕輕車追之，張儀已星馳出郊二日矣。史臣有詩曰：張儀反覆爲嬴秦，朝作俘囚暮作賓。堪笑羋槐如木偶，不從忠計聽讒人。」

羋槐先生不僅是一個木偶而已，簡直像一個玩具，張儀先生，把羋槐先生玩弄於股掌之上，虎虎生風，全世界都掌聲雷動。嗚呼，第一次被張儀先生矇住，還可說張儀先生王八蛋，第二次落入張儀先生的圈套，便不能怪張儀先生，而應檢討自己矣。惜哉，羋槐先生不過平庸之輩，他不但沒有能力檢討自己，反而不久就又英勇的再一次跳進秦王國的陷阱，一個人一輩子都在上當中過日子，眞是不可思議的奇觀。

張儀先生回秦後不久，就轉到魏王國（首都大梁——河南省開封市），擔任魏王國宰相，隨即逝世。秦王國國王嬴駟先生死後，兒子嬴蕩繼位，嬴蕩先生是個粗漢，被周王國的鼎壓死，我們將來會報導他。嬴蕩先生壓死後，弟弟嬴稷先生繼位。羋槐先生的對手，又換成這位心狠手辣的君王。

楚秦兩國的關係，一直是不穩定的，從張儀先生事件（前三一二），到紀元前三世紀第一年（前三〇〇），十二年間，兩國之間，戰戰和和、談談打打，好的時候兩國國王會面，擁抱接吻，親如密友。壞的時候兵戎相見，殺得鬼哭神號，血流成河。

武關之會

十二年間，楚秦兩國之間，至少發生左列三件大事：

一、前三〇四年　羋槐先生跟嬴稷先生，在黃棘（河南省南陽市南）舉行高峰會議。
二、前三〇三年　齊、魏、韓三國攻楚。秦遣軍救楚。
三、前三〇〇年　秦大軍攻楚，斬首三萬，楚大敗。

歷史進入到紀元前三世紀〇〇年代，也就是秦軍大敗楚軍，斬首三萬的次年（〇〇年代前二九九），我們的男主角羋槐先生又遇上難題。

東周列國志曰：

「嬴稷遣使遺羋槐書，略云：『始寡人與王約爲兄弟，結爲婚姻，相親久矣。王棄寡人而納人質於齊。寡人誠不勝其憤，是以侵王之邊境，然非寡人之情也。今天下大國，惟秦與楚，吾兩君不睦，何以令於諸侯？寡人願與王會於武關（陝西省商南縣東南），面相訂約，共修和好，結盟而散。還王之侵地，復逐前誼，唯王許之，王如不從，是明絕寡人也，寡人不能退兵也矣』。芊槐召群臣計議曰：『寡人欲勿往，恐激秦之怒。欲往，恐被秦之欺？奈何？』屈原進曰：『秦，虎狼之國也，楚之見欺於秦，非一二次矣，大王往，必不歸』。相國（宰相）昭睢曰：『屈原乃忠言也，王其勿行，速發兵自守，以禦秦兵。』靳尚曰（柏老按：這次大概是嬴稷先生的銀子說話）：『不然，楚惟不能敵秦，故兵敗將死，疆土日削，今歡然結好，而復拒之，倘秦王（嬴稷）震怒，增兵南下，何以抵擋。』芊槐之少子芊蘭，娶秦女爲婦，以爲婚姻可恃，（柏老按：國家利益，高過任何利益，婚姻算老幾，該死！）力勸芊槐前往，曰：『秦楚之女，互相嫁娶，親莫過於此。彼以兵來，尚欲求和，況歡然求爲好會乎？靳尚所言甚當，王不可不聽。』芊槐因楚軍新敗，心本畏秦，又被靳尚、芊蘭二人攛掇不過，遂許嬴稷赴會，擇日起程，只有靳尚相隨。」

秦王國有悠久的歷史，它的前身秦國，原是周王朝的封國之一，由一個遙遠荒涼的野蠻部落組成，沒有人瞧得起它。直到紀元前四世紀，中原封國的文化已有高度水準，秦國還幾乎是初民狀態。中原封國好像今天的歐美、秦國則好像今日的新幾內亞，懸隔天壤。可是，就在紀元前四世紀四〇年代，秦國國君嬴渠梁先生請到了衛國一位貴族破落戶公孫鞅先生當宰相，用雷霆萬鈞之力，改革政治，提高文化水準——好比：嚴厲禁止父親跟成年的女兒或兒媳睡在同一個炕上。只十年左右，秦國驟然強大，強大到使東方那些老朽的封國一敗再敗，醜態畢露，一提起秦國，就既輕視又害怕。秦國蛻變爲秦王國後，仍繼承這種威力，但也繼承固有的野蠻習性，這習性表現在兩件大事上。第一、秦王國的刑罰，最爲殘酷，這是蠻族特徵。第二、秦王國從不知道啥是國際信義，啥是國際承諾，只知道詐術和拳頭，能騙就騙，能打就打。大國猶如大丈夫：「有所不爲」。秦王國姓嬴的國王群，卻跟碼頭上的小癟三一樣，無所不爲，俺老子兩肋插刀，胳膊上走馬，就是這麼幹啦，你不服，沒關係，上來較量呀！集無知與無恥的大成。而芈槐先生，這位身懷巨款的老實膿包，正跟這樣的強盜，安排在黑巷子裏握手言歡。

東周列國志曰：

「芈槐至武關（陝西省商南縣東南），只見關門大開，秦使者出迎曰：『寡君候大王於關內三日矣，不敢辱車從於草野，請至敝館，成賓主之禮。』芈槐已至秦國，勢不容辭，遂隨使者入關。芈槐剛剛進了關門，一聲砲響，關門已緊閉矣。芈槐心疑，問使者曰：『閉關何太急也？』使者曰：『此我國法，戰爭之世，不得不然。』芈槐問：『爾王何在？』對曰：『先在公館伺候車駕。』即叱御者速馳。約行二里許，望見秦王侍衛，排列公館之前，使者吩咐停車。館中一人出迎，芈槐視之，雖然錦袍玉帶，舉動卻不像嬴稷。心下躊躇，未肯下車，那人鞠躬致詞曰：『大王勿疑，臣實非秦王，乃王弟涇陽君嬴悝也。請大王至館，自有話講。』……」

肉票逃亡

芈槐先生進了賓館，屁股還沒有坐穩，只聽外面人喊馬嘶，秦王國軍隊已四周佈防，斷絕內外交通。芈槐先生曰：「我來參加高峰會議，是你們國王邀請來的。派兵把我團團圍住，這算幹啥？」嬴悝先生曰：「這怎麼能叫團團圍住？唯一抱歉的是，俺老哥敝國王嬴駟先生，不巧的正好這幾天害了點小病，不能長途跋涉。本要改期，又怕失信。所以派我前來迎接你閣下前往咸陽（陝西省咸陽市）相見。這些軍隊，只是為了保護你，就跟你在國內時的皇家侍衛一樣。你可千萬莫推辭呀。」事到如今，想推辭也推辭不掉，如果推辭得掉，柏楊先生早推辭獄吏盛情，不去火燒島啦。

最糟的還在後面，芈槐先生到了咸陽（陝西省咸陽市）之後，嬴駟先生高坐金鑾寶殿，文武百官和各國使節，分列兩旁，卻教芈槐先生像一個藩屬一樣，用覲謁主子的禮節參拜。芈槐先生氣得發抖，曰：「嬴駟先生，我相信兩國之間婚姻關係，更相信秦王國的國際榮譽。所以，單身來和你見面。想不到你卻假裝生病。把我引誘到這裏，又這麼大模大樣，連最低的禮貌都沒有。請問，你用意何在？」嬴駟先生曰：「我的用意很簡單，秦王國想要楚王國的黔中郡（湖南省沅陵縣——轄土包括貴州省及湖南省），只好委屈你御駕光臨。貴閣下早上答應割讓，晚上就送貴閣下返國。」芈槐先生曰：「你們如果想要黔中郡。也得在談判中解決，怎麼想到用這種下流手段？」嬴駟先生曰：「手段雖然下流，可是效果卻是奇佳。

試問老哥，如果不用這種下流手段，光靠談判，你肯白白失掉幾百里疆土乎？」羋槐先生只好自認倒楣曰：「好吧，算你贏啦，我可以把黔中郡割給你。我願跟你共同指天盟誓，請貴閣下派一個專使，跟我到楚王國接收。如何？」如何，當然不行，嬴駟先生曰：「盟誓算屁，誰信那玩藝？你回到楚王國之後，把尊臉一翻，地不割啦，專使也殺啦，我有啥辦法？豈不跟你一樣成了呆瓜，別耍花招，那一套連娃兒都唬不住。現在這麼辦，你先派人回到貴國，把黔中郡交割得清清楚楚，到時候，我會舉辦一項盛大的宴會，爲老哥餞行，那可比現在光彩多啦。」

一場對話，徹底暴露秦王國嬴家班的邪惡。以超級強國國王之尊，竟然像綁匪一樣，幹出綁票勾當。秦王國沒有一個官員敢指摘這種行爲不當，提出異議。反而一窩蜂包圍羋槐先生，勸他接受這項寬大條件。羋槐先生雖然一輩子窩囊，但他卻在這最後節骨眼上，堅決不屈，顯示他高貴的一面。他回答的很乾脆，曰：「姓嬴的，你不是一個國王，不過一個鼠輩。我就是死在這裏，也不屈服你的威脅。你以爲天下人全像你一樣，都是貪生怕死的無恥之徒呀，現在就教你瞧瞧有人跟你不同。」嬴駟先生下令把羋槐先生軟禁在咸陽（陝西省咸陽市），他相信，羋槐先生受不了這種苦頭，最後必然屈服。但是，這一次，嬴駟先生估錯了他的對手。羋槐先生決定用自己的生命作武器，給嬴駟先生重重一擊。

楚王國得到消息，宰相昭睢先生立刻反應，派人到齊王國把作爲人質的太子羋橫先生，迎接回國，繼承王位，然後通知秦王國：「感謝祖宗在天之靈，楚王國已有了新王。」這是表示楚王國決心犧牲肉票，連分文贖金都不付。嬴駟先生霎時間發現，他喪盡天良，拋盡信義，千方百計的陰謀，全部落空。羋槐先生原是一隻鳳凰，現在卻連烏鴉都不如，綁票案的唯一收穫，不過召來全世界的卑視和詛咒。嬴駟先生像一個輸不起的賭徒一樣，勒索不行，即行搶奪，派出十萬大軍向楚王國攻擊，一連佔領沿邊十五個城鎮。

然而，嬴駟先生仍不放羋槐。被囚後的第三年（前二九七），羋槐先生趁着看守他的衛兵不備，悄悄溜出咸陽。嬴駟先生下令封鎖秦楚兩國邊界，派大兵搜捕。可憐的老漢，他不敢南奔，轉向北跑，盼望投奔趙王國，可是趙王國恐懼秦王國報復，不敢收留。羋槐先生惶惶如喪家之犬，急急如漏網之魚，再轉向東，盼望投奔魏王國，而追兵已尾隨而至，他閣下再度落到綁匪之手。羋槐先生懷着極大的憤怒，但他的日子已經過去，無可奈何，他開始大口吐血，而終於臥床不起。

詩人之死

羋槐先生的年紀，史書上沒有記載，他爹羋商先生在位十二年，加上羋槐先生在位三十一年，無論如何，他應該老啦。經過三年的囚犯生活和逃亡辛苦，既吐血臥病，便無痊癒希望。尤其在臥病之中，美麗的鄭袖女士既不在側親侍湯藥，甜嘴巴的靳尙先生早逃回楚王國，也不在側巴結奉承。羋槐先生舉目淒涼，遂於臥病的次年（前二九六），命喪黃泉，結束他悲劇的一生。

秦王國把他的棺柩歸還楚王國，在通往郢都（湖北省江陵縣）沿途的楚王國小民，拜棺痛哭，自是一場感人情景。就故事本身而論，羋槐先生輕如鵝毛，死不瞑目。可是從歷史觀點來看，他的死已使秦王國付出代價。近程的，秦王國的卑劣猙獰面貌，全部呈現。秦王國國格，嬴家班人格，全部掃地，激起東方諸國的醒悟。已經瓦解了的南北防禦聯盟（合縱），重新組織。秦王國惹上的，是一些不必要的痲煩。遠程的，楚王國人民把秦王國恨入骨髓，興起信念：「楚雖三戶，亡秦必楚。」而就在本世紀（前三）的末期，果然應驗。

羋槐先生之死的副產品，是中國第一位大詩人屈原先生爲中國留下最早的詩篇之一——離騷，並且爲愛國而喪生。

羋橫先生雖然繼承了王位，但楚政府的成員不變，貪污領袖靳尙先生，和少不更事的王弟羋蘭先生，繼續掌握權柄。史記曰：「人君無愚智賢不肖，莫不欲求忠以自爲，舉賢以自佐。然亡國破家相隨，而聖君治國累世而不見者，其所謂忠者，不忠；其所謂賢者，不賢也。羋槐以不知忠臣之份，故內惑於鄭袖，外欺於張儀，疏屈原而信靳尙、羋蘭。兵挫地削，亡其六郡，身客死於秦，爲天下笑，此不知人之禍也。」嗚呼，知人談何容易，楚王國的災難在內部腐敗，不在秦王國兵強馬壯。屈原先生目睹殘局，大家並沒有從一連串失敗中得到教訓，反而沾沾自喜大禍沒有落到自己頭上。靳尙先生和羋蘭先生權勢已經茁壯，改革已不可能，但屈原先生盼望改革，他屢屢向新王羋橫先生進言，要求振作，爲老王羋槐先生復仇。

任何人都贊成改革，都贊成重振紀綱，建立法律秩序，任用賢能。問題是，你要排除誰？一個由君王發動的改革，還往往失敗，像十八世紀巴西帝國的皇帝，倒是最先覺悟的。可是，貴族和地主掀起政變，改成了共和。等而下之，由官員發動的改革，更殺機重重，只會召來殺身之禍。何況屈原先生赤手空拳，憑的是一腔愛國熱情；而他要求的卻是要排除全國最有權勢的靳尙和芊蘭——芊橫先生的王位甚至都靠他們的支持。結果當然在意料之中。

東周列國志曰：

「芊蘭使靳尙言於芊橫曰：『屈原自以爲不得重用，心懷怨望，且向人宣傳大王忘秦仇爲不孝，芊蘭等不主張伐秦不爲忠。』芊橫大怒，削屈原官職，放歸故里。屈原有姊屈須，已遠嫁，聞屈原放逐，乃歸家。見屈原被髮垢面，形容枯槁，行吟於江畔，乃喻之曰：『楚王不聽子言，子之心已盡矣，憂思何益？幸有田畝，何不力耕自食，以終餘年。』屈原重違姊意，乃秉耒而耕，里人哀屈原之忠者，皆爲助力。月餘，姊去。屈原嘆曰：『楚事至此，吾不忍見覆亡！』忽一日，晨起，抱石自投汨羅江（流經湖南省汨羅縣、平江縣，注入洞庭湖）而死。其日乃五月五日。里人聞屈原自溺，爭棹小舟，出江拯救，已無及矣。乃爲角黍（粽子）投於江中以祭之。繫以綵線，恐爲蛟龍所攫食也。」

這就是五月五日端陽節吃粽子和龍舟競度的起源，爲的是哀悼一位愛國詩人之死。最有趣的是，到了紀元後十一世紀八〇年代，宋王朝政府，卻追封屈原先生爲公爵（清烈公），稍後，更追封他爲王爵（忠烈王）。距他投江之日，已一千四百年矣，後人有過忠烈王廟詩曰：

峨峨廟貌立江傍　香火爭趨忠烈王
佞骨不知何處朽　龍舟歲歲弔滄浪

屈原先生死於紀元前三世紀〇〇年代，七十年後的七〇年代，楚王國在最後一戰中，被秦王國擊潰國亡。屈原先生之死，並沒有喚醒國魂。

趙雍

時代　紀元前四世紀七〇年代—紀元前三世紀〇〇年代
王朝　趙王國第一任王
綽號　武靈王
在位　二十八年（前三二六—前二九九）
遭遇　被圍沙丘宮・餓死

一代人傑

在楚王國國王芈槐先生翹辮子的翌年（前二九五），趙王國國王趙雍先生，被叛軍圍困在沙丘（河北省平鄉縣）的行宮之中，活活餓死。

趙雍先生跟芈槐先生，是同時代人物，下場同樣是一場悲劇。但芈槐先生，一輩子窩囊。而趙雍先生，卻是萬人崇拜的一代英雄。

這要追溯到春秋時代的往事。

春秋時代於紀元前五世紀二〇年代前四八一年結束，翌年（前四八〇），戰國時代開始。中國歷史上時代的劃分，以「春秋」「戰國」，最沒有時代性和社會性根據，更沒有政治性根據。當初不過幾個儒家學派的文化人信口開河，後人不加思索的沿用下來。蓋儒家學派開山老祖孔丘先生，曾整理魯國的編年史——魯國的編年史名春秋，起自紀元前八世紀七〇年代七二二年，止於前已言之的紀元前五世紀二〇年代前四八一年，儒家學派把這三百年間的時間，稱為「春秋時代」，也就是周王朝衰退成為周王國，獨立封國林立時代。春秋時代完結，接着是戰國時代，而戰國時代應起於哪一年？史學家各說各話，各定日期，而且都持之有物，言之有理。其中最權威的一種說法是，應從紀元前五世紀九〇年代前四〇三年起。蓋該年也，晉國分裂為韓國、趙國、魏國。而司馬光先生的史學名著資治通鑑，就從該年開始。不過，春秋時代結束後（前四八〇）到前四〇四年，七

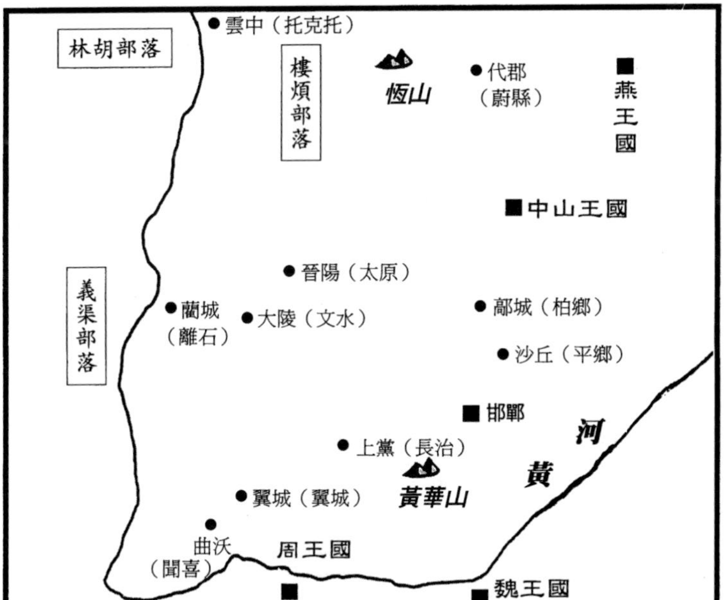

十七年間，算啥時代？這七十七年比春秋時代更糟，既不能另行成為一個獨立時代，又不能算是周王國的復興。硬用人為的力量丟掉它，既不公平，也不可能。按理應該使春秋時代延伸下去才對，然而，孔丘先生的力量太大，我們既無力使之延伸，只好使戰國時代跟它銜接，應該是合理的也。

——司馬光先生的人雖不可取，但他主編的資治通鑑，卻是中國最好的史書之一。本應上接春秋的，可是，他宣稱他不敢銜接孔丘先生的屁股。一條鞭下來的編年史，遂中空七十七年（前四八〇——前四〇四）。柏楊先生以小人之心，度君子之腹，猜想他可能收集不到這七十七年間的史料，遂假裝謙恭。如果我老人家猜錯啦，那麼，有件事準猜對啦，那就是，聖人可害人不淺。

言歸正傳。

紀元前四〇三年，當初烜赫一時，屢當中國霸主的晉國政府，已衰弱不堪。趙、魏、韓，三姓家族，遂開始分割。就在那一年，奄奄一息的周王國政府，發揮了剩餘價值。國王姬午先生，在接受三家貴重的賄賂後，分別封三大家族的族長為國君，建立韓、趙、魏三個封國。晉國國君只剩下一個城，反而像奴才一樣，看三家的顏色，四十七年後的前三七六年，三家索性把晉國最後一位可憐的國君姬俱酒先生，逐出城堡，貶作小民，晉國滅亡。

三國分晉之後，趙國（首府河北省邯鄲市）最強。

本篇男主角趙雍先生，是趙國第六任國君，他於紀元前三二六年，繼承他爹趙語先生的寶座，然後改建王國。所以他雖是趙國第六任國君，卻是趙王國第一任國王，英氣煥發，雄心萬丈，他了解趙國所處的地緣位置，要想在激烈的戰國時代生存，必須使他的軍隊成爲現代化的軍隊。傳統的戰術戰略，以及傳統的武器，必須淘汰。

貨眞價實的崇洋

現代化的意義，是指：向最進步的其他國家，學習最進步的東西——包括生活方式和戰爭方式。這正是貨眞價實的「崇洋」，柏楊先生就是這種貨眞價實的崇洋份子之一。此生爲崇洋而活，下世爲崇洋而生。有些人僵固得像一粒乾屎橛，總覺得一切都是自己的好，自己既不求長進，還唯恐怕別人長進（甚至唯恐怕民富國強），遂在「崇洋」之下，裝上西遊記哪吒先生的風火輪：「媚外」，而成了「崇洋媚外」。只要把這件法寶唸唸有詞的祭出來，當者無不腦漿迸裂。嗚呼，「崇洋」跟「媚外」沒有必然的因果關係，這一點如果弄不清，或者故意弄不清，中國就永遠死氣沉沉，人民也將永遠受不盡苦難。

趙雍先生是中國歷史上主動採取現代化行動，也就是主動採取崇洋行動的第一位君王。大多數君王都是故步自封，把政權看成玻璃罐，捧到手裏，連姿勢都不敢改變，唯恐怕玻璃罐掉到地下跌個粉碎。結果醬在那裏，捧得筋疲力盡，最後來一個倒栽蔥，還是唏里嘩啦。趙雍先生不然，他蓋世英姿，具有超越時代的構想。東周列國志形容他：「身長八尺四寸，（柏老按：里的長度變化很少，而尺的長度，隨着時代而有不同，這跟賦稅有關，所以必須專家才能算出八尺四寸折合多少公分）。龍顏鳥口，（鳥口不知是啥模樣，大概有點前噘）。廣鬢虬髯，面黑有光。胸開三尺，氣雄萬夫，志呑四海。」他閣下跟普通君王有異，普通君王都喜歡躲在皇宮裏跟女人混在一起，趙雍先生不然，他的足跡幾乎走遍他的王國，體驗風俗民情，觀察山川形勢。他北到過中山王國（河北省定州市），東到過黃河（山東省境），西到過黃華山（今地不詳），發現他的國家處於四面作戰的危險之境，必須改弦易轍，發奮圖強。

史記曰：

「（趙雍）召樓緩謀曰：『我先王因世之變，以長南藩之地，屬阻漳（漳河，經河南省林縣）滏（滏陽河，經河北省邯鄲市）之險，立長城，又取藺（山西省離石縣）、郭（郭水，經山西省陽城縣）、狼（狼山，河北省保定縣境）。敗林（蠻族林夷部落）於荏（荏山，山東省茌平縣境），而功未遂。今中山（河北省定州市）在我腹心，北有燕（燕王國），東有胡（蠻族東胡部落，內蒙古及遼寧省南部），西有林胡（蠻族部落，內蒙古毛烏素沙漠東）、樓煩（蠻族部落，山西省北部管涔山）、秦（秦王國）、韓（韓王國）之邊。無強兵之救，是亡社稷，奈何？夫有高世之名，必有遺俗之累。吾欲胡服。』樓緩曰：『善』。群臣皆不欲。於是，肥義侍，王曰：『簡（趙鞅）襄（趙無卹）之烈。計胡、翟（即翟國，山西省中部）之利。爲人臣者，寵有孝悌長幼順明之節，通有補民益主之業。此兩者，臣之分也。今吾欲繼襄主（趙無卹）之跡，開於胡、翟之鄉，而卒世不見也，爲敵弱，用力少而功多。可以毋盡百姓之勞，而序往古之勳。夫有獨智之慮者，任驁民之怨。今吾將胡服騎射，以教百姓，而世必議寡人，奈何？』肥義曰：『臣聞，疑事無功，疑行無名。王既定負遺俗之累，殆無顧天下之議矣。夫論至德者，不和於俗，成大功者，不謀於眾。……愚者暗成事，智者睹未形，則王何疑焉。』趙雍曰：『吾不疑胡服也，吾恐天下笑我也。狂夫之樂，智者哀焉。愚者所笑，賢者察焉。世有順我者，胡服之功，未可知也。雖驅世以笑我，胡地中山，吾必有之。』於是遂胡服。」

譯成現代語文：

「（趙雍）召樓緩先生謀曰：『我那些賢明祖先，因時勢世情的運轉，掌握晉國最重要的疆土。雄據漳河（經河南省林縣）、滏陽河（經河北省邯鄲市）險要，建立長城，又佔領藺城（山西省離石縣）、郭水（經山西省陽城縣）、狼山（河北省保定縣境），也曾在荏山（山東省茌平縣境）擊敗過林夷部落，但仍未能徹底把它摧毀。』……」

建立新軍

趙雍先生繼續他的說服工作。

「『而今中山王國（河北省定州市）逼我腹心，北方有燕王國，東北方有蠻族東胡部落，西方有林胡部落、樓煩部落、秦王國、韓王國。四周都是敵人，我們如果沒有強大的戰鬥力來保護自己，只有滅亡。我認爲，歷史上有高度的美名，必然受到當時世俗的譴責。我準備做一件大事，那就是，爲了增加我們的戰鬥能力。第一步，先改變衣冠，穿胡人的衣服！』樓緩先生曰：『我贊成。』可是，高級官員和貴族群，強烈反對。有一天，元老重臣肥義先生和趙雍先生在一起，趙雍先生曰：『先祖趙鞅、趙無卹，用激烈手段，對付胡、翟（山西省中部）。對知禮達情，遵守孝悌長幼順序的人，給予褒獎；對努力工作，在經濟建設上有貢獻的人，加以升遷。這是待部屬的本份。現在，我打算繼續先祖趙無卹先生的路線，向北發展到胡、翟（山西省中部）之地。世人不會重視這種功勛，蓋胡、翟部落太弱，我們只要用很少的力量便可達到目的。其實不使小民過度負擔，正是祖先們的一貫政策。具有突破性創意的人，必然的引起頑劣份子的怨怒。而今，我要下令全國國民，一律拋棄傳統衣冠，改穿洋人（胡）服裝，加強騎馬射箭教育。一旦這麼做，看我們全體譁然，雞貓子喊叫吧，老哥，你說怎麼辦？』肥義曰：『我聽說過一句話：對所做的事，如果心抱懷疑，就不可能成功。對自己的行爲，如果心抱懷疑，也不可能成名。你既然決心要移風易俗，就不必考慮別人議論。嗚呼，建最高事業的，從不跟世俗和稀泥。成最大功勛的，從不跟成群結隊的人磋商。愚昧的人總是安於現實，智慧的人才能瞻望前程。你主意既定，還猶豫啥？』趙雍先生曰：『我絕不懷疑胡服騎射的功能，只怕人們譏笑。狂妄之輩快樂的時候，智慧的人感到悲哀。愚昧之輩笑得合不住嘴的時候，聰明的人應該警惕。最大的困惑是，贊成我的朋友，對胡服騎射的效果，並不敢肯定。不過，沒有關係，就是全世界都笑我，蠻族的諸胡部落，和中山王國的土地，我一定奪取到手。』於是，下令全國國民，一律改穿胡服，學習騎射。

」

從趙雍先生跟他兩位智囊的這番對話，可看出趙雍先生洞察力之強和氣魄的雄偉。春秋時代各封國間的戰爭，以「戰車」爲主，彼時的「戰車」，既不是今天的「坦克」，也不是羅馬帝國的兩輪一馬式的「馳車」。而是四個輪子，用一匹馬或兩匹馬；一隻牛或兩隻牛拉的方舟型的玩藝。這玩藝直到二十世紀中葉，廣大的中國北方鄉村，仍然使用。柏楊先生小時候，就曾爬到上面撒過尿，以示普天同慶。上面站立兩排兵老爺，大概左三右三，駕駛朋友居於當中稍前。攻擊時萬軍俱動，黃沙滾滾，馬嘶人叫（或牛哞人叫），勢如排山倒海，敵人不死於刀下，便死於輪下，好不得意。防禦時，「戰車」就成爲一個營壘，遠者箭射，近者槍扎。不過，很顯然的，面對洋大人現代化的騎兵部隊，嚴重缺點就完全暴露。它的笨重使它運轉困難，追擊時像一群老烏龜，心裏急如星火，卻硬是跑不快，還沒追三步，敵人已跑得他媽的無影無蹤。退卻時老烏龜如故，除了身陷重圍，被殺淨光外，別無他途。蓋箭可用盡，而敵無窮。而且，必需選擇平坦地區作爲戰場，才容易發揮威力。一旦敵人掘下壕溝，便全盤結束。

「戰車」已是落伍的武器，必須更新裝備，徹底改組他的武裝部隊，建立新軍。跟十九世紀清王朝末葉，建立新軍一樣，趙雍先生決定組織騎兵。拋棄戰車，使用馬匹。而使用馬匹必須拋棄寬袍大袖，改穿洋大人軍隊的制服。

大辯論（上）

人類是有惰性的，趙雍先生一語擊中要害：「愚昧的人總是安於現實」。他早就料到，即以專制君王的權力，一下子要全國改變生活方式和戰爭方式，也會遇到阻力。事實上反對的情緒比他想像的還要強烈。蓋反對最堅決的不是小民，而是一位皇族前輩——德高望重，趙雍先生的叔父趙成先生。頑固派奉趙成先生爲首領，積極抵制。趙雍先生於是把箭頭對準這位王叔，使出恩威兼施，軟硬夾攻手段。

戰國策曰：

「使王孫（趙）緤告公子（趙）成曰：『寡人胡服，且將以朝，亦欲叔之服之也。家聽於親，國聽於君，古今之公行也。子不反親，臣不逆主，先王之通誼也。今寡人作教易服，而叔不服，吾恐天下議之也。夫制國有常，而利民爲本。從政有經，而令行爲上。故明德在於論賤，行政在於信貴。今胡服之意，非以養欲而樂志也。事有所出，功有所止。事成功立，然後德且見也。今寡人恐叔逆從政之經，以輔公叔之議。且寡人聞之，事利國者行無邪，因貴戚者名不累。故寡人願募公叔之義，以成胡服之功。使（趙）緤謁叔，請服焉。』公子（趙）成再拜曰：『臣固聞王之胡服也，不佞寢疾，不能趨走，是以不先進。王今命之，臣固敢竭其愚忠。臣聞之：中國者，聰明叡智之所居也，萬物財用之所聚也，賢聖之所教也，仁義之所施也，詩書禮樂之所用也，異敏技藝之所試也，遠方之所觀赴也，蠻夷之所義行也。今王釋此，而襲遠方之服，變古之教，易古之道，逆人之心，叛學者，離中國，臣願大王圖之。』使者報王（趙雍），王（趙雍）曰：『吾固聞叔之病也。』即之公叔（趙）成家，自請之曰：『夫服者，所以便用也。禮者，所以便事也。是以聖人觀其鄉而順宜，因其事而制禮，所以利其民而厚其國也。被髮文身，錯臂左衽，甌（福建省）越（廣東省）之民也。黑齒雕題，鯷冠秫縫，大吳（吳王國）之國也。禮服不同，其便一也。是以鄉異而用變，事異而禮易。是故聖人苟可以利其民，不一其用。果可以便其事，不同其禮。儒者一師而禮異，中國同俗而教離。又況山谷不便乎。故去就之變，智者不能一。遠近之服，賢聖不能同。窮鄉多異，曲學多辨，不知而不疑，異於己而不非者，公於求善也。今卿之所言者，俗也。吾之所言者，所以制俗也。今吾國東有河（黃河）、薄洛（漳河）之水。與齊（齊王國）中山（中山王國首都河北省定州市）同之，而無舟檝之利。自恒山（山西省大同縣境）以至代（河北省蔚縣）、上黨（山西省長治市），東有燕（燕王國）、東胡（東胡部落）之境。西有樓煩（蠻族樓煩部落）、秦（秦王國）、韓（韓王國）之邊，而無騎射之備。故寡人且聚舟檝之用，求水居之民，以守河、薄洛之水。變服騎射，以備燕、參胡、樓煩、秦、韓之邊。且昔者簡主（趙鞅），不塞晉陽（山西省太原市），以及上黨。而襄王（趙無卹）兼戎取代（河北省蔚縣）以攘諸胡，此愚智之所明也。先時，中山（中山王國）負齊（齊王國）之強兵，侵掠吾地，係累吾民，引水圍鄗（河北省柏鄉縣北），非社稷之神靈，即鄗幾不守。先王忿之，其怨未能報也。今騎射之服，近可以備上黨之形，遠可以報中山之怨。而叔也順中國之俗，以逆簡、襄之意。惡變服之名，而忘國事之恥，非寡人所望於子。』公子（趙）成再拜稽首曰：『臣愚，不達於王之議，敢道世俗之聞。今欲繼簡（趙鞅）襄（趙無卹）之意，以順先王之志，臣敢不聽令。』再拜，乃賜胡服。」

譯成現代語文：

「（趙雍）派侄兒趙緤，去晉見王叔趙成先生曰：『我已穿上胡服，準備公開接見官員賓客，多麼盼望叔父大人也穿上胡服。在家當然聽命尊長，可是在國則必須聽命君王，此乃古今一貫的道理。子女不能違背父母，部屬不能違背君王，更是歷史上大家共守的規則。現在，我已經改穿胡服矣，只叔父大人不肯更換，因之我恐怕天下人對你提出指責。治國有常法，總以人民福利為第一優先。政治有常規，而以貫徹命令為成功要件。所以，明顯的善政，連低層人士都很明白。而要想政令徹底執行，必須居高位的人先行遵守。』」

大辯論（下）

戰國策續曰：

「『我們改穿胡服，並不是為了放縱情慾，拚命享樂。而是為了迎接艱苦的戰鬥，建立救國救民的不世功業。功業完成，自有歌頌讚美。如今，我深怕叔父大人抵制這項決策，特地派人向你解釋。我曾聽說：「任何一件事情，只要對國家有利，就是好行為。任何一樁事業，靠着皇親國戚裙帶關係成功，就不會有好名聲。」我想仰仗叔父大人的領導，來完成胡服騎射的偉大變革。因此派趙緤晉見，請你務必支持。』趙成先生曰：『我已經知道君王改穿了胡服，恰好我有病在身，不能行動，因之沒有前往朝拜。現在國王既派你前來，願藉此機會，盡一點愚忠。我聽說過：「中國是聰明才智人士居住的地方，金銀財寶萬物聚集的地方，教育最普及的地方，仁義道德最好的地方，詩書禮樂最講究的地方，科學技術最發達的地方，遠方外國最嚮往的地方，蠻族部落最羨慕的地方。」而今君王突然拋棄一切，卻效法蠻族，穿他們的衣服，習他們的戰法，改變傳統文化，違背固有的善良風俗，取消古代遺留下來的習慣，改變古代遺留下來的道路，已激起廣大人民反感。這是一種叛逆根本、遠離中國的行爲，願君王三思。』趙緤先生回報趙雍先生，趙雍先生曰：『我早就知道叔父大人害的是政治病。』於是親自去趙成先生家拜訪，面對面討論。趙雍曰：『穿衣服的目的是爲了保護身體，行禮儀的目的是爲了做事方便。所以有智慧的人，考察鄉情，使之順應風俗。根據工作效果，而定禮節。目的在於使人民享福，國家強大。剪短頭髮，在身上刺上花紋，在胳膊上刺上彩色圖案，把衣服的大襟開在左邊，（柏老按：中國傳統服裝，大襟可是開在右邊的），這是南越蠻族人民的風俗。把牙齒染黑，用顏色塗抹頭額，用魚皮做帽子，用粗針粗線縫紉，這是吳王國人民的風俗。他們的風俗衣服雖然不同，但他們穿衣服的目的——爲了保護自己，和做事俐落，卻是相同的也。從這可以看出：背景不一樣，使用的工具也不一樣。面對的困難不一樣，制度自然也會跟着差異。因此政治家才認爲：只求有利於國、有利於民，就要去做，絕不僵固執着，拒絕改革。只要可以富民強國，就不去堅持非用傳統方法不可。像儒家學派的經典相同，所建立的制度卻不相同。中國的風俗相同，教育的方式卻各地不一樣。更何況又隔着交通不便的山谷峻嶺乎哉？所以對傳統文化而言，再智慧的人都不能納入一成不變的規格，而遠近的服裝，縱是聖人，也不能使他們完全統一。窮鄉僻壤，多奇風異俗。邪辟的學問，多詭譎神祕的辯論。愚昧的人最少懷疑，懷疑而不去抨擊的，只是心存大公，與人爲善而已。而今叔父大人所說的，是固守傳統。而我所主張的，卻恰恰是另行創造傳統。我們趙國，東有黃河（山東省黃河下游）、漳河，雖然跟齊王國、中山王國境內的河一樣，卻不能航行船舶。從恒山直到代郡（河北省蔚縣）、上黨（山西省長治市），東是燕王國和東胡部落的邊界；西是樓煩部落、秦王國和韓王國的邊界。這些邊界地帶的武裝部隊，使用的仍是傳統武器，缺乏現代化騎射裝備。所以我採取兩項重要措施：第一、發展海軍，建立水上艦隊，訓練濱水居民，嚴密防守黃河和薄洛河。第二、改組陸軍，穿蠻族那種利於作戰的緊身服裝，練習最有攻擊力的騎馬射箭戰術，在燕王國、諸胡部落、樓煩部落、秦王國、韓王國接壤處，構築防禦工程。從前我們的先祖趙鞅先生，不鎮守晉陽、上黨。而趙無卹先生卻要吞併代國（河北省蔚縣），都只是爲了防禦北方蠻族諸胡部落，無論聰明的人和糊塗蛋，都會看出二者都是明智的決定。當時，中山王國仗恃後台老闆齊王國撐腰，侵略我們土地，捕捉我國人民，決河水灌鄗城（河北省柏鄉縣），如果沒有上帝保祐，鄗城可能失守。先祖們又氣又恨，這個仇迄今未報。如今我們胡服騎射，近可以保衛上黨（山西省長治市），遠可以報中山王國的深仇。叔父大人卻堅決維持中國固有傳統，違背趙鞅、趙無卹兩位先祖的遺志。反對改穿胡服騎射的進步措施，忘了國家累世的奇恥大辱。我不認爲叔父大人會這樣做。』」

深入秦廷虎穴

叔父大人趙成先生，接受國王侄兒趙雍先生的決定，穿上胡服。然而反對的浪潮並未平息，貴族趙文先生、趙造先生，古書上沒有介紹他們的身價，只介紹他們的抗爭，不再抄錄他們的言論矣，蓋總是繞着一個醬漩渦打轉。該醬漩渦就是「傳統文化」，這文化博大精深，絕不可改變，即令改變，也只可小改，不可大改。趙雍先生一一爲他們解釋，最後有點不耐煩，大吼一聲，曰：

「傳統那玩藝，已不能適應目前的世界，你們應該開竅！」

戰國策原文：

「法古之學，不足以制今，子其勿反。」

在趙雍先生嚴厲的警告下，醬缸蛆陣線崩潰。兩千五百年後的二十世紀初葉，在遙遠西方小亞細亞、奧圖曼帝國中，凱末爾先生崛起，建立土耳其共和國，推行「胡服騎射」——淘汰傳統衣冠，改穿西裝。淘汰古老武器，重組軍隊。廢除專制，建立共和。更輝煌的是，廢除艱難的阿拉伯文字，改用羅馬拼音。雖然時隔古今，地別東西，但兩位英雄人物，卻同爲國家民族的救星。論勳業，凱末爾先生更偉大，因爲他連文字都加以改革。然而，趙雍先生卻是歷史上第一位沒有被傳統呑沒，反而向傳統挑戰的君王。

——趙雍先生如果智慧更高，把當時流行的方塊字改革掉，改用拼音字母，中國受益將是萬世的，惜哉。柏楊先生說這些，絕不是責備他，而是一種不爭氣的自怨自艾。我們後生小子沒有能力突破，卻盼望祖先們能。

趙王國在改革成功之後，國勢迅速膨脹。

東周列國志曰：

「（趙雍）身自胡服，革帶皮靴，民皆效胡俗，窄袖左衽（大襟開在左邊），以便騎射。國中無貴賤，莫不胡服者，廢車乘馬，日逐射獵，兵以益強。」

趙雍先生率領新建的現代化部隊，向北出擊。效果是驚人的，中山王國（河北省定州市）首當其衝，亡在趙王國鐵蹄之下，然後佔領恒山（山西省大同縣境）。再向西出擊，深入首都邯鄲北方航空距離五百五十公里外的雲中（綏遠省托克托縣），征服樓煩部落（山西省北部管涔山），更征服航空距離八百公里外的林胡部落（內蒙古毛烏素沙漠東），國土擴張兩倍。

——站在使國家強大立場，革新變法的效果，立竿見影。趙雍先生之前，秦王國經公孫鞅先生革新變法，使那個半開化、野蠻，而又落後、沒人瞧得起的國度，十年之間，旱地拔蔥，突然間冒出來，成爲一等一級的超級強國，橫衝直撞，天下無敵。而今，趙雍先生再度作爲見證。可是，從此之後，改革變法之舉，在中國卻成了絕響。我們眞搞不懂，當權老爺爲啥不走這條立竿見影的路，卻堅持着僵化了的傳統。堅持的結果是，逼出革命，玉石俱焚，身敗名裂，政權覆亡。偏偏當權老爺寧可身敗名裂，政權覆亡，也不肯改革變法，使自己強壯如牛。這是中國的傳統悲劇，嗟夫。

趙雍先生征服了雲中（綏遠省托克托縣）之後，雄心更熾，他要以雲中爲根據地，率大軍南下，穿過戒備鬆懈的義渠部落（陝西省北部），征服秦王國。爲了親自考察秦王國關隘山川形勢，和了解秦王國國王跟政府官員的能力，他施出詭計。於是，他派特使趙招先生前往秦王國報聘，卻自己冒充趙招，而由趙招先生作爲助理。物色幾位測量師，以隨員名義，隨他前往秦王國首都咸陽（陝西省咸陽市）。這時候，他已把王位傳給兒子趙何，所以，當秦王國嬴駟先生接見他時，有下列對話。

東周列國志曰：

「嬴駟問曰：『汝王（趙雍）年歲幾何？』對曰：『尙壯。』又問：『旣在壯年，何以傳位於子（趙何）？』對曰：『寡君以嗣位之人，多不諳事，欲及其身，使嫺習之，然國事未嘗不主裁也。』嬴駟曰：『汝國亦畏秦乎？』對曰：『寡君不畏秦，不胡服習騎射矣。今馳馬控弦之士，十倍於昔，以此待秦，或者可以終邀盟好。』嬴駟見其應對得體，甚相敬重。」

夢中美女——吳娃

然而，形跡仍然敗露，東周列國志曰：

「嬴駟睡至中夜，忽思趙使者形貌魁梧，意氣軒昂，不似人臣之相。事有可疑，輾轉不寐。天明，傳旨宣趙招晉見，其從人答曰：『使人患病，不能入朝，請緩之。』過三日，使者尙不出。嬴駟大怒，遣吏迫之。吏直入舍中，不見使者，只獲從人，自稱眞趙招，乃解到嬴駟面前。嬴駟問：『汝旣是眞趙招，使者卻係何人？』對曰：『實吾君也，吾君欲睹大王威容，故詐稱使者而來，今已出咸陽三日矣，特命臣待罪於此。』嬴駟大驚，頓足曰：『趙雍大欺吾也。』即令涇陽君嬴悝，同大將白起，領精兵三千，星夜追之。至函谷關，守關將士言：『趙國使者，於三日前已出關矣。』嬴悝等回復嬴駟，嬴駟心跳不寧者數日，乃以禮遣趙招回國。」

這是一次最可怕的冒險，趙雍先生如果不溜得快，結果可是非常明顯。他將先芈槐先生一步，成爲秦王國的囚犯。而且還得不到同情，蓋趙雍先生這種作法，不但是嚴重的失禮，而且是嚴重的冒犯。假如秦王國立即派人搜查，當場搜查出地圖，趙雍先生以國王之尊，兼幹「死牌」勾當，縱是五花大綁，刑場斬首示眾，各國也沒啥說的。這正是趙雍先生的性格，永遠發動挑戰。

然而，他的雄心壯志，卻因爲他自己的一項錯誤決策，全付流水，不但事業全付流水，還斷送殘生。這項錯誤的決策，在秦國王嬴駟先生的問話中，可得到信息。嬴駟先生問他：趙雍既在壯年，爲啥把王位早早的傳給兒子？嗚呼，早早傳位給兒子，是趙雍先生又一項突破性的構想。蓋傳統上，當老君王在位時，王儲不准過問政治，不准跟大臣們結交，他閣下只好整天躲在巢穴（東宮）裏跟女人睡大覺。主要的目的是防範兒子反叛，專制政治下，包括君王在內，都缺少安全感，連父子都互相猜忌，更別說對其他人等矣。可是，一旦老君王死了他娘的，王儲登極，對他面對的龐大政權，就像一個文科學生突然間接管一個核子反應爐一樣，自然危機重重。趙雍先生的創見是，早一點使兒子面對困難，老爹則站在背後指導，有朝一日撒手人寰，兒子已成了熟練工人矣。

構想是突破性構想，原則也是極正確的原則。可是，在實踐的節骨眼上，卻出了岔。他早日傳子的制度很好，卻在於他傳子的方法不對。

趙雍先生原配妻子，原是韓王國皇族女兒，生子趙章，名實俱副的嫡長子，趙雍先生宣佈他當合法的王位繼承人——太子。十六年後，也就是說，太子趙章先生已十五歲時，有一天，老爹趙雍先生視察到大陵（山西省文水縣），做了一個夢，夢見一位貌美如花的姑娘，鼓琴而歌。詞曰：

美女輕輕盈盈啊
嬌臉兒像花瓣上的粉絨
命中注定的啊
誰欣賞我的顏容

史記原文：

「他日，王（趙雍）夢見處女，鼓琴而歌。詩曰：美人熒熒兮，顏若苕之榮。命乎命乎，曾無我嬴。」

趙雍先生對夢中的美女，念念不忘，不但不忘，還對他的大臣們宣傳他的夢中艷遇。於是，大臣之一吳廣先生說：他有一個女兒，似乎正符合夢中美女的條件。趙雍先生大爲興奮，就在大陵行宮（大陵之台）召見。這位吳家千金——吳孟姚女士，羞羞答答，嬝嬝婷婷，上得台來，杏臉含春，儀態萬方，長相跟夢中那位美女，竟然一模一樣。請她彈琴，悠揚清澈，是第一等造詣。趙雍先生魂不守舍，立即迎進皇宮，作爲小老婆之一。

中國一向早婚，吳孟姚女士既然還沒有嫁出去，年齡總不會超過十六、七歲。趙雍先生愛這位小妻子愛得發緊，暱稱她「吳娃」，黃河流域一帶，小民口中之「娃」，即「小孩子」之意，親熱之詞也。第二年，她閣下生下一個兒子：趙何。好運氣接踵而至，正宮娘娘韓女士恰好一命歸天，吳孟姚女士遂成了王后。

權力使人糊塗

吳娃女士既當了王后，而且又有了兒子，宮廷中的奪嫡鬥爭就不可能避免。是吳娃女士先起此意乎歟？（她老爹吳廣先生可能就是主謀。）或是趙雍先生愛小妻子愛得昏了尊頭，用以取悅乎歟？史書沒有記載，反正兩者必居其一。於是，有一天，趙雍先生撤銷長子趙章的太子封號，宣佈尚不過是一個頑童的趙何小子接任太子。並於紀元前二九九年，傳位給趙何小子。趙雍先生當然成了太上皇，可是他拒絕這個富貴的頭銜，改稱「主父」。

這眞是「天下本無事，庸人自擾之」，趙雍先生一連串強有力的順利勳業，使他逐漸眼花，嗚呼，權力使人糊塗，絕對權力使人絕對糊塗，他認爲只要他願意，想做什麼，都鐵定可以達到目的。然而傳位給趙何小子五年後，紀元前二九五年，事情發生變化。

東周列國志曰：

「趙雍出巡雲中（綏遠省托克托縣），回至邯鄲（趙王國首都），論功行賞，賜通國百姓酒餔五日。是日，群臣畢集稱賀。趙雍使趙何聽朝，自己設便座於傍，觀其行禮。見趙何年幼，服袞冕南面稱王。長子趙章魁然丈夫，反北面拜舞於下。兄屈於弟，意甚憐之。朝既散，趙雍見公子（老弟）趙勝在側，私謂曰：『汝見趙章乎？雖隨班拜舞，似有不甘之色。吾欲分趙地爲二，使趙章爲代王（柏老按：建都代郡，河北省蔚縣）。與趙並立，汝以爲何如？』趙勝對曰：『王昔日已誤矣，今君臣之分已定，復生事端，恐有爭變。』趙雍曰：『事權在我，又何慮哉？』趙雍回宮，夫人吳娃見其神色有異，問曰：『今日朝中有何事？』趙雍曰：『吾見故太子趙章，以兄朝弟，於理不順，欲立爲代王，趙勝又言其不便，吾是以躊躇而未決也。』吳娃曰：『昔晉國國君（穆侯）姬弗生，生有二子，兄曰姬仇，弟曰姬成師。姬弗生薨，姬仇立，都於翼城（山西省翼城縣），封弟姬成師於曲沃（山西省聞喜縣）。其後曲沃益強，遂盡滅姬仇之子孫，並呑翼城。姬成師爲弟，尙能戕兄。況以兄而臨弟，以長而臨少乎？吾母子且爲魚肉矣。』（柏老按：吳娃女士年紀不過二十餘歲，通古博今，條理分明，是位了不起的女性，不僅會彈琴而已。）趙雍惑其言，遂止。有侍人舊曾服事故太子趙章於東宮者，聞知趙雍商議之事，乃私告趙章。趙章與田不禮計之。田不禮曰：『主父（趙雍）分王二子，出自公心，特爲婦人所阻耳。王（趙何）年幼，不諳事，誠乘間以計圖之，主父（趙雍）亦無可如何也。』趙章曰：『此事惟君留意，富貴共之。』」

讀者老爺一定還記得楚王國芊商臣先生的故事，一個宮廷流血政變，迫在眉睫。

東周列國志曰：

「太傅李兌與肥義相善，密告曰：『趙章強壯而驕，其黨甚眾，且有怨望之心。田不禮剛愎自用，知進而不知退，二人爲黨，行險僥倖，其事不遠。子任重而勢尊，禍必先及，何不稱病，傳政與公子（趙雍的叔父大人）趙成，可以自免。』肥義曰：『主父（趙雍）以王（趙何）屬我，尊爲相國，謂可托安危也。今未見禍形，而先自避，不爲人所笑乎？』李兌嘆曰：『子今爲忠臣，不得復爲智士矣。』因泣下，久之，別去。肥義思李兌之言，夜不能寐，食不下咽，輾轉躊躇，未得良策。乃謂近侍高信曰：『今後若有召吾王（趙何）者，必先告我。』高信曰：『諾』。」

時候終於來到，紀元前二九五年，趙雍先生率領全體皇族和政府高級官員，前往首都邯鄲東北直線距離六十公里的沙丘（河北省平鄉縣）度假。商王朝最末一位君王子受辛先生時代，沙丘不叫沙丘，而叫「鉅橋」，在那裏建有世界上最大的糧食倉庫，和一座高台，兩座離宮。身爲太上皇（主父）的趙雍先生，跟身爲國王的趙何先生，各居一宮，相距三公里，被罷黜的前任太子趙章先生的行營，就設立在兩宮之間。

餓死沙丘宮

陰謀在趙章先生行營中進行，他和他的智囊田不禮先生認爲，這是天賜良機，再不發動，以後可能後悔。田不禮先生尤其積極，他曰：「趙何那小子，遠離首都，離宮守衛的力量，十分薄弱，不堪一擊。」然而，雖然警衛不堪一擊，但趙章先生考慮到自己的進攻力量，也沒有成功把握，如果霸王硬上弓，以硬碰硬，萬一攻不陷離宮。一擊不中，就沒有第二擊的機會矣。田不禮先生曰：「我們可假傳太上皇（主父）的命令，聲稱有緊急事故，召喚趙何小子晉見，趙何小子必然經過我們營地，我們就伏兵截擊，一刀殺掉。」趙章先生曰：「殺掉國王，怎麼善後？」田不禮先生曰：「只要殺掉趙何小子，再多的問題都迎刃而解。屆時再假傳太上皇（主父）旨意，號召軍隊。那時候你是王位的唯一繼承人，誰敢違抗？」

這是一個俱有百分之百成功可能的安排，卻想不到肥義先生事先吩咐過一句話，任何宣召國王趙何小子的命令，都要先跟他磋商。

一個僞裝的太上皇（主父）趙雍先生的特使，深夜前往離宮通報曰：「太上皇（主父）忽然得了急病，要面見吾王（趙何），請火速駕往！」侍衛官高信先生記起肥義先生的警告，立即轉報肥義先生裁奪。這是生死關頭，一個錯誤的決定，將使歷史改變。肥義先生有點懷疑，他曰：「太上皇御體，一向健康，怎麼恰恰的深更半夜就發了病，這件事有點蹊蹺，必須愼重。」於是共同晉見趙何小子，肥義先生曰：「我想到一個辦法，由我帶着大王（趙何）的護衛，先行前往，如果有變，我首當其衝，你們可有充足的時間準備。如果平安，大王（趙何）再去，也是一樣。」囑咐高信先生曰：「你和侍衛軍要加強戒備，緊閉宮門，除非特殊情況，千萬不可打開。」

忠心耿耿的肥義先生和他所帶的皇家護衛，在意料中的，全體死於伏兵。可是等到田不禮先生燃起火把，淸查戰果時，才大吃一驚。跟趙章先生曰：「消息已經走露，後患莫測。我們唯一的生路是，在事情沒有爆發前，火速進攻離宮，能攻破離宮，殺掉趙何，結果相同。」嗚呼，前已言之，在離宮沒有戒備情形之下攻擊，還不能期其必勝，何況此時。

東周列國志曰：

「田不禮攻王宮不能入，至天明，高信使衆軍乘屋放箭，箭盡，乃飛瓦擲之。田不禮命取巨石擊於木，以撞宮門，譁聲如雷。」

離宮正在危急，救兵殺到，原來是趙雍先生的叔父大人趙成先生，跟皇家教習（太傅）李兌先生，在首都邯鄲坐臥不寧，唯恐怕趙章先生有什麼變化，分別各率一支軍隊，趕來沙丘（河北省平鄉縣）保駕，想不到來得早不如來得巧，正好趕上惡戰。趙章先生的軍隊大敗，四下潰散，他這時才慌了手腳。田不禮先生曰：「你先投奔太上皇（趙雍），涕泣哀求，他可能庇護你。事已至此，由我率殘兵抵抗他們的追擊，使你有脫身的時間。」

李兌先生擊斬田不禮先生後，判斷趙章先生別無他路可以逃生，只有投奔太上皇（趙雍）一途。於是，就在趙雍所住的另一離宮的四周嚴密佈防，然後喚開宮門。李兌先生和趙成先生入見趙雍先生，要求趙雍先生交出趙章。趙雍先生一口否認趙章先生來過，李兌先生再三再四警告說：凶手必須歸案，趙雍先生就來個沒嘴葫蘆，閉口不言。李兌先生曰：「事已至此，不得不發，我們只好搜查，搜查不出，再叩頭請罪。」趙成先生贊成這個意見，大勢急轉直下。

東周列國志曰：

「李兌乃遣親兵數百人，遍搜宮中，於複壁中得趙章，牽之以出。李兌立拔劍斬之。趙成曰：『何急也？』李兌曰：『若遇太上皇（趙雍），萬一見奪，抗之則非臣禮。從之則為失賊，不如殺之。』趙成乃服，李兌提趙章之首，自宮內出，聞太上皇（趙雍）泣聲，復謂趙成曰：『太上皇（趙雍）開宮納趙章，心已憐之矣。吾等以趙章之故，圍太上皇（趙雍）之宮，搜趙章而殺之，無乃傷太上皇（趙雍）之心？事平之後，太上皇（趙雍）以圍宮加罪，吾等全族誅滅矣。王（趙何）年幼不足與計，吾等當自決也。』乃吩咐軍士：『不許解圍。』使人詐傳王（趙何）令曰：『宮內人等，先出者免罪。後出者即係賊黨，屠滅三族。』從官及內侍等，聞王（趙何）令，爭先出宮，單單只剩太上皇（趙雍）一人。」

趙雍先生現在遇到他此生第一次無法克服的困難，沒有人幫助他，當他也打算出宮時，宮門已在外面反鎖矣。李兌先生大軍把離宮包圍得水洩不漏，插翅難飛。幾天之後，宮中糧食吃盡，趙雍先生開始挨餓，在飢餓難忍時，他爬到宮牆上向外哀號，許諾他從此降為平民，不問國事。他呼喚李兌先生和他的叔父大人趙成先生，合圍的軍士們都流下眼淚。可是李兌、趙成二位，爲了保護自己，仍然無動於衷。政治無情，變局發展到這種地步，誰也無法解開這個結。最後，趙雍先生爬到樹上搜索一些鳥蛋充飢，又支持了一月有餘，終於餓死在寂無一人的空屋之中。一代英雄，如此長逝，千載之下，我們仍爲他痛哭。他爲國家作了太多的事，也爲他錯誤的決策，付出可怕的代價。

李兌先生之流的叛徒，直到三個月後，才敢開鎖進宮探視，可憐的太上王趙雍先生，肌肉已被鼠蟻啃了個淨光，只剩下一具枯骨。就把他安葬在代郡（河北省蔚縣）西南五十里地方。現在，山西省靈丘縣，就因趙雍先生的陵墓而得名。到過靈丘縣的騷人墨客，徘徊瞻望，依稀看到叱咤風雲時和倒臥在空屋中活活餓死時，兩副對比的形象。嬌妻愛兒，以及彪炳勳業，不過一場幻夢，都會低頭嘆息，不能自已。

宋偃

時代　紀元前四世紀七〇年代—紀元前三世紀一〇年代
王朝　桀宋王國第一任王
綽號　康王
在位　四十四年（前三二九—前二八六）
遭遇　兵敗被捕斬首・國亡

希特勒前身

希特勒先生是二十世紀大最大的惡棍之一，日爾曼民族自稱爲世界上頂尖優秀的民族，卻冒出希特勒先生這種動物，實在臉上無光。當然有它的原因，寫出來可裝滿一火車，但任何原因都不是必然的。同樣原因，可能產生凱末爾先生，也可能產生俾斯麥先生，沒有理由非產生混世魔王不可。結果竟然產生了混世魔王。唯一的解釋是，希特勒先生身上有一種惡棍根性，在奮鬥的初期，他跟凱末爾先生、俾斯麥先生一樣，英勇而穩定的，向前發展。可是，發展到某種程度，就開始分岔。凱末爾、俾斯麥走他的陽關道，希特勒走他的獨木橋。

在中國古代，我們發現了希特勒先生的前身，那就是本文的男主角宋偃先生，雖不能說希特勒先生是宋偃先生轉胎投世的。（他們之間，相隔兩千三百年。——但也可能宋偃先生被閻羅王打入十八層地獄後，坐了兩千三百年黑牢，剛剛期滿釋放，他就往德國作怪。）可是，他們二人之間相似之處，卻兩個巴掌數不完。諸如：

——他們都是國家的領袖。

——他們的國家都有悠久而光榮的歷史。

——他們都是用非法陰謀取得合法政權。

——他們的國家都被列強密密包圍，動彈不得。

——他們都搞個人崇拜，迫害自己的國民，無惡不作。

——他們都滅掉一些較小的國家，使自己的聲望，達到巔峰。

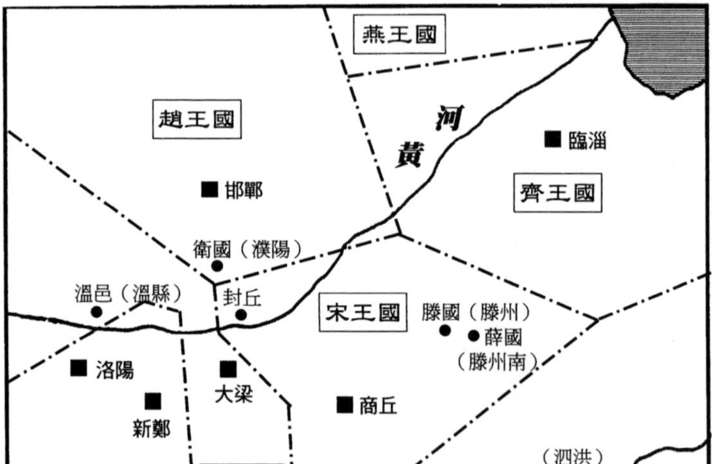

——他們都同樣橫挑強鄰，並把他們擊敗，領土大幅膨脹。

——他們都大言不慚，沒有自我克制的能力。

——他們發瘋的時間都不太長。（感謝玉皇大帝，幸虧不太長。）

——他們都把國家驅入災難，受到大包圍反擊。千萬人死亡。

——最後，他們都在敵前喪生。

——他們都留下萬世惡名，爲人不齒。

桀宋王國原是周王朝的一個封國——宋國，國君是商王朝皇族後裔。這要追溯到紀元前十二世紀，當商王朝最後一位君王子受辛先生，在首都朝歌（河南省淇縣）活活燒死摘星樓，商王朝覆亡，周王朝建立時，周王朝政府把商王朝皇族，以及他們所屬的部落，逐回他們的原始根據地亳邑（山東省曹縣），不過當時亳邑已改了名字，不叫亳邑而叫宋邑，也叫商丘。這一群亡國殘餘所在地，因之稱爲宋國。而由周王朝政府指定子受辛先生的兒子子武庚，作他們的國君。並把他封爲公爵，恰恰比其他封國國君的侯爵，高上一級。在楚王國國王芈熊惲先生的篇幅裏，宋國國君子滋甫先生，就亮出「公爵」招牌，要當霸主，被當場捉住，丟人砸鍋。

——在宋國建立之後，國土不斷擴張，城市林立。宋邑這個名字逐漸消失，改稱睢陽。蓋「宋」已成爲國名，首都必須另有名稱，才不致混淆不清。睢陽者，城在睢水之陽（北）者也。

第一任宋國國君子武庚先生，如果是一個像柏楊先生這樣的草民，一旦坐在那麼高的寶座，簡直能天天唱歌。然而，子武庚先生卻是商王朝的太子，如果老爹子受辛先生不把政權搞垮，他閣下已是大統一下全國性的君王矣。而今卻落得一個封國的小小局面，感懷傷景，他心裏既不快樂，又不舒服，而終於氣沖牛斗。

贏僵後身

就在子武庚先生氣沖牛斗時，建都鎬京（陝西省西安市西鎬京鎮）的周王朝政府，進入瓶頸狀態，第一任國王姬發先生一命嗚呼。年才十二歲，不過小學堂五年級娃兒的姬誦，繼承王位。十二歲的娃兒面對着初建的龐大王國，跟面對着一座龐大工廠一樣，毫無能爲力。叔父大人姬旦先生義不容辭的出面攝政。

姬旦先生也是一位公爵，他以叔父大人之尊，正式站在台上。有些史書記載他僅是「攝政王」而已，眞王姬誦小子，仍坐在金鑾寶殿上沒有動。但有些史書卻記載，他不僅「攝政」，而且還接管政府。反正不管哪種形式，結果都是一樣；他大權在握。

中國人史綱曰：

「（姬旦）他攝政後，把十二歲的侄兒（姬誦）擠到一旁，而自己以國王自居，這自然引起貴族的猜疑，認爲姬旦終於會把侄兒（姬誦）殺掉。遠在東方新被征服的土地上，有四個最強大的封國，聯合起來反對他。」

這四個強大的封國是：

一 管國（河南省鄭州市） 國君姬鮮
二 蔡國（河南省上蔡縣） 國君姬度
三 霍國（山西省霍州市） 國君姬處
四 殷國（河南省安陽市） 國君子武庚

——殷國，宋國最初的別號。

前三個封國的國君，都是姬旦先生的弟弟，（柏老可打包票，他們跟姬旦老哥，準不同一個娘。）他們反對姬旦先生，是反對姬旦先生篡奪政權。而子武庚先生反對姬旦先生，卻是趁火打劫，希望藉着周王朝內亂，促使政府瓦解，他就可以恢復已覆亡了的商王朝天下，大闊特闊。

子武庚先生的運氣不好。

紀元前一一一五年，姬旦先生率領政府軍由鎬京（陝西省西安市西鎬京鎮）出發東征，於次年（前一一一四），擊敗四國，大獲全勝。把蔡國國君姬度先生，放逐到蠻荒邊區。剝奪霍國國君姬處先生身份，貶爲普通小民。管國國君姬鮮先生則被處決。子武庚先生，這位商王朝遺民的首領，斬首。

子武庚先生的叛變，爲他龐大遺民部落，帶來懲罰，大批貴族被周政府軍俘擄，當作奴隸，押到洛陽築城。剩下來的老弱婦孺之輩，周政府把他們分割：

一、一半被驅逐到朝歌（河南省淇縣），跟原來散佈在那裏一些商王朝遺民會合。當時朝歌已改稱衛邑，遂建立衛國，由姬旦先生另一位弟弟姬封先生出任他們的國君。

二、一半留在宋邑（河南省安陽市），仍保留原狀。但排斥子受辛先生後裔，（可能子受辛先生的後裔，全被殺掉），而由子受辛的老哥，以賢明聞名於當世的子啓先生，擔任第一任國君。

——商王朝的皇家姓「子」，這個姓聽起來有點怪不可言。宋國建立之後，不知道經過多少年代，才開始以國名來當作他們的姓氏，最初「子」「宋」並稱，後來索性只姓「宋」，不姓「子」矣，「子」姓遂完全消失。這是「宋」姓的來源，也正好證明宋姓的祖先是子啓先生，跟希特勒的前身子受辛可沒有關係。

宋偃先生——本文男主角，是宋國第三十五任國君。他本來不是國君的，而且也沒有當國君的希望，因爲他是庶子。但他生有異稟，當他懷在媽媽肚子裏時，媽媽夢見兩百年前已經滅亡了的徐國（江蘇省泗洪縣）國君嬴偃先生。老娘怎麼知道那個夢中拜訪她的傢伙就是嬴偃？史書沒有交代。嬴偃先生在世時，對小民有很多照顧，以致被稱頌爲仁君。他曰：「阿母啊，我奉上帝之命，前來投胎。」一語未畢，娃兒呱呱墮地，老爹宋辟兵先生（宋國第三十三任國君）就命名「宋偃」，希望他能像嬴偃先生一樣，留芳千古。

東周列國志曰：

「（宋偃）生有異相，身長九尺四寸，面闊一尺三寸，目如巨星，面有神光，力能屈伸鐵鈎。」

——二十世紀八〇年代的度量衡制度，一公尺等於三市尺。宋偃先生勢將身高三公尺，面闊三十公分。不但身材奇高，（有你閣下兩倍高，只好爬着進房門矣），而且臉也奇大，（簡直像小汽車上的輪胎）。現代差古代遠矣，好像中國人越來越縮水啦，想起來教人洩氣。直到前年（一九八一），柏楊先生在波士頓參觀最近在陝西省出土的「秦俑」——陶製的秦王朝時代的老爺兵塑像，才不由的舒了一口氣。紀元前二世紀時中國人固然強壯（秦俑個個肌肉結實），但身材可跟現代中國人差不多。所以說九尺四寸也好，一尺三寸也好，應是當時的尺，當時的寸也。依我們現代普通人的體軀推測，當時的一尺，大概等於現代的六分之一公尺——二十公分。比現代的長度，幾乎小了一半。

——尺寸的長度，顯然是越來越大，這跟不絕如縷的暴政有關。從前不是每年徵收你小民十尺布，作爲所得稅乎？俺也只徵收十尺，甚至，爲了表示「仁政」，俺只徵收九尺，你還有啥可說的。只不過俺的尺比較長一點罷啦。

宋偃先生的長相，堂堂一表，「力能屈伸鐵鈎」，更屬勇冠三軍，使人想起他的旁系血親尊親屬的子受辛先生，也是這麼氣壯山河的也。

紀元前四世紀三〇年代前三七〇年，老爺宋辟兵先生逝世，國君位置由嫡長子宋剔成繼承。四十一年後的七〇年代前三二九年，宋偃先生發動政變，老哥宋剔成先生逃亡到齊王國，宋偃先生嗣位。史書上沒有記載他的年齡，但他在老哥當了四十一年國君之後才發動政變，而他自己又在位四十四年，看情形他可能是老爹的遺腹子。

宋偃先生嗣位國君後的最初十年，還算安份，如果他不折騰的話，他的國家在列強的均勢中，可能繼續生存。可是，他卻開始折騰，起因於一件荒唐的使命感。原來，有一年，首都睢陽（河南省商丘市）城牆拐角，一隻麻雀在那裏築巢，小孩子攀到城牆上淘氣，在雀巢裏發現一隻剛孵出來的雛鷹（鸇）。咦，麻雀蛋孵出了鷹，眞是怪事怪事，兼怪事加三級，一時傳得人人皆知。馬屁精官員認爲是一件千古未有的祥瑞，就把該嗷嗷待哺的雛鷹，呈獻給宋偃先生，宋偃先生把巫師（太史）叫來，教他占卜吉凶。巫師老爺擺開攤子，唸唸有詞，得到過往神仙指示之後，報告宋偃先生曰：

「大王呀，這可是上上等之卦。雀何其小也，蒼鷹何其大也。小麻雀竟然生下大蒼鷹，乃反弱爲強，成爲霸主之兆，可喜呀可賀，可賀呀可喜。」

搖尾系統事實上就是順調份子，他們知道頭目的耳朵喜歡聽啥，就拚命說啥。像對付一頭毛驢一樣，順着毛驢的毛撫摸，毛驢一舒服，順調份子就有得官做啦。現在，宋偃先生開始舒服，他果然賞賜了巫師老爺。

——如果巫師先生像柏楊先生一樣，口吐眞言：「老爺容稟，這可是下下之卦，麻雀何其小也。蒼鷹何其大也，以小生大，看着它鼓肚膨脹，好不精彩，等到作孽作夠，呼的一聲，鼓肚爆炸，就一命歸天。這就跟打牌一樣，不按牌理出牌，結果準砸，可悲呀可哀，可哀呀可悲。」恐怕他閣下的命運也會跟柏楊先生一樣，成了早起的蟲兒，文鬥武鬥，難保殘生。

宋偃先生大悅之餘。就在紀元前四世紀八〇年代前三一八年，把封國改稱王國，自己也從封國國君和公爵的地位，一躍而成國王——宋王國第一任國王。

「萬歲」這玩藝

請讀者老爺看一下地圖，就可了解這個古老的封國和新興的王國，所處的形勢，它在三個強大的鄰居密密的包圍之中。北方是齊王國，西方是魏王國，南方是楚王國，像三把鐵鉗一樣，緊緊鉗住咽喉，要想掙扎，不能純靠軍事，還要靠政治、外交上的最高謀略。宋偃先生的頭腦不足以語此。嗚呼，兩千三百年後十九世紀清王朝，一些維新份子，都以爲只要「船堅砲利」，便可以拯救中國，（事實上，直到今天，二十世紀已經尾聲，仍有大批人馬，在「中國有中國的國情」大纛之下，認爲民主、法治、自由、人權，無一不可怕異常，只要洋大人的科技就行啦。）我們實在不忍心責備宋偃先生四肢發達和頭腦簡單。

宋偃先生的目標只有一個，建立一支強大的野戰軍，他曰：「我們國家衰弱的太久啦，而且病入膏肓，我如果不使它崛起，更靠何人乎耶？」使命感是一種能源，於是他徵召全國年輕丁壯，訓練出十萬人的勁旅。接着像希特勒先生一樣，一旦手裏有張王牌，就迫不及待的立刻打出，向強鄰發動攻擊。

東周列國志曰：

「東伐齊，取五城。南敗楚，拓地三百餘里，西敗魏軍，取二城，滅滕（山東省滕州市），有其地。」

一連串驚人的軍事勝利，宋偃先生已把他的國家帶入「三面作戰」的危境。他閣下也知道這種孤立，就跟西方航空距離七百公里外的秦王國，締結友好條約。秦王國也樂得在西方列強心臟地帶，出現這把牛耳刀，特別派遣龐大的使節團，前往宋王國首都睢陽（河南省商丘市）報聘。兩國來往密切，十分熱鬧。不過，在地圖上就可看出，宋秦之間，還橫隔着韓魏兩大強權，實質上很難發生作用。

然而，這已經夠宋偃先生滿意矣，他已把宋王國的國際地位提升到跟楚、齊、韓、趙、魏、秦，同等地位。而且這還是剛剛開始，大好光景，就在眼前。唯一的煩惱是，先向誰開刀？最好是一舉把齊王國併吞，那將使他無後顧之憂。然而，魏王國的吸引力也很大，中原地帶是富庶之鄉，可使國力倍增。宋偃先生每天面對地圖躊躇時，他都構想使自己的蓋世英名，遠播之法。於是，搖尾系統遂替他安排他所盼望的景觀。每天臨朝，主持金鑾寶殿御前會議時，高級官員們會猛的跳起來，高喊「萬歲」。金鑾殿上一喊，金鑾殿外的小官僚群，跟着也「萬歲」不誤。宮門外早已埋伏好的侍衛和臨時演員（被傳喚的小民），就如瘋如狂的跟着猛叫，直叫得天搖地動兼地動山搖。

——「萬歲」這玩藝，可能就是宋偃先生發明的，從前似乎沒有聽說過這種節目，這一發明不打緊，兩千三百年下來，把我們小民喊得舌頭都長出老繭，坑人不淺。而被「萬歲」

的傢伙，卻沒有一個爭氣活到百歲的。大概意淫傷神，無不提前倒斃。他媽的，萬歲，Son of Beach！

宋偃先生發明了「萬歲」之後，接着發明「射天」。他把牛血裝到皮袋裏，掛到高竿之上，一箭射去，牛血四濺，搖尾系統立刻向全國軍民宣稱：「我們國王射天得勝，連玉皇大帝的血都射出來啦。如果不信，你去瞧瞧，戰績還在那裏哩。」（如果再不信，可就成了反調份子兼反革命，事情就大啦。）

這種荒唐行徑可不是我老人家亂編的，請看戰國策原文：

「宋康王（宋偃）之時，有雀生鸇（蒼鷹）於城之陬（城牆拐角處），使太史（巫師）占之，曰：『小而生巨，必霸天下。』康王（宋偃）大喜。於是滅滕（山東省滕州市），伐薛（薛國——山東省滕州市南），取淮北（淮河以北）之地，乃愈自信。欲霸之亟（急）成，故射天笞地，斬社稷而焚滅之，曰：『威服天下鬼神』。」

青陵台上

宋偃先生除了發明「萬歲」「射天」外，還肉麻當有趣，繼續發明了「不醉」和「不洩」。

東周列國志曰：

「（宋偃）欲以恐嚇遠人，又爲長夜之飲，以酒強灌群臣，而陰使左右以熱水代酒自飲。群臣量素洪者，皆潦倒大醉，不能成禮，唯宋偃清醒。左右獻諛者，皆曰：『君王酒量如海，飲千石不醉也。』又多取婦人爲淫樂，一夜御數十女，使人傳言：『吾君精神兼數百人，從不倦怠。』以此自炫。」

不久就發生奪人之妻的暴行。君王們奪人之妻，以及奪人之女，是暴行中最輕微的一級，根本算不了啥，（如果算了啥，九十巴仙的帝王都砍頭矣。）但在宋偃先生這場暴行中，卻爲民間留下一樁可歌可泣的佳話。

有一天，宋偃先生北渡黃河，前往他新征服的魏國土地上觀察，走到封丘（河南省封丘縣）時，忽然看見一位正在採桑的少婦，杏臉含春，貌如天仙。他閣下閱人多矣，竟被這位民間婦女，搞得神魂飄蕩，可證明該老奶確實不凡。咦，能跟這麼一位美女睡上一覺，那才是眞正的人生。可是，不知道怎麼搞的，正瞧得兩眼發花之際，那漂亮的婦人卻忽然不見。豈神仙變化的乎哉？豈妖怪變化的乎哉？老傢伙偏不信這個邪，就在桑林附近，建築一個堂皇富麗的高台，天天爬到高台上，希望再望到她。偏偏那老奶大概受了驚恐之故，再也沒有出現。宋偃先生大發雷霆，下令地方官員，三天之內，查明具報。一位連君王都被她迷倒了的美女，在地方上的艷名當然叮噹有聲。一下子就查得一清二楚，原來她閣下姓息名露，幸運的兼倒楣的丈夫姓韓名憑，在封丘（河南省封丘縣）縣政府當一名科員（舍人）。宋偃先生一聽，大喜曰：「不過小小舍人之妻！她逃不掉啦。」下一步是，地方官員前往韓宅拜訪，除了送一份重禮，（大概包括五克拉鑽戒一隻，紐約房地契一張，綠卡一張，黃金五百兩。）五克拉鑽戒作爲美女的見面禮，其他的作爲韓憑先生讓妻代價。宋偃先生之意，這麼厚的禮物，任何美女看啦都會渾身發軟。而那麼優厚的讓妻條件，任何臭男人也都會高興得地上打滾。想不到，息露女士一口拒絕，寫了一首詩，作爲回答。詩曰：

南山有鳥　北山張羅
鳥自高飛　羅當奈何

不寫這首詩還好，寫這首詩更使老傢伙心癢難抓。咦，她不但是個美女，還是個才女哩。文明的不行，咱們就來野蠻的，派出御林軍，前往韓宅霸王硬上弓。韓家人正在慶幸君王到底跟盜匪不同，只不過派人說服，說服失敗，也就罷手。想不到忽然間門口人馬喧嘩，領頭一位官員，向息露女士鞠躬曰：「俺在國王手下當差，迎接娘子前往共享榮華富貴，是妳自動自發自己上轎呀，或是由俺隨身帶的宮女幫助妳上轎呀？」息露女士希望丈夫救她，但丈夫有啥力量？韓憑先生目睹嬌妻踉蹌而去，自慚連妻子都不能保護，鋼刀一舉，自殺在院前。

——有美貌嬌妻的臭男人注意，可得小心。一旦楣運從天而降，被有錢有勢的大爺看上啦，那就要糟。

變起肘腋，息露女士霎時間家破人亡，一對恩愛夫妻，生生拆散，她哭了又哭，也要一死了之，但在嚴密看守下，她當然死不成。宋偃先生把她請到青陵台上，恩威並用，慰之曰

：「打鈴，妳知道俺是誰？俺可是宋王國的國王呀，能使人富貴，也能使人貧賤。能使人活命，也能把人一刀兩斷。何況妳那個死心眼丈夫，已經了賬，沒福氣的東西，想他幹啥。親愛的，妳要是回心轉意，俺就封妳當宋王國的皇后，娘子意下如何。」

相思樹起源

史書上說，息露女士，回答了一首四言絕句，詩曰：

烏有雌雄　不逐鳳凰
妾是庶人　不羨君王

宋偃先生一瞧，天下竟然有不爲金錢權勢所動的美人，簡直見所未見，聞所未聞，勃然大怒曰：「話說得漂亮沒有用，妳已經落到俺的手心，要想不聽俺的，可是做白日夢！」老傢伙要硬碰硬啦，息露女士心生一計，嗲曰：「親愛的大王哥，丈夫剛死，總不能一點情義都沒有，馬上跟你歡樂吧。可不可以讓我沐浴更衣，拜辭故夫幽魂，使他平平安安，西赴極樂世界，我再伺候你。大王哥，你意下又是如何。」宋偃先生心裏想，沐浴更衣，洗得白白淨淨，可是上等享受，當然滿口答應。息露女士果然堆下笑容，沐浴已過，穿上新衣，向空中遙拜那爲她自殺的故夫，然後猛的衝向欄杆，在衛士措手不及，大聲驚呼中，她已翻了過去，一頭栽下，宋偃先生急喊：「拉住她！」已來不及，接着聽到地面一聲慘叫，已香消玉殞矣。搜查屍體，裙帶中得到息露女士在沐浴時倉促寫下的遺書，書曰：

「死後，乞賜遺骨與韓憑合葬一塚，黃泉感德。」

對着血肉模糊的息露女士屍體，宋偃先生沒有一點悲惻，反而暴跳如雷。他把息露女士恨到極點，他要報復，下令建造兩個墳墓，一個埋韓憑先生，一個埋息露女士，故意使他們分開，東西相望，「妳不是想埋在一處乎，俺偏把你們埋在兩處！」

夫妻安葬之後，宋偃先生大掃其興的返回首都睢陽（河南省商丘市）。過了數月，兩座墳墓上，忽然各長出一棵小樹，當它們逐漸成長時，兩棵樹枝互相向對方伸展，終於纏在一起，相攀相附，結成連理。有一對鴛鴦，飛到樹上，交頸悲鳴。人們奔走相告，哀之曰：「韓憑夫婦一點靈心，至死不分，魂魄化樹，永留人間。」遂稱之爲「相思樹」，這就是相思樹的來源，直到今天，相思樹種族繁延，已遍全世界矣，後人有詩嘆曰：

相思樹上兩鴛鴦　千古情魂事可傷
莫道強梁能奪志　美女執性抗君王

——千古以下，我們爲這對恩愛夫妻，流下眼淚。夫不負妻，妻不負夫。

宋偃先生征服美女失敗，使他更爲暴戾。他下令活生生解剖駝背朋友，看他的脊梁爲啥挺不直。又下令敲斷冬天涉水過河朋友的腳，看他爲啥不怕冷。（戰國策原文：「剖傴之背，鍥朝涉之脛。」這種子受辛先生幹過的勾當，史學家再度寫到宋偃先生的賬單上，柏老頗懷疑是不是眞的?)一連串怪誕暴政，使忠心的官員們心中憂慮，難免一些具有子干先生氣節的人，懇切規勸。不過，在暴君心目中，任何規勸都是逆耳之言，而逆耳之言就是反叛，對付反叛份子，宋偃先生比他的祖宗之一的子受辛先生，可痛快多啦?宋偃先生在他御座兩旁，排列神射手。任何人，只要開口，宋偃先生一聽不順耳，御手一揮，亂箭齊發，忠臣義士立刻倒地身死，第二天就「正法」了兩位高級官員:景成先生、戴烏先生，和一位貴族宋勃先生，三個人慘死箭下之後，宋王國遂一派昇平，上自宰相，下至小民，沒有一個人敢再說一句話。宋偃先生對這種舉國一致擁戴的現象，大爲滿意。

然而，國際上卻把宋偃先生當成像希特勒先生之類的瘋子。在宋王國國名上，加上一個「桀」字，稱爲「桀宋」，形容它已變成一個暴虐的國度。夏王朝最末一任君王姒履癸先生，就是被後人稱爲「桀帝」的，柏楊先生曾肯定「桀」已成了一個死亡的名字，想不到一千四百年後，重新出現一次。以後可是再沒人用它矣。(沒有人再用這個字，可不是說再沒有過這種人，這種人比河溝裏的螃蟹都多。)

滅國大戰

宋偃先生橫衝直撞的結果，跟希特勒先生橫衝直撞的結果一樣，引起國際上聯合反擊，紀元前三世紀一〇年代前二八六年，(前文趙雍先生餓死沙丘後九年)。齊王國派出使節到楚王國和魏王國，要求聯合向宋王國進攻，報復他擅開邊釁，侵略友邦。約定亡宋之後，三國瓜分它的疆土。楚魏欣然同意，各自派出武裝部隊，尅期在宋王國首都睢陽（河南省商丘市）城下集結。

各國統帥是：

齊王國總司令　韓聶
楚王國總司令　唐昧
魏王國總司令　芒卯

三國大軍，還未出發，秦王國已得到情報，國王嬴稷先生（十三年前，用詐欺手段囚禁芈槐先生的國際巨騙），大不高興，曰：「普天之下，誰不知道宋王國是俺秦王國最親密的兄弟之邦，齊王國怎敢冒犯？人生以信義爲本，我們除了參戰外，沒有第二條路。」於是下令動員。齊國王田地先生嚇了一跳，攻擊宋王國，他有把握，如果超強國秦王國也捲了進去，他就沒把握啦。智囊蘇代先生（他是蘇秦先生的老弟）自告奮勇前往秦王國說服嬴稷先生改變主意。

東周列國志曰：

「蘇代乃西見嬴稷曰：『齊今伐宋矣，臣敢爲大王賀。』嬴稷曰：『齊伐宋，先生何以賀寡人矣？』蘇代曰：『齊國王田地之暴虐，無異於宋偃。今約楚魏攻宋，其勢必欺楚魏。楚魏受其欺，必向西而事秦。是秦損一宋以餌齊，而坐收楚魏二國也。王何不利焉，敢不賀乎？』嬴稷先生曰：『寡人欲救宋，何如？』蘇代答曰：『桀宋犯天下公怒，天下皆幸其亡。而秦獨救之，眾怒且移於秦矣。』嬴稷乃罷兵不救宋。」

斷絕了外援，宋王國完全孤立。齊楚魏三國聯軍統帥部，發出文告，宣佈宋偃先生十大罪狀：

一、逐兄篡位，得國不正。二、滅滕（山東省滕州市）兼地，恃強凌弱。三、好攻樂戰，侵犯大國。四、革囊射天，得罪上帝。五、長夜酣飲，不恤國政。六、奪人妻女，淫蕩無恥。七、射殺諫臣，忠良結舌。八、僭稱王號，妄自尊大。（柏老按：齊楚魏哪一個不是「僭稱王號」？禿子罵和尚，竟也理直氣壯的罵得出口。）九、獨媚強秦，結怨鄰邦。十、慢神虐民，全無君道。

強有力的政治號召和強有力的軍事力量，使宋王國人心大亂，尤其齊楚魏三國所失土地（包括韓憑夫婦墳墓所在的封丘），居民們紛紛起義，逐走宋王國的官吏，登城自守，各國等待祖國大軍。聯軍勢如破竹，進逼首都睢陽（河南省商丘市）。

東周列國志曰：

「宋偃大閱車徒，親領中軍，離城十里（五公里）結營，以防攻突。（齊軍總司令）韓聶先遣部下閭丘儉，以五千人挑戰。宋兵不出，閭丘儉使軍士聲洪者數人，登輜車朗誦宋偃十罪。宋偃大怒，命將軍盧曼出敵。略戰數合，閭丘儉敗走，盧曼追之，閭丘儉盡棄其車馬器械，狼狽而奔。宋偃登壘，望見齊師已敗，喜曰：『敗齊一軍，則楚魏俱喪氣矣。』乃悉師出戰，直逼齊營，韓聶又敗一陣，退二十里下寨。卻教（楚軍總司令）唐昧，（魏軍總司令）芒卯二軍，左右取路，抄出宋軍大營之後。

「次日，宋偃只道齊兵已不能戰，拔寨猛進，直攻齊營。閭丘儉打着（總司令）韓聶旗號，列陣相持。自辰至午，合戰三十餘次，宋偃果然英勇，手斬齊將二十餘員，兵士死者百餘人。閭丘儉復大敗而奔，委棄車仗器械無數，宋兵爭先掠取。」

御頭懸掛高竿

正在戰勝高潮，楚魏二軍已抵達首都睢陽城下，宋偃先生得到報告，鳴金收兵，急急折回，中途遇到齊軍埋伏，大將屈志高先生戰死，另一位大將戴直先生保護着宋偃先生，且戰且走，好容易到了睢陽，守城大將孫公拔先生，開城門接入。此時聯軍已經合圍，飛石如雨，展開猛攻，日夜不息。幾天之後，又有生力軍加入。

東周列國志曰：

「忽見塵頭起處，又有大軍到來，乃是齊國王田地，恐韓聶不能成功，親帥大將王蠋、太史敫，引軍三萬前來，軍勢益壯。宋軍知齊國王親自領兵，人人喪膽，個個灰心。又兼宋偃不恤士卒，晝夜驅使男女守城，又絕無恩賞，怨聲籍籍。」

以一個孤城對抗三強聯軍，大勢已定，戴直先生向宋偃先生說出洩氣的話，曰：「敵勢猖狂，而我們的人心已變，趁着城還未破，大王呀，你還來得及逃命，以後再圖發展。」事情到此，宋偃這個老昏蛋，才感覺到往事如煙。白天他還誓言「與城共存亡」的，到了夜晚，他和戴直先生，帶領二三親信，悄悄跳城逃走。守將公孫拔先生遂即豎起降旗，開城迎接聯軍。這個新建立的桀宋王國，只有四十四年壽命，霎時滅亡。

宋偃先生出奔，遇到一個最大難題，那就是，他往哪裏逃？所有鄰國都被他得罪淨光，投奔他們等於自投羅網。他想投奔秦王國，可是當中卻隔着魏韓兩國，插翅難飛。這是他自己斷絕自己的生路。唯一的希望是，投奔當時還苟延殘喘，幾乎被人遺忘了的周王國。可憐的周王國，這時只剩下洛陽一小片土地。但無論如何，它還是個獨立王國，如果能在那裏得到政治庇護，以後可能還有機會尋覓復興。

宋偃先生決定投奔洛陽。可是，問題又來啦，那也要穿過魏王國的土地，他閣下又遇到必須插翅才能飛渡的難題。最後，他化裝成一個小販，爲了混淆敵人視聽，也爲了躲避重要的關隘重鎮，他先向北逃走，再折向西。不過，化裝後的小販到底不是小販，一行人等特殊的氣質，很容易暴露身份。當他們逃到溫邑（河南省溫縣），眼看南渡黃河，就可到達周王國時，聯軍的追兵已到。宋偃先生一小撮人一哄而散，戴直先生逃得太慢，被一刀砍爲兩段。宋偃先生沿着神農澗山徑跑了一段路，上氣不接下氣，而馬蹄聲分由前後逼到，只聽一片吶喊：「莫教暴君逃掉。」嚇得魂不附體，把心一橫，往神農澗懸崖縱身跳下，企圖自殺。

他閣下這一跳，比不得息露女士一跳，息露女士求仁得仁，名垂千古。宋偃先生求死卻不能死，一棵突出的樹枝擋住他的御體，追兵把他牽上來。一代英雄，這時變成狗熊，這個年已八十高齡的皓首匹夫，雙膝下跪，低着頭，任憑士兵吆喝鞭打，然後，大刀一揚，尊貴的御頭落地。這隻御頭被送到睢陽，由聯軍懸掛高竿，示眾三天。

——嗚呼，如果換一個方式，把宋偃先生這個活寶，懸掛高竿，示眾三天，敎他親自嚐到國民的唾罵，當更有意義。

姬噲・子之

時代　紀元前四世紀八〇年代
王朝　燕王國第二・第三任國王
綽號　燕王
在位　姬噲六年（前三二一—前三一六）
　　　子之三年（前三一六—前三一四）
遭遇　姬噲死於亂軍・子之被剁爲肉醬

糊塗蛋也可以改變世界

桀宋王國未亡之前，宋偃先生仍在位的時候，紀元前四世紀八〇年代，遠在北方一個平靜得如同死水，國際社會上默默無聞的燕王國，爆發內戰，經過情形，聽起來像是一場自導自演的兒童劇，但引起的反應和後遺症，卻可怖非凡，計：三個國王慘死，幾十萬軍人和小民，刀下喪生。

三個慘死國王的最後一個國王田地先生，我們將在下文報導。現在，只報導最先慘死的兩個國王——本文的男主角姬噲先生和子之先生，他們像姒相先生和后羿先生一樣，纏在一起，無法分開。

燕王國跟桀宋王國一樣，是最古老的一個封國——燕國。想當年紀元前十二世紀，周王朝建立，第一任國王姬發先生把他的叔父大人姬奭先生，封爲侯爵，派他到薊邑（若干世代下來築城之後，則稱爲薊城。北京市。）。建立他的封國。薊城（北京市）距首都鎬京（西安市）航空距離九百公里，當時尚是一片荒漠，各式各樣的蠻族，和各式各樣的部落，遍佈各地。姬奭先生留在中央政府做官（他閣下就是有名的召公，跟老哥周公姬旦先生，同爲政府的兩大支柱），而由他的兒子，率領名下的家族和部屬，越過千山萬水，通過無數次渺無人跡的曠野叢林，最後達到目的地。

燕國距政治心臟地帶首都鎬京（西安

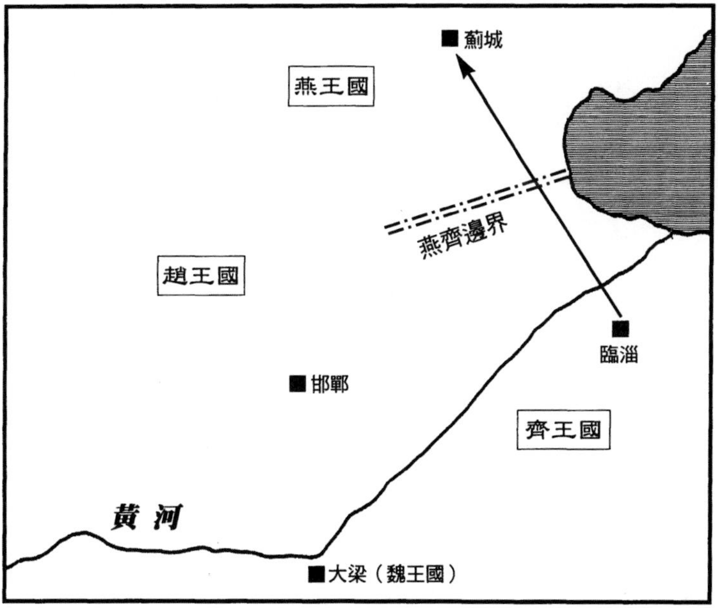

市），既那麼遙遠，而又位於窮苦邊陲，等於被遺棄的嬰兒，在那裏自生自滅，所以一直居於一個非常不重要，甚至被忘掉了的地位。然而，時間累積，燕國也逐漸強壯。紀元前四世紀六〇年代——距建立封國已八百年，燕國第三十七任國君姬易王先生，眼看到別的封國紛紛升格爲王國，心裏發癢，怎麼，我的土地不夠大呀，我的人不夠聰明呀。也就緊跟在各國屁股之後，改稱爲燕王國，而自己改稱國王。

——姬易王先生在史書上沒有留下名字，「易王」是他的尊號。我們從不叫人的官銜，所以依照老規矩，稱他爲姬易王先生。燕王國即令在升格爲王國之後，在國際上也沒身價，所以在他們先後八個國王中，包括姬易王先生在內，共有三個國王，連司馬遷先生都考查不出他們的名字，蓋太遠啦，也太小啦，沒人注意他們。

紀元前四世紀七〇年代前三二一年，姬易王先生跟周王國國王姬扁先生，同時逝世。姬易王先生的兒子姬噲先生，本文第一男主角，繼承寶位，成爲燕王國第二任國王。而任命本文第二男主角子之先生，作他的宰相。嗚呼，這兩個糊塗蛋，可是姓名俱全。而一個人如果做出糊塗蛋之事，在史書上想不留下名字都不可能，（連燕王國開山老祖第一任國王的名字，都沒留下來）。不過，雖然他們做出了糊塗蛋之事，鬧得燕齊兩國，天翻地覆，爲歷史提供了一頁一頁又一頁的史實。知道他們名字的人，仍寥寥無幾。人生太奧祕，也太微妙。聰明的人和智慧的人，固然可以改變世界，想不到，笨瓜和其蠢如豬的貨色，只要他有足夠的權柄，照樣可以改變世界，不過改變得更糟。

我們對本文兩位主角，除了他們玩的那場兒戲般的鬧劇外，其他一無所知。從兒戲鬧劇內容上，可以描繪出他們的輪廓：姬噲先生善良、懦弱，書讀得很多，全沒有消化，也沒有判斷能力。而子之先生則野心勃勃，不懂政治，卻非搞政治不可——我們所熟知的王莽先生，就是他的後身。

跟太后上了床

姬噲先生和子之先生所以做出糊塗蛋之事，跟蘇代先生有關，蘇代是蘇秦先生的弟弟。蘇秦先生以主張南北聯盟，跟秦王國對抗的大戰略，身兼六個強國的宰相，聞名世界。他的兩個弟弟：蘇代和蘇厲，步上他的後塵，也成爲戰國時代國際政壇上主要角色。

紀元前四世紀六〇年代，蘇秦先生正在趙國（那時趙國還沒有建立王國）秦王國爲了破壞蘇秦先生的大戰略，用出外交手段，於前三三二年，向魏王國表示，願意歸還從前所奪取的襄陵（山西省臨汾市東南二十公里）等七個城市，要求和解。襄陵距魏王國故都安邑（山西省夏縣），直線一百公里，駐屯在那裏的秦王國軍隊，朝發可以夕至，對魏王國邊界，構成絕大威脅。秦王國就拋出這種對方非吞下不可的香餌，要魏王國脫離南北聯盟。魏王國果然大爲驚喜，派出親善使節團到秦王國，表示邦交敦睦。而就在此時傳出消息，燕王國也可能跟進，向秦王國靠攏。趙國國君趙語先生質問蘇秦先生曰：「南北聯盟，互相結爲親戚，共同抵制凶暴的秦王國，這是一個崇高的構想。可是，聯盟締結還不到一年，魏燕兩國已在背後下手，跟秦王國勾搭上啦，聯盟條約，還有啥用乎哉？一旦秦軍向我們發動攻擊，那兩個國家能來相救乎哉？老哥，你說，應該怎麼辦才好？」

——杜牧先生阿房宮賦曰：「滅六國者，六國也，非秦也。」國家滅亡，談何容易，而竟亡啦，責任只在自己。南北聯盟剛剛締結，秦王國隨便拋出一根骨頭，團結便告瓦解。嗚呼，這能怪秦王國乎？誰不明白團結的道理，只是利令智昏而已。站在趙國立場，襄陵可是大事，聯盟算屁。

蘇秦先生被趙語先生問得發毛，團結建立在一種長程利害的共識上，魏王國一定要近視眼，蘇秦先生的大戰略危矣，不但大戰略危矣，連他閣下的老命也危矣。魏王國既已行動，阻攔不易，蘇秦先生建議由他親自去燕王國一趟，穩住陣腳。趙語先生同意。於是，蘇秦先生到了薊城（北京市）。現在的蘇秦先生可是太空梭上點燈，名照宇寰。燕王國國王姬易王先生，隆重的接待他，並任命他擔任宰相。蘇秦先生很容易的使燕王國跟趙王國保持友誼。為了鞏固自己的地位和權勢，他跟另一位宰相子之先生——本文第二男主角，結為婚姻之好（不知道誰家的女兒嫁給誰家的兒子？）又教老弟蘇代、蘇厲，跟子之先生結拜為義兄義弟。

然而，蘇秦先生有了痲煩，姬易王先生的娘——文夫人，看上了這位平地一聲雷，從卑微地位，迅速爬到高位上，創造奇蹟的青年才俊。嗚呼，只要手握大權，男人看上女人，女人固然難逃。女人看上男人，男人同樣無法招架。息露女士拒絕宋偃先生，自殺身死，千古留名。杜伯先生拒抗女宛女士，結果被鬥臭後處決，蘇秦先生知道，如果拒絕文夫人，下場準慘不忍睹、文夫人召他進宮，他不敢不進宮；文夫人敎他上床，他不敢不上床。咦，文夫人不是普通民女，她可是國王的娘，換了老聖人孔丘先生，也得如此這般。然而，皇宮之中，人多嘴雜，春光不久外洩，姬易王先生也得到情報。離奇的是，當他知道蘇秦先生跟他娘通姦之後，卻沒有任何反應。是他深刻了解老娘風流成性，說不定鬧過多少糗事，趕走蘇秦，還有別人補缺，不如從一而終，免得換來換去，越換越難聽歟？或是他深愛蘇秦先生奇才，爲了國家，寧可賠上老娘歟？又或是他故意不動聲色——爲了跟老娘通姦而殺人，醜聞可大啦，等他犯了別的法條，屆時再翻臉動手，就名正言順了歟？

銀子說話

我們在兩千年之後揣想，姬易王先生所以不作反應，可能是前兩種原因。但蘇秦先生的心情，可是認爲必屬第三種無疑。他心裏想曰：「一代英名，如果被一個女人斷送，那才眞是天絕我也。」於是，他拒絕再到皇宮裏去，如果皇宮侍衛把他捉住，用刺客的罪名斬首，全族都覆沒矣。可是，那位春心蕩漾的文夫人，卻不斷派人叫他。最初他東扯西拉，說謊搪塞。後來他發現，一旦文夫人老羞成怒，「約瑟模式」可要再度出現，想到這裏，這位一肚子鬼計的傢伙，嚇得發抖。

最後，蘇秦先生終於想到自救之道，只有釜底抽薪，離開燕王國一途。

東周列國志曰：

「文夫人屢召蘇秦，不敢往。乃說姬易王曰：『燕齊之勢，終當相拚。臣願為大王行反間於齊。』姬易王曰：『反間如何？』蘇秦對曰：『臣偽為得罪於燕，而出奔齊國。齊國王必重用臣，臣因敗齊之政，以為燕地。』姬易王許之，乃收蘇秦相印，蘇秦遂奔齊。齊國王田因齊重其名，用為客卿。……田因齊死，子田辟彊立，蘇秦用事如故。」

——東周列國志把齊王國的國王似乎弄錯，蘇秦先生投奔齊王國時，國王是田因齊先生（威王），不是田辟彊（宣王），柏老好改人書，就順筆改之。

齊國王田因齊先生翹辮子的前一年（前三二一），燕國王姬易王先生也一命歸天，兒子姬噲先生繼位。

紀元前三一七年，蘇秦先生在齊王國政府激烈的奪權鬥爭中，被政敵暗殺。留在燕王國的老弟蘇代先生，遂接替老哥的位置，成為燕王國的重臣，而他的結拜兄弟子之，仍繼續當新國王姬噲先生的宰相。

從沒有一本史書介紹過姬噲先生，卻有史書介紹子之先生。

東周列國志曰：

「燕王國宰相之子，身長八尺，腰大十圍，肌肥肉重，面闊口方。（柏老按：這就對啦，腦滿腸肥。）手綽飛禽，走及奔馬。自姬易王時，已執國柄。及姬噲嗣位，荒於酒色，但貪逸樂，不肯臨朝聽政，子之遂有篡奪之意。」

——子之先生的來路不明，似乎是燕王國的貴族，則應是「姬之」才對，蓋古時喜用「

子」字作尊稱也。但也可能他是商王朝皇族的苗裔，所以姓「子」。古史書對姓名官稱，往往說不清楚，使人生氣。

既然起意，就開始行動。戰國策曰：

「子之先生當了燕王國的宰相，威望蒸蒸日上，掌握權柄，獨斷獨行。蘇代先生出使齊王國回來，姬噲先生問曰：『田辟彊先生那人怎麼樣？』蘇代先生曰：『您放心，他一輩子也當不上霸主，稱霸不了天下。』姬噲先生曰：『爲啥？』蘇代先生曰：『那傢伙自以爲聰明，不重用他的幹部。』蘇代先生這些話，不是批評田辟彊先生，而是說給姬噲先生聽的，用以刺激他。於是姬噲先生遂全心全意的信任子之先生。子之先生也眞大方，立刻送給蘇代先生黃金兩千四百兩，（柏老按：這麼重的賄賂，足可以收買一個人的靈魂。）任憑蘇代先生支配。於是不久，銀子說話，高級官員鹿毛壽先生向姬噲先生建議：『大王呀，我知道你憂國憂民，希望國家強大。唯一使國家強大之法，莫如把中央政府權力，全部讓給子之先生。你可知道，想當初，堯帝伊祁放勳先生曾把政權讓給許由先生，許由先生拒絕接受。是伊祁放勳先生有『禪讓』的美名，卻仍照樣保持政權。而今，您把政權讓給子之先生，子之先生準也不會接受，您的賢名可就大啦。』姬噲先生龍心大悅，向子之先生表示要把政權讓給他。誰曉得，這麼一讓，子之先生欣然同意，雖沒有馬上行動，但子之先生立刻成了全國最重要人物。」

太子起兵反抗

然而，子之先生仍不滿意，因爲第一、他的屁股還沒有坐上寶座。第二、姬噲先生的兒子姬平——太子的勢力，仍未完全排除。於是，銀子再度開口。

戰國策曰：

「有一位同樣重要的高級官員，向姬噲先生進言曰：『大王容稟，您眞是天下第一等君王，竟讓出政權。嗚呼，想當年，姒文命先生把政權禪讓給一位叫「益」的人，而教自己的兒子姒啓當一個小職員，認爲姒啓先生沒有治理國家的能力，定要禪讓給「益」。後來，姒啓先生起事，跟他的黨羽攻擊「益」，而奪回政權。是姒文命先生名義上「禪讓」，事實上卻教自己的兒子姒啓霸佔回來也。而今，大王您，對外宣傳說把政權禪讓給子之先生。可是，官員們卻都是太子姬平的部屬。外表上子之當家，實質上姬平當家。這叫啥禪讓？大王怎能跟古聖先賢齊名乎哉？』姬噲先生恍然大悟，下令中級以上的官員，一律免職，再由子之先生另行委任。子之先生正式坐到王位上，姬噲先生因年老之故，索性向子之先生叩拜，作爲臣屬。」

原文：

「子之相燕，貴重主斷。蘇代爲齊使燕，燕王（姬噲）問之曰：『齊宣（田辟彊）何如？』對曰：『必不霸。』燕王（姬噲）曰：『何也？』對曰：『不信其臣。』蘇代欲以激燕王（姬噲）以厚任子之也。於是燕王（姬噲）大信子之。子之因遺蘇代百金，聽其所使。鹿毛壽謂燕王（姬噲）曰：『不如以國讓子之。人謂堯（伊祁放勳）賢者，以其讓天下於許由，（許）由必不受。有讓天下之名，實不失天下。今，王（姬噲）以國讓子之，子之必不敢受，是王（姬噲）與堯（伊祁放勳）同行也。』燕王（姬噲）因舉國屬子之，子之大重。或曰：『禹（姒文命）授益而以（姒）啓爲吏，及老，而以（姒）啓爲不足任天下，傳之益也。（姒）啓與友黨攻益而奪之天下，是禹（姒文命）名傳天下於益，其實令（姒）啓自取之。今王（姬噲）言屬國子之，而吏無非太子（姬平）人者，是名屬子之，而太子（姬平）用事。』王（姬噲）因收印自三百石吏而效之子之。子之南面行王事，而（姬）噲老不聽政，顧爲臣，國事皆決子之。」

嗚呼，第一次銀子說話，要姬噲先生用詐欺手段，揚言送人一種必不敢要的東西，對方既不敢要，東西仍是自己的，卻博得慷慨大方的美名。誰曉得剛一出口，對方就張嘴吞下。第二次銀子說話，批評姬噲先生送的不夠徹底——竟沒有建議把太子姬平殺掉，實在使人驚奇。但那一群活寶，恐怕不可能沒有這種想法。

姬噲先生眞是天下第一朦朧，他竟把儒家學派政治掛帥大纛下杜撰的良辰美景，當成眞的。自從儒家學派把伊祁放勳先生和姚重華先生美化成可愛的小綿羊以後，姬噲先生這位忠實的信徒，是第一個受害最大的人。再重複上文說過的一句話：糊塗蟲也可改變歷史，姬噲先生就是這種庸才。尤其可訝的是鹿毛壽先生之類的說辭，任憑誰都不會接受，而姬噲先生竟照單全收。我們敢肯定，他準是個智力不足的白癡，蓋只有智力不足的白癡，和智力太高的野心家，才相信「禪讓」那一套。

子之先生是第二個受害人，在封建專制的政治體制下，只有流血才能取得政權，根本不允許用和平手段。子之先生相信只要上層交易就行啦，他犯了可怕的錯誤，蓋他不能控制奪取王位後的局勢。高級將領市被先生首先反抗，跟太子姬平先生結合，號召武裝部隊起義，圍攻皇宮，晝夜血戰。子之先生以國王名義，號召武裝部隊勤王。雙方兵戎相見，但皇宮一時難破。

上吊和凌遲

皇宮攻防戰連續幾個月，不能決定勝負，就在大戰正酣時，攻擊陣營分裂，市被先生率領他的部隊，必然倒戈，反攻太子姬平先生。戰國策僅曰：「將軍市被及百姓，乃反攻太子（姬）平。」他閣下爲啥改變立場，史書上沒有交代。是被子之先生的黃金收買？還是姬平先生不成才，把他逼反？看情形不像是姬平先生不成才，在以後的表現上，姬平先生顯然是一位英明領袖。市被先生最先發難，也最先倒戈，政治上的無情變化，使人心戰膽寒。然而，市被先生的倒戈給他自己帶來死亡，他在戰場上被姬平先生的太子兵團，一刀砍下馬鞍，送掉性命。但殘兵猶在，子之先生揮軍出宮，在薊城（北京市）展開一場中國歷史上空前的大規模的巷戰，達數月之久。「構難數月，死者數萬眾，燕人恫恐，百姓離意。」

天下本無事，庸人自擾之，史書上血跡斑斑。可是，直到今天，仍不斷有人英勇的重蹈覆轍。使人忍不住發問：爲啥如此？

燕王國小民正在水深火熱之際，齊王國決定吞併這個混賬輩出的鄰居。齊國王田辟彊先生唯恐太子姬平先生喪失鬥志，姬平先生一旦投降子之，或撤出首都薊城（北京市），燕王國社會秩序恢復，齊王國的滅國戲，唱不成矣。田辟彊先生派人通知姬平先生曰：「我深知道，你之所以起兵抗暴，目的至大至公，只爲了『飭君臣之義，正父子之位。』我的國家雖小，沒有力量。但是，我卻願支持你，如果有需要我效勞的地方，請你隨時吩咐。」

姬平先生得到外援，精神大振，巷戰更爲慘烈，一面向齊王國致謝，一面請求武裝支援。而這時候，被儒家系統尊爲「亞聖」（第二級聖人）的孟軻先生，正在齊王國推銷他的儒家政治主張，這位不斷嚴厲譴責戰爭的和平之鴿，鼓勵田辟彊先生發動侵略，他曰：「這眞天賜良機，現在如果對燕王國用兵，那可是又回到了姬昌（文王）、姬發（武王）時代。千萬不可錯過，一旦錯過，以後就再沒有這種良機矣。」

恰好傳來消息，姬平先生兵敗逃亡。使田辟彊認爲，此時不下手，更待何時。

東周列國志曰：

「（田辟彊）乃使匡章爲大將，率軍十萬，從渤海進兵。燕人恨子之入骨，皆簞食壺漿，以迎齊師，無有持寸兵拒戰者。匡章出兵，凡五十日，兵不留行，直達燕都（薊城——北京市），百姓開門納之。子之之黨。見齊兵眾盛，長驅而入，亦皆聳懼奔竄。子之自恃其勇，與鹿毛壽率軍拒戰於大街之上。兵士漸散，鹿毛壽戰死，子之身負重傷，猶格殺百餘人，力竭被擒。」

子之先生被擒，鬧劇結束。從中穿針引線的蘇代先生，倉皇逃走，逃回南方他的故鄉周王國。可憐的姬噲先生，只好懸樑上吊，他到死恐怕都不明白怎麼會落得這種下場。子之先生卻沒有這種幸運，一輛特製的囚車，把他押解到齊王國首都臨淄（山東省淄博市東臨淄鎮）。臨淄、薊城（北京市）之間，航空距離四百公里，匡章先生以戰時行軍的速度，還走了五十天，囚禁子之先生的龐大囚車，（子之先生虎背熊腰，四肢發達，可是大個兒，小號囚車準裝不下），恐怕要走六十天，這兩個月的日子，可不好受。人間再也沒有比從國王變成死囚更戲劇化的矣，子之先生躬逢其盛，而又榮膺主角，實在難得。一路上辛苦之餘，想起他多年來的折騰，恐怕感慨萬千。

最後，到了臨淄。田辟彊先生高坐金鑾殿受俘，宣佈子之先生罪狀，下令「凌遲」——拖到刑場上，先砍斷四肢，等他閣下只剩下軀幹，哀號求死不得之後，再照咽喉一刀。

——姬噲先生之自縊，子之先生之凌遲，是東周列國志的說法，其他史書上都很簡單，戰國策曰：「燕王（姬）噲死，齊大勝燕，子之亡。」資治通鑑曰：「齊人取子之醢之，遂殺燕王（姬）噲。」是則，子之先生終於被剁成肉醬，而姬噲先生又是死於齊軍之手。反正，無論如何，寫到這裏，既笑又悲。

田地

時代　紀元前三世紀一〇年代
王朝　齊王國第二任國王
綽號　湣王
在位　十八年（前三〇一—前二八四）
遭遇　剝皮、抽筋、慘叫三日始絕

千里馬骨

在上文中，曾提到燕王國國內變化的反應和後遺症，引起三個國王的慘死。前兩位國王姬噲先生和子之先生，已報導之矣。現在，我們報導第三位國王——齊國王田地先生。他跟姬噲、子之，根本拉不上線，可是他老爹田辟疆先生卻拉得上線。

齊王國遠征軍攻陷燕王國首都薊城（北京市）後，齊國王田辟疆先生決心滅掉燕王國，把領土納入自己的版圖。所以遠征軍司令官匡章先生一進入薊城，就作長久打算，先把燕王國歷代君主的太廟，全部摧毀，表示姬姓貴族已被連根拔除。再把燕王國的國庫，搜括一空，全部運回臨淄（山東省淄博市東臨淄鎮）。接着收集燕王國政府所有的檔案——包括全部人事資料、土地田畝賦稅資料、山河要隘關卡資料，以及武裝部隊軍事機密資料。派出軍隊，奪取其他城市。匡章先生對燕王國人民歡迎的場面，記憶猶新，認爲燕王國民心已變，攻城略地，將不費吹灰之力。燕王國這才恍然大悟，他們最初以爲齊軍是來解救他們脫離苦難的，可是現在卻成了一支趁火打劫的侵略強盜，大家遂起而反抗。並派人到無終山（霧靈山），迎接逃亡的太子姬平先生，繼任燕王國第三任國王。這時，趙王國第一任國王趙雍先生在位，對齊王國這麼輕輕鬆鬆的併吞了大塊土地，既害怕、又生氣，於是尋找到另一位逃亡的王子姬職先生，迎接到首都邯鄲（河北省邯鄲市），準備尊奉他當燕王國的國王。後來聽到姬平先生已在故土登上寶殿的消息，才打消原意，但承諾

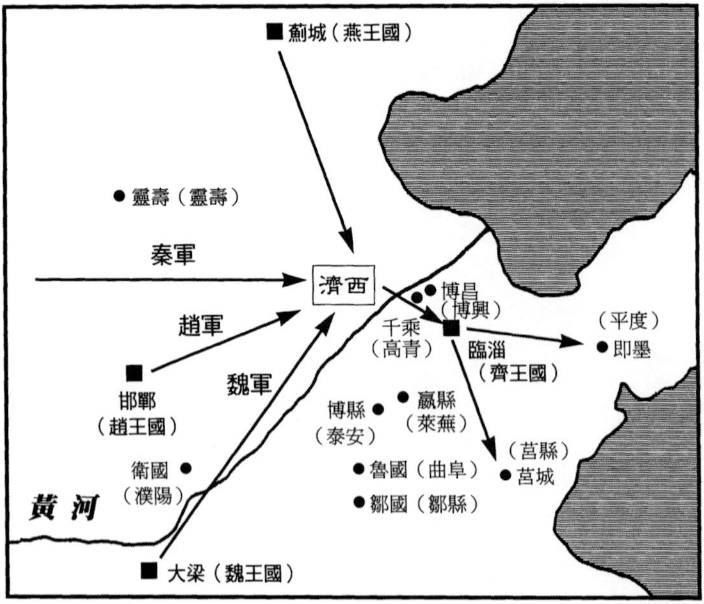

給姬平先生大量援助。姬平先生得到外援後，聲勢一振。那些已經屈服於齊王國的城市，紛紛起義，把齊王國的佔領官和佔領軍趕走，重回祖國懷抱。

遠征軍司令官匡章先生無法招架，只好撤退，當然把所可以搜括的金銀財寶，全部帶走。姬平先生還都薊城（北京市），發現他的國家一貧如洗，不僅國庫一貧如洗，連小民也一貧如洗。連年戰爭，全國青年已死傷多半，簡直無法着手重建。他徘徊半頹的宮垣城堡之間，看到家家戶戶在辦喪事，哭聲震動山岳，不禁爲老爹姬噲先生的愚蠢，搥胸嘆息。對子之先生的愚昧凶惡，對齊王國之乘人之危，更是悲憤。子之先生已受到懲罰，至於齊王國，他誓言有生之年，必定報復。然而，以目前的殘破程度，那可是一段遙遠的歷程。

在善後工作告一段落時，姬平先生免稅減賦，使人民富庶，獎勵生育，使兵源充足。又用最謙恭的態度，招請英才。在逃亡無終山（霧靈山）一直陪伴他，在即位後被任命擔任宰相的郭隗先生，是他最重要的助手。

東周列國志曰：

「姬平乃歸燕都（薊城），修理宗廟，志復齊仇。乃卑身厚幣，欲以招徠賢士，謂宰相（相國）郭隗曰：『先王（姬噲）之恥，孤日夜在心，若得賢士，可與共圖齊事者，孤願以身事之，唯先生爲孤擇其人。』郭隗曰：『古之人君，有以千金使侍從官（涓人）求千里之馬。途遇死馬，旁人皆環而嘆息，侍從官問其故，答曰：「此馬生時，日行千里，今死，是以惜之。」侍從官（涓人）乃以五百金買其骨，囊負而歸。人君大怒曰：「此死骨何用？而費吾多金耶？」侍從官答曰：「所以費五百金者，爲千里馬之骨故也。此奇事人將競傳，必曰：『死馬且得重價，況活馬乎？』馬且至矣。」不期年，得千里之馬三匹。今王欲致天下賢士，請以我爲馬骨，況賢於我者，誰不求價而至哉？』」

黃金台

郭隗先生不僅是智囊而已，他願以死馬骨自居，更是一代政治家風範。

東周列國志曰：

「於是姬平爲郭隗築宮，執弟子禮，北面聽敎，親供飲食，極其恭敬。復於易水之旁，築起高台，積黃金於台上，以奉四方賢士，名曰招賢台，亦曰黃金台。於是燕王（姬平）好士，傳布遠近。劇辛自趙往，蘇代自周往，（他閣下臉皮也眞夠厚——搞政治的，臉皮可是非厚不行），鄒衍自齊往，屈景自衛往（柏老按：這四位都是歷史著名人物）。姬平悉拜爲客卿，與謀國事。元王朝劉因先生，有黃金台詩，云：燕山不改色，易水無剩聲。誰知數尺台，中有萬古情。區區後世人，猶愛黃金名。黃金亦何物，能爲賢重輕。周道日東漸，二老皆西行。養民以致賢，王業自此成。（二老之一是被尊爲老子的李耳先生，道家學派的開山老祖。另一位「老」，不知道是誰矣。）」

最後，姬平先生隆重接待一位默默無聞的青年樂毅。他是一百年前——紀元前五世紀九〇年代名將樂羊先生的後裔，家住趙國所屬的靈壽縣（河北省靈壽縣），趙國「沙丘之亂」

時，全國大亂，樂毅和他的家人逃難到大梁（河南省開封市），魏國王魏遬先生當然瞧不起這個流浪客。他正彷徨無依，聽到黃金台故事，就從大梁前來薊城（北京市）。姬平先生跟他一席深談，從國際外交到富國強兵，不禁額手稱慶，知道已遇到他心目中的王佐之才，就以客卿中最尊貴的禮數優待他。樂毅先生要求准許他當燕王國的公民，姬平先生表示不敢當他的君王，但最後仍勉強接受，任命他當副宰相（亞卿），位在所有客卿之上。蓋客卿者，外國籍的顧問，尊而不親。而樂毅先生則已成爲燕王國的公民，既尊而又親者也。

樂毅先生是一代奇才，他在歷史上創下奇蹟。但任何奇蹟都不是一首詩，而是一堆辛苦的血汗，而是一段漫長的歷程。復興一個衰弱得瀕於覆亡的國家，是天下最困難的大事。樂毅先生的方法是：使人民休養、富裕，然後加強軍事訓練。

自姬平先生即位（前三一二），到大復仇之日（前二八四），凡二十九年。二十九年之間，國際上發生很多變化：

一　趙王國「沙丘之亂」，第一任國王趙雍先生餓死行宮。

二　楚王國第二十一任國王羋槐先生被騙到秦王國，死在咸陽。

三　齊王國第二任國王田辟彊先生（是他幾乎把燕王國滅掉，結下世仇）逝世。兒子田地先生（本文男主角）登場。

四　宋王國覆亡，第一任也是最後一任國王宋偃先生喪生。

五　秦王國以幾何級數的速度，躍居世界超強級強國，各國普遍害「恐秦病」。

田地先生坐上王位後，他所面對的世界，比老爹田辟疆先生所面對的世界，更爲險惡，而最險惡的當然是燕王國的復仇迫在眉睫。可是，田地先生卻優哉游哉，滿不在乎，史書上沒有具體的一條一條列出他的暴行，大概條數太多，列也列不完，但從以後發生的若干事實，可反映出他的性格和行爲，至爲惡劣。

紀元前三世紀一〇年代前二八八年。秦國王嬴稷先生忽然覺得「王」不夠過癮，於是改稱「西帝」，派遣使節到臨淄（山東省淄博市東臨淄鎮），請田地先生稱「東帝」。這一項突變，引起一連串國際戰爭。

資治通鑑曰：

「十月，秦王（嬴稷）稱西帝，遣使立齊王（田地）爲東帝，欲約共伐趙。」

英明領導之下

田地先生接到這個請求，龍心大癢，咦，秦王國把俺跟他看得一般高呀，雖滅燕不成，那是沒有人幫拳之故，現在把趙王國瓜分，疆土大增，可眞美不可言。但他想到自己的實力，又不禁有點猶豫。

資治通鑑曰：

「蘇代自燕來，齊王（田地）曰：『秦使魏冉致帝，子以爲何如？』對曰：『願王受之而勿稱也。秦稱之，天下安之，王乃稱之，無後也（未晚也）。秦稱之，天下惡之，王因勿稱以收天下，此大資也。且伐趙，孰與伐桀宋利？今王不如釋帝以收天下之望，發兵以伐桀宋，宋舉，則楚、趙、魏、衛，皆懼矣。是我以名尊秦，而令天下憎之。』」

蘇代先生果然不凡，他把燙山芋扔還給秦王國。田地先生當了兩天「東帝」之後，就對「帝」這玩藝閉口不提。嬴稷先生一瞧，「東帝」既沒有啦，他這「西帝」就「西」不起來，只好打馬虎眼，仍稱他的國王。田地先生在這場外交接觸中，打了一個勝仗。馬上跟魏王國、楚王國結盟，攻擊桀宋王國。

桀宋王國就在三國聯軍圍困下滅亡，經過情形，在宋偃文中，已敍述之矣。但要特別指出一點，蘇代先生奉田地先生之命，前往咸陽（陝西省咸陽市），勸阻秦王國援軍，竟憑三寸不爛之舌，使秦王國背棄盟邦。冬烘之輩常抨擊蘇秦、張儀沒有眞才實學，翻雲覆雨，全靠一張嘴。嗚呼，正因爲他們全靠一張嘴，才必須擁有眞才實學。在官場之中，只要精於拍馬，就可爬到高位。遊說家像坐在炸彈上，幾乎每一分鐘都有爆炸的可能，沒有眞才實學支持，早被「烹之」矣。蘇秦先生那種南北結盟，共抗強秦的大戰略，直到今天，二十世紀矣，在國際上仍佔主導地位，冬烘之輩既沒有這種眼光，也沒有這種抱負。蘇代先生不過二流角色，他之能勸阻秦王國背盟，並不靠他的一番話，而靠他對世局的洞察。注意他的分析：「田地之強暴，無異於宋偃。今約楚魏而攻宋，其勢必欺楚魏。楚魏受其欺，必西向而事秦。」一針見血、料事如神。

果然，三國聯軍在攻佔了桀宋王國之後，依照原來盟約，齊王國、魏王國、楚王國，共同瓜分疆土，各得一份。田地先生左思右想，忽然大怒曰：「這場戰役，幾乎全是齊王國打的，而俺，以國王之尊，還御駕親征，如果不御駕親征，運籌於帷幄之中，決勝於疆場之上，靠你們幾個毛頭小伙，能大獲全勝呀。楚魏那一小撮軍隊，一陣風都刮得無影無蹤，怎麼有臉要地？」於是，使用詭計，聲言歡送楚軍，然後在屁股後突然攻擊，在措手不及下，楚軍大敗而逃。田地接着對魏王國如法炮製，把桀宋王國領土，全部下肚。國際間固然沒有信義，但沒有信義到這種程度，也實在離譜。楚魏二國氣得雙目昏花，分別向秦王國靠攏。

田地先生把所有的鄰國都製造成不共戴天之仇，已走上宋偃先生的覆轍，但他卻以為他比宋偃先生棋高一着。他對國境內的兩個小封國：魯國（山東省曲阜市）和鄒國（山東省鄒縣），以及鄰境的一個小封國衛國（河南省濮陽市），發出通牒，要他們的國君做他的臣屬，向齊王國進貢，三國國君無可奈何，只好把田地先生那個混蛋，當作周王朝的國王，向他朝覲。田地先生對自己的偉大勳業，和在歷史上的崇高地位，大為滿意，向他的高級官員宣稱：「齊王國在俺英明的領導之下，擊破燕王國，使它永不能復興。滅掉桀宋王國，使它再不能翻身。開拓的疆土，有千里之遠。先後給楚王國跟魏王國以重創，威震天下。魯國、衛國、鄒國，都自動自發歸附稱臣。沿邊地區，都不震恐。等俺哪一天，心血來潮，親率堂堂大軍，滅掉那個殘存的周王國，把它的國寶九鼎，搬到臨淄（山東省淄博市東臨淄鎮），然後正式稱號『天子』，號令各國，誰敢不買俺的賬？」

五國聯軍

田地先生這番膚淺的言論，使他的堂弟，擔任宰相的田文先生，大吃一驚，建議曰：「宋偃先生正因爲一味虛驕，我們才抓住機會把他幹掉。大王呀，願你以他爲戒。周王朝雖然只剩下洛陽城和附近一星點土地，然而，他們的國王，仍是傳統名義上的『共主』。列國之間，互相攻伐，戰火從來沒有燃燒到洛陽，不願冒天下之大不韙也。你閣下前些時，曾堅決拒絕『帝』的稱號，國際上對你倍加尊敬。而今忽然要消滅周王朝，自當天子，恐怕不是國家之福。」用不着到卦攤上算六爻課，就可知道暴君的反應，田地先生曰：「子天乙放逐姒履癸，姬發攻打子受辛。姒履癸不是子天乙的君王乎？子受辛不是姬發先生的君王乎？有啥可說的，俺難道比不上子天乙、姬發？可惜你不是伊尹、姜子牙耳。你既然看我不順眼，就請另投明主。」下令免除田文先生的宰相。

——田文先生，就是歷史上著名的，戰國時代「四大公子」之一的孟嘗君。紀元前三世紀之前春秋時代，封國國君多半都是「侯爵」（所以有「諸侯」名稱出現），對手下有功勳的貴族或部屬，不能再封侯爵，就改封「君爵」。等到各國國君，竄升爲國王，這種稱謂，一直保持下去。所以事實上，「君」就是「侯」，「侯」就是「君」。到了紀元前二世紀，西漢王朝建立，才開始大批封侯。只在對女人寵榮時，才封爲「君」。男人封侯，女人封君，爵位相等。

田地先生把田文先生趕走後，耳朵裏再也聽不到反調言論，而只聽到順調聲音——雷動的鼓掌和萬歲的嘶喊，田地先生乃心曠神怡，精神抖擻。

東周列國志曰：

「田地自田文去後，益自驕矜。日夜謀代周爲天子。時齊增多怪異，天雨血，方數百里，沾人衣，腥臭難當。又地坼數丈，泉水湧出。又有人當闕而哭，但聞其聲，不見其形。由是百姓惶惶，朝不保夕。大夫狐咺、陳舉，先後進諫，且請召還田文。田地怒而殺之，陳屍通衢，以杜絕諫言。於是王蠋、太史敫等，皆謝病棄職，歸隱鄉里。」

諺云：「天作孽，猶可違。自作孽，不可活。」田地先生勇不可當的爲自己挖掘墳墓，誰都不能使他住手。再也料不到，就在這時候，燕王國大復仇行動，已經準備完成。

東周列國志曰：

「田地……恣行狂暴，百姓弗堪。而燕王國休養多年，國富民稠，士卒樂戰。於是姬平進樂毅而問曰：『寡人銜先人之恨，二十八年於茲矣，常恐一旦身死，不及手刃齊國王之腹，以報國恥，終夜痛心。今田地驕暴自恃，中外離心，此天亡之時，寡人欲起傾國之兵，與齊王國爭一旦之命，先生何以教之？』樂毅對曰：『齊王國地大人眾，士卒習戰，未可獨攻也。大王必欲伐之，必須他國共圖。今燕之比鄰，莫密於趙王國，大王宜首與趙王國結盟，則韓王國必然參加。而田文刻在魏任宰相，正恨田地，宜無不聽。如是，齊可攻也。』姬平曰：『善。』」

姬平先生派遣樂毅先生出使各國，不但各國欣然同意，連遠在西方的秦王國，「忌齊之盛，懼諸侯背秦而事齊」，也願派出武裝部隊。五國聯軍，迅速組成：

秦軍司令官　斯離
趙軍司令官　廉頗
韓軍司令官　暴鳶
魏軍司令官　晉鄙
燕軍司令官　樂毅（兼任聯軍最高統帥）

——除了暴鳶先生外，其他四位，都是紀元前三世紀的名將。

紀元前三世紀一〇年代前二八四年。桀宋王國覆亡後二年。五國聯軍分別在齊王國邊境集結，燕王國動員全國所有可以動員的男子，悉數投入戰場，任命樂毅先生當上將軍，五國同時進攻，目標「濟西」。

架子奇大

濟西，濟水之西，現在地圖上已找不到濟水矣。濟水為古中國的「四瀆」之一，發源於太行山，和黃河平行，但河床卻終於被黃河侵佔，濟水遂成為歷史名詞。濟水之西的地理位置，山東省高唐縣一帶。

田地先生接到五國聯軍入境報告，親率齊王國精銳兵團，任命韓聶先生擔任先鋒官，誓言要把入侵的敵人殲滅在邊境之上。然而，濟西（以山東省高唐縣為中心）一場會戰，齊兵團霎時崩潰，韓聶先生戰死。史書上說：「屍橫原野，血流成河。」田地先生一看大事不好，撥轉馬頭，拋下殘兵敗將，一溜煙逃回臨淄（山東省淄博市東臨淄鎮）。環顧四周，只有楚王國沒有動手，這是一線希望。平時不燒香，臨時抱佛腳。（嗚呼，田地先生豈只平時不燒香而已，平時還鑿佛頭哩。）連夜派遣使節，向楚王國求救，承諾說，願以齊王國南部疆土（淮河以北），作為酬謝。

五國聯軍濟西大捷之後，樂毅先生了解，齊王國野戰軍主力已經消滅，不能再作有效的抵抗。就請秦韓兩軍先行回國。而由魏軍掃蕩桀宋王國之地，趙軍掃蕩河間（河北省獻縣）附近之地，使他們擴張疆土。樂毅先生則率領燕王國的復仇大軍，長驅直入，向臨淄進發。這是一個危險的軍事行動。有人主張乘機佔領沿邊一些城市就夠啦，萬不可深入，而樂毅先生堅持要全部吞併。

資治通鑑曰：

「劇辛曰：『齊大而燕小，賴諸侯之助，以破其軍，宜及時攻取其邊城以自益，此長久之利也。今過而不攻，以深入為名，無損於齊，無益於燕，而結深怨，後必悔之。』樂毅曰：『齊王（田地）伐功矜能，謀不逮下，廢黜賢良，信任諂諛，政令戾虐，百姓怨懟，今軍皆破亡，若因而乘之，其民必叛，禍亂內作，則齊可圖也。若不遂而乘，待彼悔前之非，改過恤下，而撫其民，則難慮也。』」

樂毅先生的判斷，完全正確。他採取穿心戰術，不管兩翼，而直指臨淄，一路勢如破竹。田地先生發現敵人尾追不捨，心裏亂成一團，首都也不敢守啦，帶領仍效忠他的數十位臣僚，包括最最信任的維夷先生，偷偷打開城門，腳底抹油。想不到他閣下逃亡途中，又鬧出花樣，他的行爲把他一步一步帶到絕境。

田地先生一群，間道西行，投奔位於帝丘（河南省濮陽市）的衛國，衛國國君震於田地先生餘威，倒是必恭必敬，國君率領他的僚屬，親自到邊境上迎接，招待他住進宮廷正殿，仍把他當作有權勢的君王。田地先生雖然已成了喪家之犬兼漏網之魚，因爲頭腦並沒有清醒，架子奇大，派頭也不小，對衛國國君，就像對一個奴隸，吆喝來吆喝去，忘了自己是誰。衛國國君還能忍耐，但衛國臣僚卻義憤塡膺：「這傢伙是什麼東西，國都不保，老命危在旦夕，還到我們這裏擺譜，這得教訓教訓他。」於是乘着黑夜，把田地先生逃亡時帶的一些行李和珠寶，搶劫一空。這對田地先生的尊嚴，不但是一項嚴重的冒犯，而且簡直斷絕他閣下的生路，那股怒火使他更加愚蠢，決定等衛國國君晉見他時，嚴令他尅日破案。衛國國君這時卻改變態度，不但不再晉見他，還斷絕一切供應。田地先生苦候了一天，又飢又渴，又怕衛國國君用軍隊捉住他送給燕王國，心驚膽跳而又毫無辦法，唯一的辦法只有再次開溜。在月夜朦朧下，倉皇逃走。

好容易逃到魯國（山東省曲阜市），就在邊關，守關的朋友飛報魯國國君姬賈先生，姬賈先生大概已聽到田地先生在衛國的鬧劇，於是先派一個使節前往觀察風向。維夷先生問曰：「你們的國君，怎樣接待我國王老爺？」使節曰：「我們將用最尊貴的禮數——十個太牢（十條牛）來表示我們的敬意。」維夷先生曰：「你說啥？僅只十個太牢？我們的國王，可是天子。你聽說過天子巡狩沒有？夫天子巡狩，派頭可大啦，封國國君要搬出宮殿，請天子進住，國君早晚都要到宮內問安，並且親自到廚房料理飲食。等候天子吃過，才能退出辦理封國的事，豈只十個太牢而已。」使節回報姬賈先生。姬賈先生曰：「放他娘的屁！」下令閉關。

冥頑不靈

田地先生冥頑不靈的程度，使人吃驚。衛魯兩國的教訓，仍不能使他醒悟，他下一步逃亡到鄒國（儒家學派「亞聖」孟軻先生的祖國——山東省鄒縣），鄒國國君剛剛逝世。就在邊境上，田地先生傳話說，他要親自祭弔鄒國國君之喪，維夷先生告訴邊境上鄒國官員曰：「你們可懂得天子弔喪之禮乎？夫天子弔喪，跟普通人可大不相同。新任國君要背對棺材，跪在西側位置，向北俯首痛哭。天子老爺，則端坐高台之上，面朝南方，表示悼念。我們是禮義之邦，一切按禮行事，你們不能說啥吧。」鄒國新任國君聽了之後，嗤之以鼻，也傳話曰：「我們是一個小國，不敢麻煩什麼天子這玩藝，請往別的地方弔，如何？」

——嗚呼，有些朋友認爲，凡是人，都可以溝通。柏楊先生相信絕大多數如此，但也相信少數人，像田地先生之類，可是無法溝通。靈性層面太低，而又忘了他是誰，遂刀槍不人，水火不進。你有千條計，他有老主意。

田地先生連續投奔了三個封國，以里程計，已耗去了將近一個月的時間，這時，齊王國已全部淪入燕王國之手。田地先生面臨着有國難奔，有家難投的末路。他閣下如果這時候就一頭撞死該多好，偏偏得到消息，還有兩個城市，仍在齊王國手中，一個是莒城（山東省莒縣），一個是即墨（山東省平度市）。即墨太遠，而且聽說燕軍正在圍攻。莒城既近，戰火還沒有波及，田地先生大喜曰：「早知如此，不去受那三個螞蟻的氣矣。想當年，夏王朝君王姒少康，以一方之地（五方公里），一旅之眾（五百人），就把敵人消滅，恢復國土，而今莒城何止一方（五方公里），駐軍又何止一族（五百人）？哼哼哼，等敝寡人報了仇，雪了恨，教那三個小國吃不了兜着走。」於是，星夜趕往，守將迎接他入城。田地先生如魚得水，一面招撫難民，練軍守衛，一面再派出使節，催促楚王國救援。他認爲，楚援一到，即可反攻。

樂毅先生在田地先生逃走後，揮軍進入齊王國首都臨淄（山東省淄博市東臨淄鎮）。臨淄是當時世界上最著名的巨城，繁華蓋世。晏嬰先生曾形容它：「呵氣成雲，揮汗如雨」。自從姜子牙先生於紀元前十二世紀建爲首府以來，一千年之久，從沒有被外人侵入過。而現在，國庫寶藏，以及民間富庶的倉廩，全成爲燕軍劫掠的對象。臨淄全部金銀財寶，包括二十八年前從薊城（北京市）搶回來的燕王國故物，裝上運輸車隊，浩浩蕩蕩，運回燕王國。燕國王姬平先生成了歷史上最快樂最興奮的君王，這項大復仇的千古盛業，終於完成。他御駕親臨濟西（山東省高唐縣），犒賞三軍，封樂毅昌國君。昌國，今山東省淄川縣東北十八公里。樂毅先生佔領臨淄後，分兵進擊，齊王國全部陷落，只剩下即墨（山東省平度市）、莒城（山東省莒縣）。莒城邊遠，而且情報顯示，楚王國援軍且歹可達，所以，樂毅先生先擊即墨。

莒城就在這種情勢下，暫時苟安。田地先生也了解，一旦即墨陷落，燕王國大軍蜂擁南下，莒城孤堡，絕不能抵擋。正在心如火焚，楚王國援軍適時而至。楚國王芈横先生，（國際巨騙案受害人芈槐先生的兒子，芈槐先生死在咸陽後，芈横繼位），派遣大將淖齒先生，率領精兵二十萬赴援。大軍出發時，芈横先生吩咐淖齒先生曰：「田地這傢伙，反覆無常，根本不知道啥叫信義，兩年前攻打桀宋王國，信誓旦旦，三國共同瓜分，結果他卻背後下毒手。這次又來啦，說要把齊王國南部淮河以北地區割給我們，他以爲俺老子是傻瓜，還信他那一套呀。你到了那裏，要相機行事，別死心眼，只要有利於我們國家，想幹啥就幹啥！」

從座位上被摔下來

田地先生一瞧楚王國援軍有二十萬之眾，而又個個英雄，人人好漢，武器精良，戰志高昂，大喜過望，立即任命淖齒先生擔任宰相。田地先生現在是個空頭國王，他要用楚王國軍人的血，送他回到首都臨淄（山東省淄博市東臨淄鎮）寶座。淖齒先生知道對手的想法，但他仍接受宰相的職位，必須如此，在這塊殘存的齊王國土地上，才能合法掌握大權。

淖齒先生掌握了大權之後，發現他手中二十萬人的兵團，無法跟燕王國遠征軍對抗，如果兵戎相見，打勝啦當然妙不可言，可是，萬一打敗啦，不但宰相取銷，在齊王國無法立足，縱是回到楚王國，喪師辱國，恐怕也要綁赴刑場，執行槍決。想來想去，想出奇計，他決定出賣田地先生。田地先生出賣過盟友，現在以其人之道，還治其人之身，淖齒先生連一點內咎都沒有。於是派出密使，跟樂毅先生取得聯繫，提出條件：他殺掉田地先生，然後中分齊王國，北部屬燕，南部屬楚。樂毅先生完全接受，回報曰：「你如果宰掉田地，不過宰掉一個無道暴君，你的義名，將傳播天下。至於楚燕平分齊王國，當然毫無問題，一切以你的意見爲意見。」

淖齒先生得到樂毅先生的保證後，決定行動。那是紀元前三世紀一〇年代前二八四年的一天，（史書上沒有記載確實日期）淖齒先生宣稱出發作戰，在鼓里（山東省莒縣附近地名）集結部隊，請田地先生親臨閱兵。田地先生喜上眉梢，御駕親臨。等到上了閱兵台，屁股剛剛坐穩，只聽金鼓齊鳴，旌旗招展，戰士們弓上弦、刀出鞘，一隻精銳的鎮暴隊伍，發動突襲，要田地先生的禁衛軍和侍從人員繳械，而另一隊人馬，則把閱兵台團團包圍。田地先生覺得不對勁，急忙向淖齒先生探問，淖齒先生曰：「大事沒有，小事只有一件，你閣下作惡多端，禍國殃民，今天就要驗明正身，明正典刑啦。」忽然喝曰：「拿下。」一聲吶喊，座上客變成階下囚，田地先生從座位上被武士捽下來，繩綑索綁，跪在地上。

現在輪到淖齒先生發威，他向田地先生曰：「千乘（山東省高青縣）、博昌（山東省博興縣）之間，幾百里之大，天降血雨，弄到衣服上都洗不淨，你知道乎？」田地先生瞪眼曰：「不知道。」淖齒先生曰：「嬴縣（山東省萊蕪市）、博縣（山東省泰安市）之間，土地下陷，冒出泉水，你可知道乎？」田地瞪眼曰：「不知道。」淖齒先生曰：「有人在宮門放聲大哭，找人找不到，只聽見聲音，你可知道乎？」田地先生瞪眼曰：「不知道。」淖齒先生曰：「天下血雨，是天老爺警告你。土地下陷，是地藏王菩薩警告你。宮門哭泣，是人民警告你。天地人都警告了，而你仍一意孤行，你這個冥頑不靈的雜種，怎麼還能活命？」

戰國策原文：

「王（田地）奔莒（山東省莒縣），淖齒數之曰：『夫千乘（山東省高青縣）、博昌（山東省博興縣）之間，方數百里，雨血沾衣，王（田地）知之乎？』王（田地）曰：『不知。』『嬴（山東省萊蕪市）、博（山東省泰安市）之間，地坼至泉，王（田地）知之乎？』王（田地）曰：『不知。』『人有當闕而哭者，求之則不得，去之則聞其聲，王（田地）知之乎？』王（田地）曰：『不知。』淖齒曰：『天雨血沾衣者，天以告也。地坼至泉者，地以告也。人有當闕而哭者，人以告也。天地人皆以告矣，而王（田地）不知戒焉，何得無誅乎？』」

剝皮·抽筋·慘叫三日

戰國策上，淖齒先生問話，田地先生都來一個一推二六五，一律「不知」。而在資治通鑑，田地先生卻恰恰相反，一律「知之」。

資治通鑑曰：

「淖齒執湣王（田地）而數之，曰：『千乘（山東省高青縣）、博昌（山東省博興縣）之間，方數百里，雨血沾衣，王（田地）知之乎？』曰：『知之。』『嬴（山東省萊蕪市）、博（山東省泰安市）之間，地坼及泉，王（田地）知之乎？』曰：『知之。』『有人當闕而哭者，求之不得，去則聞其聲，王（田地）知之乎？』曰：『知之。』淖齒曰：『天雨血沾衣者，天以告也。地坼及泉者，地以告也。有人當闕而哭者，人以告也。天地人皆告矣，而王（田地）不知誡焉，何得無誅？』」

這一樁史實資治通鑑按照戰國策原文，可是卻在最生動的節骨眼上，動了手腳，做出恰恰相反的更改。田地先生遂由「不知」，成了「知之」。可能司馬光先生之意，「不知」不過渾蛋加三級，昏庸而已。既「知之」而不悔改，才是典型的顢頇，似乎正適合田地先生的身份。但一味回答「不知」，也可顯示出田地先生的驕慢：一問三搖頭，隨你的便。我們對這些沒有興趣，有興趣的是：一個史學家引用原文，是不是有權把原文改得恰恰相反？司馬光先生並沒有證據支持「知之」，則只是想當然耳，爲後世史學家，開了一個惡例。

淖齒先生在數落侮辱了個夠之後，把田地先生宰掉。至於怎麼宰的，史書記載不一。戰國策曰：「於是殺閔王（田地）於鼓里（山東省莒縣附近一小地名）。」資治通鑑曰：「遂弒王（田地）於鼓里。」史記更爲籠統，曰：「遂殺湣王（田地）而與燕共分齊之侵地鹵器（寶器）。」

東周列國志卻有詳細報導。田地先生被淖齒先生咄咄逼問，只有瞪眼的份，大概驚恐過度，竟回答不出一句完整的話。淖齒先生宣佈要爲民除害，那個小幫兇維夷先生發現情勢不妙，撲上去抱着田地先生，痛哭失聲。淖齒先生早已了解維夷先生的地位，使出眼色，劊子手一刀下去，就把維夷先生劈個腦漿迸裂，到地下去爲他的「天子」安排住處去啦。然後，淖齒先生把田地先生懸掛在閱兵台的屋樑上，並不一刀兩斷，卻教人活生生的剝他的皮，抽他的筋。可憐田地先生這個蠢貨，享盡榮華富貴，叱咤國際，此時唯有發出悽厲的慘叫，哀求他的宰相淖齒先生，無論是照脖子，或是照心窩，賞給他一刀。淖齒先生當然不會賞給他一刀。於是，這位威震列國的「東帝」，整整慘叫了三天，等到最後一塊皮被剝，最後一根筋被抽之後，才告氣絕。

中國人史綱曰：

「中國歷史上總共有五百五十九個帝王，其中約有三分之一，即一百八十三個帝王死於非命。而以田地死的最慘。」

嗟夫。

禍根在於傲慢

田地先生終於報銷，但有一問題，卻懸疑兩千餘年。那就是，淖齒先生跟田地先生，從前既不相識，相識之後更沒有私人恩怨。淖齒先生的目的不過是宰掉他罷啦，最簡單的方法莫過於像處置維夷先生一樣，教劊子手大刀一揮，立刻了賬，何必大張旗鼓，勞師動眾，把田地先生懸掛起來，剝其皮而抽其筋乎？似乎只有殺父奪妻之仇，謀財害命之恨，才刺激出這樣毒手。然而，田地先生跟淖齒先生之間，固沒有任何仇，任何恨也。沒有入骨的傷害，不可能有入骨傷害的反應。其中一定有一種我們所不知道的原因，才採取這種酷刑。

那麼，這種不為我們所知的原因是啥？柏楊先生胡思亂想，認為可能跟田地先生的傲慢態度有關。田地先生危急之秋，還在衛、魯、鄒三國擺出的架子，三國國君都不能忍受。回到自己絕對可以控制的莒城，對於屈身為宰相的淖齒先生，他閣下擺出的架子，恐怕更使人難堪。淖齒先生這麼惡毒的對待他，可能是太多屈辱累積下來的反擊。你閣下不是猛端嘴臉乎，俺就看看你被剝皮時的容貌。你閣下不是架子十足乎，俺就看看你抽筋時偉大的姿態。人際關係複雜，小小的怨毒，常能招來滔天大禍，田地先生為他的顢頇傲慢，付出可怕代價。

我老人家並不敢肯定我的推測，但在連一個字的資料都沒有的情形下，用這種假設去解釋淖齒先生反常的殘忍，應是一個比較合理的答案。

——淖齒先生稍後被齊王國一位叫王孫賈先生的國務官（大夫），在一場突襲中刺死。

至於樂毅先生，他圍困即墨（山東省平度市）三年之久，而燕王國老王姬平先生逝世，少不更事的兒子姬樂資先生，繼任國王，中了即墨（山東省平度市）守將田單先生的反間之計，派遣國務官（大夫）騎劫先生接替樂毅先生的遠征軍司令官。樂毅先生不敢返回充滿傾軋流言的薊城（北京市），逃亡到趙王國，就在趙王國——也是他的祖國，終其天年。

騎劫先生是一位靠馬屁功擢升到高位的官場能手，但他不是戰場能手。就在即墨，被田單先生的「火牛陣」擊敗，他閣下陣亡，燕軍崩潰，霎時間，齊王國所有城市，紛紛起事，把佔領軍趕走，世界又恢復大復仇戰役前原狀。這一些復活，不在本文範圍，但卻是家喻戶曉，人人皆知，我們簡單的寫出來，爲的是寫出完整的故事，和我們的嘆息。

田建

時代　紀元前三世紀三〇年代—七〇年代
王朝　齊王國第五任國王
綽號
在位　四十五年（前二六五—前二二一）
遭遇　國亡被俘．餓死

花園私訂終身

田地先生被懸樑抽筋之後，兒子田法章繼位，就在田法章先生身上，發生一件使人動容的艷遇，成爲千古佳話，並直接和間接影響本文男主角和齊王國的命運。

這就要追溯到閔兵台上的突變，當淖齒先生大發凶威時，田法章先生在莒城（山東省莒縣）得到消息，他沒有力量拯救老爹，只好逃竄保命。急忙脫下太子衣冠，換上小民窮漢的裝束，自稱是從首都臨淄（山東省淄博市東臨淄鎮）逃亡出來的難民王立，向民間尋覓一份工作餬口。莒城這時正兵慌馬亂，難民遍地，謀一份工作談何容易。但他終於被莒城最富有最尊貴的一個家庭僱用，當一名種花鋤草的園丁。在小民看來，那是一個輕鬆的工作，可是對一個生長在皇宮中的王儲來說，可是一項苦差。但田法章先生比他老爹高明，他知道他是誰——目前，他是一個勞工，就專心幹他的勞工。

這個莒城最富有最尊貴的家庭，家長太史敫先生（敫，音jiǎo【絞】）。在上文中，讀者老爺可能還記得，田地先生權威最高潮時，曾殺掉那些向他進忠言的狐咺先生和陳舉先生。當時身爲宰相的王蠋先生，跟太史敫先生，一看苗頭不對，先後請求退休，告老還鄉。

太史敫先生還的鄉，就是莒城。

田法章先生如果是二十世紀的王儲，天天上報上電視，人人都會認識他的尊容。他卻是紀元前三世紀的王儲，就沒人認得他矣。所以，太史敫先生並不知道他的奴僕群中，有一位竟是當今太子。可是，

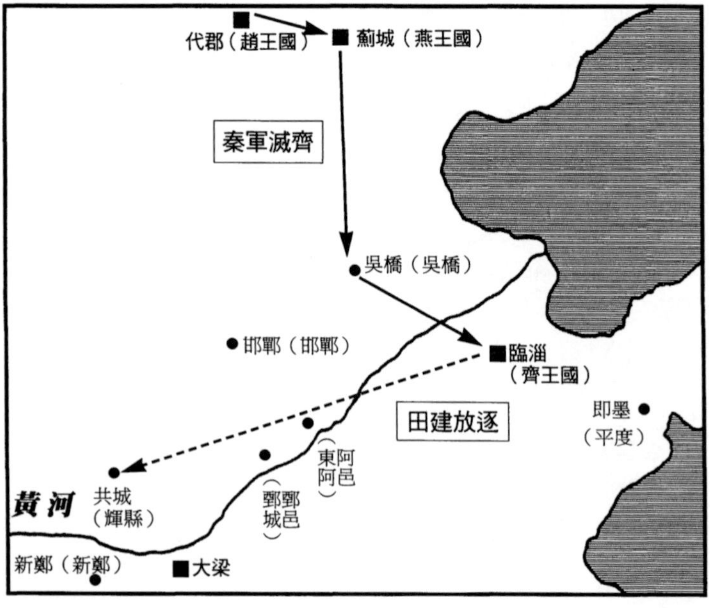

偶爾一個機會，太史敫先生一位漂亮女兒，到花園閒逛，看見該園丁的相貌，大吃一驚，琢磨曰：「這小子不像是一個普通苦力，卻怎的把自己搞成這種模樣？」咦，太史小姐的吃驚並沒啥稀奇。稍爲有點腦筋的人，都會發現該園丁不同凡品，普通工人又黑又壯，該園丁又白又胖。普通工人粗粗獷獷，該園丁斯斯文文。普通工人心情開朗，該園丁則憂懼交加，心事重重。太史小姐回到閨房後，教她的婢女去祕密盤問他的來歷。田法章先生當然不敢說，他一口咬定他就是王立，家住臨淄（山東省淄博市東臨淄鎮），是個做雜貨店小生意的，燕軍入城，父母被殺，他就隻身逃命。太史小姐不相信他的說詞，但又無法證明他說謊，自忖曰：「我不知道他是誰，但我知道他貧賤不過一時。來日前途，不可限量。」於是，不時的差遣婢女照顧他，平時送他點衣服或營養食物，病時送藥送湯，噓寒問暖。田法章先生在苦難之中，獲得紅粉佳人的知遇，充滿感激之情。又過了一段時日，雙方來往更加密切，太史小姐常到工寮看他，有時膽大包天，也教婢女喚他來卿卿我我。於是，就有這麼一天，不知道經過情形如何，反正是二人眉來眼去，就上了牙床，發下重誓，他非她不娶，她非他不嫁。

淖齒先生宰掉田地先生後，就搬到田地先生的行宮之中，花天酒地，樂不可支。齊王國國務官（大夫）王孫賈先生，率領一支四百餘人的突擊隊，攻入行宮，把淖齒先生刺死，楚王國遠征軍屯駐城外，聽到消息，二十餘萬人譁然崩潰，一半四散逃命，一半投降燕王國佔領軍。

——楚王國遠征軍在主帥喪生後，竟一哄而散，可看出楚王國已非當年，這種組織鬆懈、紀律腐爛的軍隊，不過一群烏合之眾，但它們卻是楚王國的精銳，怎能作戰？又怎能抵抗秦王國的強大兵團？嗚呼。

君王后解玉連環

王孫賈先生控制了莒城（山東省莒縣），到處尋找失蹤了的太子，但田法章先生不敢露面。戰亂之世，人情詭祕難測。田法章先生不知道王孫賈先生心裏眞正的想法是啥？也可能是誘敵之計，把他斬草除根。血淋淋的史蹟，使他不能不防。這樣等了一年餘的時間，看出王孫賈先生確實忠心耿耿，一片誠意，這才向太史敫先生表明身份。接着上演一場戲劇性的鏡頭，王孫賈先生用國王專用的最尊貴的儀式，隆重的把太史家的園丁王立，迎回行宮。這時太史敫先生還不知道女兒的艷事，直到田法章先生派遣欽差大臣到太史府迎接他女兒——新任王后，太史敫先生才如雷轟頂，大跳其腳。嗚呼，自由戀愛是兩千年後二十世紀二〇年代，才從歐美進口的新花樣。中國五千年傳統文化，可絕不允許男女婚姻自主，而是絕對由老爹老娘支配的也。太史小姐慧眼識英雄，該窮苦小子不但英雄而已，簡直更是一個他媽的君王，如果發生在現代，恐怕連太平洋都會發出歡呼，偏偏發生在古老的紀元前三世紀，老爹太史敫先生一聽女兒自己找了女婿，雖然女婿是個國王，他也羞慚滿面，對這種傷風敗俗的行爲，氣得一佛出世，二佛升天。他頑固得像一個乾屎橛，宣佈跟女兒斷絕父女關係，終身不再相見。

——太史敫先生雖然是個老頑固，但生長在那個時代，反應並不是不正常。事實上，我們對他老爹堅持原則的立場，充滿敬意，這事如果發生在無恥之徒家庭，儒林外史上胡屠戶的嘴臉，準立刻出籠。

這位美麗而智慧的年輕王后，史書上稱為「君王后」稍後生下一個兒子，就是本文男主角田建。

紀元前三世紀三〇年代，前二六五年，田法章先生逝世，田建小子繼位。田法章先生在位十九年，田建小子最大也不過十八歲，資治通鑑曰：「（田）建年少，國事皆決於君王后。」可能太史女士生兒很晚，但更可能的是她太精明，雖然兒子已十八歲，仍堅稱他「年少」，緊抓住權柄不放。追溯到太史女士當年跟田法章先生私訂終身，老公死時，她閣下也不過三十五六歲左右，經歷過國破民殘大災大難，又親自協助過丈夫重興家邦，心智比同年齡的其他老奶，當然成熟。加上傳奇性婚姻，使她的治理國家的能力，受到高度的評估。秦王國國王嬴稷先生，就曾向太史女士作過考試性試探。

戰國策：

「田法章死後，子田建繼任齊王國國王（老娘太史女士攝政），對強大秦王國必恭必敬，對其他各王國，也必信必義，所以田建在位四十餘年，從沒有過戰爭。秦王國嬴稷曾派遣使節，送來一串『玉連環』，致意曰：『貴國有很多智力極高的人，不知道能解開它乎哉？』太史女士請高級官員察看，大家都伸脖搖頭。太史女士拿起一個鋤頭，砰的一聲，把它砸得粉碎，告秦王國使節曰：『好啦，解開啦。』」

原文是：

「襄王（田法章）卒，子（田）建立爲齊王。君王后（太史女士）事秦謹，與諸侯信，以故（田）建立四十有餘年不受兵。秦昭王（嬴稷）嘗使使者遺君王后（太史女士）玉連環，曰：『齊多智，而解此環不？』君王后（太史女士）以示群臣，群臣不知解。君王后（太史女士）引椎，椎破之，謝秦使曰：『謹以解矣。』」

聰明和智慧是兩回事

「玉連環」是啥，因爲早被太史女士砸了個稀爛，已無從查考，大概是一種益智性的玩藝，一串珠寶玉石纏在一起，要想把它解開，需要有很大耐心。太史女士索性徹底解決，可看出她的決斷力。問題是，聰明和智慧是兩回事，太史女士當然聰明——嗚呼，除了白癡，人們的聰明都差不多。但她處理國家事務的態度，和導航方向及重大決策，卻也只是聰明而已，距智慧還差十萬八千里。這不能怪她，一生都封閉在閨房和宮廷之中，要領導一個國家，只有信賴她的親屬。她任命她的弟弟太史勝先生擔任宰相，太史勝先生最大的本領是接受秦王國的賄賂。爲了保護賄賂來源，他提出跟秦王國「和平共存」的政治號召，這就是戰國策讚揚的：「事秦謹，與諸侯信。」

紀元前二四九年，太史女士逝世。逝世之前，她可能已發現老弟太史勝先生正在把齊王

國駛上沉船漩渦，圖謀挽救。

資治通鑑曰：

「君王后（太史女士）病且死，戒王（田）建曰：『群臣之可用者某。』王（田建）曰：『請書之。』君王后曰：『善。』王（田建）取筆牘受言，君王后（太史女士）曰：『老婦已忘矣。』」

——太史女士死時，不過五十歲，竟如此昏耄，耽誤了最重要的一句遺言。古人爲啥這麼迅速衰老耶乎？柏楊先生今年（一九八三）六十有四，如按西洋大人算法，也六十有三，仍活蹦亂跳，聲如洪鐘，「君王后」在我尊眼裏，不過一個小娃，而她卻自稱「老婦」矣。此非柏老猛學少年，只是「老不起」罷啦，我要有「君王后」那點家底，也會躺到床上腰酸背痛。

太史女士既死，太史勝先生以國王舅父之尊，再兼任宰相，眞正皇親國戚，權傾中外。紀元前三世紀五〇年代到七〇年代，三十年之間，戰國時代的大混亂和大屠殺，達到瘋狂的高潮。秦王國自從商鞅先生變法之後，國勢突然躍升。嗚呼，每一個國家都知道秦王國所以突然躍升的原因，是政治和司法的徹底革新，任何一個國家這樣做，都會同樣的突然躍升。可是，那傷害到太多既得利益階級的既得利益，他們用種種理由保持現狀，各國唯一的辦法是，在現存的腐敗的結構和腐敗的體制上，再行結盟——南北合縱同盟，用以對抗秦王國的侵略。可是，即令這種病夫陣線，齊王國都拒絕參加。

中國人史綱曰：

「秦王國的外交政策，發生劇烈而重要的轉變。秦王嬴稷採用宰相范睢『遠交近攻』的建議，對一些距離遙遠的或較遠的國家，如齊王國、燕王國，和新被擊敗正在萎縮中的楚王國，一律笑臉相迎。而對跟自己接壤的魏、韓、趙三國，則斷然訴諸武力。

「在秦王國新的外交政策下，遠東三國因此得到暫時的安定，近東三國卻惡運當頭。它們只有接受不斷的痛擊而呼救無門，既沒有霸主可以申訴，又沒有另一個超級強國可以跟秦王國制衡。」

千古榜樣

秦王國滅國的大風暴橫掃當時的世界，而只有齊王國，在「英明的領導之下」，堅持追求和平的最高國策。利益是眼睛可看得見的，齊王國工商業蒸蒸日上，社會空前繁榮。

中國人史綱曰：

「范睢的遠交近攻政策，在齊王國身上發揮最高的效果。足足五十餘年的時間，齊秦兩國的邦交極為敦睦，政府使節和民間商旅，絡繹於途，十分密切。齊王田建，曾於六〇年代紀元前二三七年，前往秦王國訪問，嬴政用極尊貴的禮節歡迎他。在首都咸陽（陝西咸陽）設置盛大筵席，秦王國的高級官員和各國使節，匍匐在田建腳下，誠惶誠恐，不敢抬頭。田建深為感動，跟嬴政結拜為異姓兄弟，兩個王國自然也成為最親密的兄弟之邦。齊王國派到咸陽的使節，每個人都得到親切的招待和可觀的貴重禮物，無不心花怒放，對秦王國的堅強友情，讚不絕口。秦王國也不斷派遣各種使節，包括其他各國國籍的客卿在內，攜帶大量黃金珠寶，前往齊王國首都臨淄（山東淄博東），一面游說統治階層不要改變外交政策，一面誘使他們墮落，跳入貪汚腐敗的陷阱。因此，齊王國對任何形式的合縱對抗行動，一概拒絕參加。而且每逢秦王國征服一國，田建就派遣特使前往咸陽道賀。當全世界都在爲保衛祖國血戰之際，只齊王國隔岸觀火，置身事外，連享半個世紀以上的繁榮與和平。」

而其他王國本身的戰鬥力，在腐敗的政治下，也都消磨殆盡。就在紀元前三世紀七〇年代——那是一個滅國的年代，六國全被秦王國併呑：

韓王國	亡於前二三〇年	立國一〇四年
魏王國	亡於前二二五年	立國一四五年
楚王國	亡於前二二三年	立國五一九年
燕王國	亡於前二二二年	立國一一一年
趙王國	亡於前二二二年	立國一〇五年

這眞是一個大地震時代，以田建先生爲首的齊王國，全國上下，對各國的淪亡，無動於衷，愚昧顢頇的程度，使我們無法了解。用二十世紀末期的國際形勢說明，如果俄國一連串征服了英國、法國、中國、日本、德國、義大利、西班牙、加拿大，以及全部第三世界，而

美利堅竟然肯定的以爲他會沒事，恐怕無法思議。但是，假如美利堅竟然眞的以爲可以無事，我們也不驚奇，紀元前三世紀七〇年代的齊王國，就是如此那般的，樹立了一個千古榜樣。

當然會有清醒之士，提出警告，但不能發生作用。

資治通鑑曰：

「（滅趙王國後），齊王（田建）將入朝（秦王國），雍門司馬（首都城防司令官）前曰：『所爲立王者，爲社稷（祖國）耶？爲王（田建）耶？』王（田建）曰：『爲社稷（祖國）。』司馬（司令官）曰：『爲社稷（祖國）立王，王（田建）何以去社稷（祖國）而入秦？』齊王還車而返。即墨（山東省平度市）大夫聞之，見齊王（田建）曰：『齊地方數千里，帶甲數百萬，夫三晉（韓王國、魏王國、趙王國）大夫皆不便秦，而在阿（阿邑，山東省東阿縣）鄄（鄄邑，山東省鄄城縣）之間者百數。王（田建）收而與之百萬人之眾，使收三晉（韓、趙、魏）之故地，即臨晉之關（陝西省大荔縣東）可以入矣。鄢郢（安徽省壽縣）不欲爲秦，而在（臨淄）城南下者百數，王（田建）收而與之百萬之師，使收楚故地，即武關（陝西省商南縣東南）可以入矣。如此，則齊威可立，秦國可亡，豈特保其國家而已哉。』齊王（田建）不聽。」

即墨大夫提出的大謀略，雖然沒有成功的可能，但即令可以成功，田建先生也沒有這種膽量。不過十餘年之後的九〇年代，已統一當時已知世界的秦王國，就是被這種蠢起式的人民武力所埋葬。但田建先生不是旋轉乾坤蓋世英雄，不過一個自以爲得計的庸才。他僅只「

不聽」，還算有學問的，沒有咬該傢伙一口：「離間盟邦，動搖國本」，拉出午門砍頭，以向秦王國獻媚，已算十分運氣啦。

最後齊王國的末日終於到來。紀元前二二一年，當秦王國遠征軍司令官王賁先生攻陷趙王國最後一個據點代城（河北省蔚縣），生擒趙王國最後一任國王趙嘉先生之後。田建先生和他的舅舅宰相后勝先生，照例派遣使節團，前往咸陽（陝西省咸陽市）祝賀。卻想不到使節團還沒有出發，事情陡變。

東周列國志曰：

「自此，六國亡其五，唯齊尚存。王賁捷書至咸陽（陝西省咸陽市），嬴政大喜，賜王賁手書，略曰：『將軍一出而平燕及趙，奔馳二千餘里，方之乃父（王賁的爹是更有名的大將王翦先生），勞苦功高，不相上下。雖然，自燕而齊，歸途南北便道也。齊在，比如人身而缺一臂，願以將軍之餘威，震電及之。將軍父子，功於秦無兩。』王賁得書，遂引兵取燕王，望河間（河北省獻縣）一路南行。

「卻說齊國王田建，聽相國后勝之言，不救韓魏，每滅一國，反遣使入秦稱賀。秦復以黃金厚賄使者，使者歸，備述秦國王相待之厚，田建以爲和好可恃，不修戰備。及聞五國盡滅，田建不自安，與后勝商議，始發兵守其西界，以防秦兵掩襲。卻不提防王賁兵過吳橋（河北省吳橋縣），直犯濟南（濟水之南）。田建即位四十四年，不被兵革，上下安於無事，從不曾演習武藝。況且秦兵強暴，素聞傳說，今日數十萬眾，如泰山般壓將下來，如何不怕，何人敢與之抵對？王賁所過，長驅直搗，如入無人之境。臨淄城中，百姓亂奔亂竄，城門不守。后勝束手無計，只得勸田建迎降。王賁兵不刃血，兩月之間，盡得山東之地。」

齊王國立國一百三十九年，到此覆亡。

田建先生投降後的事是，嬴政先生把受賄最多的后勝先生，綁赴刑場斬首。后勝先生再也想不到有這種下場，他所接受的金銀財寶，這時再繳還秦王國。嬴政先生對昔日如手如足的結拜老哥田建先生，已忘了共生共死、共榮共辱的誓言。他如果把田建先生接到咸陽（陝西省咸陽市），安頓住下，像後代王朝那樣——後代的一些王朝政府，對敵對的君王，如果不殺頭的話，往往還待以最低的禮數，五千年歷史中，只有兩個冷酷無情的傢伙，一個是嬴政先生，另一個則是十四世紀明王朝頭頭朱元璋先生。嗟夫，政治性的友誼，稱兄道弟，乾爹義母，本來只算一屁，不過，嬴政先生品質上的刻薄寡恩，也使對方遭受的傷害更爲慘毒。嬴政先生派遣使節陳馳先生，向田建先生保證，封他五百里（二百五十公里）采邑，田建先生看到其他五個國王的下場——殺的殺，逐的逐，當然感謝。可是，當王賁先生的軍隊押解到他的采邑共城（河南省輝縣）時，他發現啥都沒有。當了四十五年的太平盛世的君王，享盡人間榮耀的田建先生，在荒涼的太行山松柏林中，築屋定居，隨從他的宮人們，不久就紛紛逃走。田建先生只有一個兒子，年紀還小，這位王位繼承人每夜啼哭，使田建先生心碎。而地方官員對這位陌生的落魄囚犯，也沒看到眼裏，飲食供應，最初還好，之後也就時時斷絕。這個金枝玉葉的一大家人口，經常受到飢寒。田建老爹（他的年齡應在五十歲左右）

，更爲傷感，一病而死，幼兒流落人間，不知道下落。齊王國的遺民聽到消息，曾爲他作了一首悼歌：

滿耳松樹的濤聲
滿目柏樹林
飢餓的時候不能吃
口渴的時候不能飲
誰使田建落得如此結局
是不是那些——
圍繞着他的客卿大臣

嗚呼，共城（河南省輝縣），正是柏楊先生的故鄉。（事實上柏楊先生的祖先來自山西省洪洞縣，那裏先有匈奴，後有沙陀，看柏老的長相，如果不是匈奴血統，便是沙陀血統，反正可能不是漢民族。）我在輝縣從小學堂四年級讀起，讀到初級中學堂二年級，有一次我大怒，就把學堂開除（依普通說法，是學堂把我開除）。從此再未回去過，小時候從來沒有聽說過田建先生的故事。如果有一天能再回去，說不定縣誌之類地方性古書上，可找出記載。但記憶中，輝縣的田姓人家甚多，可能就是田建先生的後裔，這倒是一件很有意義的尋根。然而，無論如何，田建先生已爲他烽火中的歌舞昇平，付出代價。直到今天我們還可想像，直到秦王國王賁先生大軍從燕山向齊王國進軍時，齊王國國內反戰的聲浪，仍高沖雲霄。
爲了和平，他們不惜任何犧牲，結果，他們達到犧牲的目的。

吳諸樊

時代　紀元前六世紀四〇年代—五〇年代
王朝　吳王國第二任國王
綽號
在位　十四年（前五六一—前五四八）
遭遇　戰死

傳位的疑問

吳王國是一個傳奇國度，跟中國（周王朝政府所轄的中原）迥然不同。楚王國跟中國也迥然不同，但吳王國跟中國的差異，可是更大。楚王國初興時（紀元前八世紀），勢力僅達鄂邑（湖北省武昌市）。還到不了鄱陽湖，鄱陽湖以東廣達二十萬方公里，包括肥沃的長江三角地帶，還是一片蠻荒——比楚王國更爲落後，那些言語特殊，風俗特殊的土著，不可能是漢民族。但是，在正統的史學家筆下，任何蠻族，只要他們搞出一點名堂，或者讓中國吃了一點苦頭，就拿出阿Q先生精神勝利的法寶，找一個漢民族知名之士，扣到他們頭上，當他們的祖先。在這種公式下，吳王國（吳部落）的開山老祖，跟周王朝的開山老祖，就硬生生的合而為一。

周王朝祖先群中，有一位重要首領姬亶父先生，被後世尊稱「太王」，他有一堆兒子，其中三位，在青史上留下大名：

長子　姬太伯
次子　姬仲雍
三子　姬季歷

——我們不敢肯定姬太伯先生是不是「長子」，姬仲雍先生是不是「次子」，姬季歷先生是不是「三子」，史書上只指出姬太伯先生是姬仲雍先生的老哥，姬仲雍先生是姬季歷先生的老哥。

三兄弟中，姬季歷先生出類拔萃，蓋他生了個出類拔萃的兒子姬昌，姬昌先生被後世尊稱「文王」，就是吃了兒子的肉，嘔吐出來變成小白兔的那位政治犯。姬

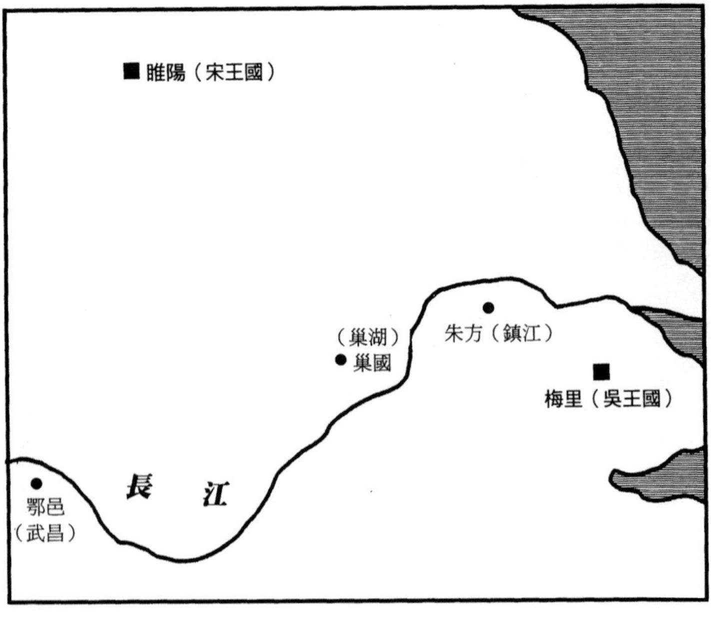

昌先生的一位兒子姬發，起兵把商王朝政府推翻，建立了長達八百七十九年的周王朝。

這裏面有一個重要課題，身爲老哥的姬太伯和姬仲雍，竟沒有繼承老爹姬亶父先生曾長的寶座，老弟姬季歷反而一屁股坐上去，應是嚴重的反常。儒家學派的傳統史學家，對這項反常，有美麗的解釋。

史記曰：

「吳太伯（姬太伯），太伯弟（姬）仲雍，皆周太王（姬亶父）之子，而王季（姬）季歷之兄也。（姬）季歷賢，而有聖子（姬）昌。太王（姬亶父）欲立（姬）季歷以及（姬）昌。於是（姬）太伯、（姬）仲雍二人，乃奔荊蠻，文身斷髮，示不可用，以避（姬）季歷、（姬）季歷果立，是爲『王季』。而（姬）昌爲『文王』。（姬）太伯之奔荊蠻，自號『勾吳』，荊蠻義之，從而歸之者千餘家。立爲吳太伯。」

這項敍述太美麗啦，美麗得像一首流行歌曲，使我們覺得耳熟耳熟。嗚呼，老狗變不出新把戲，這可又是伊祁伊勳、姚重華「禪讓」的那種老掉了牙的鬧劇。老爹之所以要傳位給非法繼承人，只因爲那小子「賢」。該「賢」又有一個「聖子」——這聖子不是耶穌先生，而是姬昌先生。咦，一定是老哥姬太伯、姬仲雍不賢矣，然而，如果不賢，他們二人豈肯爲了「避位」，逃到邊陲蠻荒，剃掉頭髮，滿身刺出狼蟲虎豹的花紋乎哉？僅這一點，就足夠證明二位先生不但賢，而且賢得冒煙，賢得要命。對這樣胸襟，這樣見解，以及這樣能力，（他們把蠻荒地區人民組織起來），竟然排除，而只爲了姬季歷有一個「聖子」，而那是姬昌的兒子姬發建立了周王朝，有了政治權柄，才「聖」起來的。當姬昌還是娃兒時，固跟任何一個小孩一樣，他媽的「聖」個啥。

更重要的是，周王朝傳統宗法制度是，立嫡不立庶，傳長不傳賢。身爲一個嚴正的酋長和一個仁慈的家長，絕不可能膽大如斗，自動自發的破壞這種嚴格的規定。眞的膽敢破壞，便是瞽叟之類的王八蛋矣。可是，看史書記載，姬亶父先生又不像是瞽叟之類的王八蛋。

水流千年歸大海

即令老爹姬亶父先生決定把宗法打爛，姬太伯和姬仲雍也用不着落荒而逃。必須逃走之後，姬季歷先生才能成爲合法繼承人，則老爹的命令豈不等於放屁乎哉？即令要逃，也用不着逃那麼遠，從鎬京（西安市）到梅里（江蘇省錫山市），航空距離一千二百公里。紀元前十三世紀時，那裏可是世界上最可怖的煙瘴地帶之一，兄弟二人，在沒有道路的煙瘴地帶亂闖，恐怕要摸一年才能摸到。他們滿可停頓在同樣煙瘴的淮河流域，爲啥直走到東海之濱？

這顯然是一場奪嫡鬥爭，兩位老哥在奪嫡鬥爭失敗後，被放逐到那裏——甚至，他們可能就死在中途。反正史書掌握在有權大爺手中，血腥政變，遂成了可歌可泣的風流韻事。寫史書的朋友順便把他們裝在吳王國的頭上，拿來耀耀門面。和烘托姬季歷——姬昌——姬發，祖孫三代，可是「賢」得很妙，兼「聖」得很凶。

自從紀元前十三世紀起，直到紀元前六世紀，七百年間，吳部落歷史一片空白。紀元前六世紀一〇年代前五八六年，這一年西方世界，一個古老而重要的王國覆亡，後巴比倫國王尼布甲尼撒先生，攻陷耶路撒冷，生擒猶太王國的國王西底家先生，在他的面前把他的兒子們斬首，然後挖出西底家先生的雙眼，縱火焚城。正當猶太王國覆亡，大批猶太人被逐出故土之時，東方的吳部落酋長吳壽夢先生——吳太伯先生（他在自稱所住的地方為「勾吳」之後，改姓為吳）的後裔，建立吳王國，定都梅里（江蘇省錫山市），自稱國王。

——紀元前六世紀三〇年代，中國疆土上，三個王國並立：即古老的周王國，強大的楚王國，和新興的吳王國。

部落改稱王國，不過是酋長老爺自己過癮而已，蠻荒照樣蠻荒，落後照樣落後。但形勢卻是，原來毫無後顧之憂的楚王國，最初對它雖然十分輕視，但當吳王國逐漸強大時，楚王國卻發現背後興起一個巨人，手中還拿利斧。於是，地緣關係使兩國不久就成為世仇。

然而天下本無事，庸人自擾之，就是這位吳壽夢先生，效法傳統中的始祖姬亶父先生的幹法，種下禍根。吳壽夢先生已有四個兒子，請讀者老爺注意他們的關係位置：

長子　吳諸樊（子：吳光）
次子　吳餘祭
三子　吳夷昧（子：吳僚）
四子　吳季札

跟姬亶父先生發現三子姬季歷「賢」一樣，吳壽夢先生忽然也發現四子吳季札也「賢」不可言，決心把王位傳給他。問題是，三位老哥既不肯效法吳太伯、吳仲雍逃奔一千公里之外，而老爹又沒有姬亶父那種決心，把他們一股腦放逐。而吳季札先生又不是野心家，他對政治沒有興趣，不願把老哥逼到蠻荒。可是老爹確實是愛他愛得發緊，於是再度向宗法制度挑戰，吳壽夢先生規定兄弟相傳，要長子傳位給次子，次子傳位給三子，三子傳位給四子。水流千年歸大海，一定要教吳季札先生當國王。

——吳季札先生到底能幹到什麼程度，因他始終沒有掌握權柄，無法證明。但看他處理吳僚先生事件（下一篇我們將報導他）的態度，恐怕他並沒有政治能力，他唯一的優點是淡泊。而淡泊對自己有益，對國家無益。

天下第一美女

吳王國初創時不過一個爛攤子，但吳壽夢先生吉星高照，使他的國家像吃了仙丹妙藥，沒有多久就強大無比。

中國人史綱曰：

「（紀元前六世紀）楚王國的霸權達到極峰，然而也就在這時候，一把刀子已暗中在它背後舉起。這淵源於一個比三流作家筆下的言情小說還要荒唐離譜的男女戀愛故事，但它是事實。開始於本世紀（前六）〇〇年代，而發作於本世紀九〇年代。

「女主角陳國大臣夏御叔的妻子夏姬，是鄭國國君姬蘭的女兒，生子夏徵舒之後，丈夫逝世。夏姬是一位絕世美女，從她的滄桑經歷，和因她引起的國際戰爭，我們可以肯定，她一定是世界上最最具有魅力的女子之一。她首先跟陳國大臣孔寧、儀行父私通，經過二人的介紹，陳國國君嬀平國也加入情夫的行列。最糟的是，他們還戲謔夏徵舒像他們的共同兒子。○○年代紀元前五九九年，夏徵舒殺掉嬀平國。孔寧、儀行父逃到楚王國向霸主告狀，楚王芈侶聽了一面之詞，而且逢上他正要展示他的霸權。而聲討『亂臣賊子』，恰是一個理想的發動戰爭的堂皇理由。於是他滅掉陳國，把夏徵舒處決。

「夏姬的美貌使芈侶動心，就要自己帶回皇宮。但大臣巫臣向他提出警告：『大王仗義興兵，全世界誰不尊敬。如今卻把禍首收做妃子，人們就會抨擊你貪色好淫，恐怕對霸權有不利的影響。』芈侶認爲他的話有很深的道理，大爲佩服。王子芈側請求把夏姬送給他，巫臣說：『這女子是不祥之物，爲了她，已死了一個國君，滅亡了一個國家。如果娶她，一定後悔不迭。』芈侶說：『果然是不祥之物，少惹她爲妙。』芈側大怒說：『我不要她可以，但巫臣也不能要。』巫臣用一種委屈萬狀的聲調說：『這是什麼話，我怎麼會有這種邪惡的念頭，我只是一心爲我們的國家。』恰巧另一位大臣連尹襄老的妻子逝世，芈侶就把夏姬送給連尹襄老，而夏姬不久就跟連尹襄老前妻的兒子私通。

「兩年後（前五九七），邲城之役中，連尹襄老陣亡。夏姬跟嫡子私通的醜聞漸漸傳開，在首都郢都（湖北江陵）住不下去，要求返回她的娘家鄭國。巫臣早已派人通知鄭國國君姬堅迎接他的姊姊。姬堅自然聽從霸主國的命令。一〇年代紀元前五八九年，晉國與齊國在鞍邑（山東濟南）會戰，齊國大敗，向楚王國尋求同盟。芈侶派人去齊國締約，巫臣自告奮勇前往。紀元前五八四年，巫臣出發，卻在經過鄭國的時候，宣稱奉了楚王的命令前來跟夏姬結婚。然後他連齊國也不去了，締約的事更抛到腦後。他知道不能再回到楚王國，就帶着夏姬，雙雙投奔晉國。巫臣是楚王國有名的智囊人物，以富於謀略聞名國際。晉國大喜過望，把他當作上賓招待。巫臣爲了夏姬，千方百計，輾轉曲折，總算達到目的。

「——我們假設夏姬第一次結婚時十六歲，兒子夏徵舒十六歲時殺死嬀平國。那麼〇〇年代紀元前五九九年，她已三十二歲。到一〇年代紀元前五八四年跟巫臣結婚時，至少已四十八歲。眞是不平凡的女性，不僅僅駐顏有術而已。可惜處在那個時代，她只能被她所不能控制的命運擺佈。

「但巫臣跟嬀平國一樣，也付出可怕的代價。王子芈側，和巫臣的另一位政敵芈嬰齊，在巫臣娶了夏姬，投奔晉國後，妒火中燒，把巫臣留在楚王國的家族，不分男女老幼，全體處斬。巫臣痛心的寫了一封信給二人說：『我固然有罪，但我的家族是無辜的，他們並沒有背叛國家，你們如此屠殺，我要使你們馬不停蹄的死在道路之上。』」

芈側先生和芈嬰齊先生對巫臣先生這種虛言恐嚇，嗤之以鼻。他們低估了巫臣的智慧、能力，和復仇的決心。

巫臣先生手中的籌碼，就是新興的吳王國。

中國人史綱曰：

「吳王國十分落後，作戰時軍隊仍停留在赤身露體的階段。巫臣發現吳王國在地緣政治上的無比價值，於是他向晉國政府獻出『聯吳制楚』的戰略，晉政府接受，派遣巫臣的兒子巫狐庸，率領一個軍事顧問團，去教吳王國加強政府的組織，和訓練他們的軍隊現代化——如何使用馬匹、戰車、弓箭，和各種戰術。從此吳王國不但阻止了楚王國的東進，更成為楚王國背後的致命敵人，楚王國第一次面臨本土有被攻擊可能的威脅。

「十年之後（二〇年代前五七四年），吳王國開始向楚王國用兵，而且保持連續不斷的攻勢，使楚王國每年都要出兵七八次之多。芈側……死於鄢陵之役，芈嬰齊則死於跟吳王國一次戰役後的道路上。楚王國的力量被消耗殆盡。」

吳王國跟楚王國的對抗，有歷史上的必然性，但巫臣先生抓住這個機會，卻使對抗迅速升高為軍事衝突。嗚呼，巫臣先生為了一己的私慾，搞得烏煙瘴氣，有免職之罪，最多有殺頭之罪，但沒有全家俱斬之罪。楚王國興起這場冤獄，凶手固然付出代價，國家也受到牽累。假使沒有吳王國，或雖有吳王國而沒有能力出拳，楚王國國勢不會一落千丈。

在毫無休止的軍事衝突中，紀元前六世紀三〇年代前五六一年，吳壽夢先生逝世。三位老哥一致決議由老弟吳季札先生繼位。吳季札先生堅決拒絕，並且逃到鄉間種田，寧死也不改變心意。於是本文男主角——長子吳諸樊先生登場。

吳諸樊先生登場後，吳楚兩國戰爭更趨激烈，而跟吳諸樊先生之死有關的一場戰爭，發

吳餘祭

時代　紀元前六世紀五〇年代
王朝　吳王國第三任國王
綽號
在位　五年（前五四八－前五四四）
遭遇　被奴隸刺死

螳螂與黃雀

說苑有一則寓言，就發生在吳王國。寓言說，吳王國要向楚王國發動攻擊，吳國王（書上沒有指出是誰）知道會有人勸阻，爲了堅持他的主意，特別下令曰：「不管他是誰，膽敢提出相反意見的，一律處決。」於是大家雖都反對，卻不敢張口。一位參謀官的一個兒子，還是一個小娃（或許就是參謀官本人，名叫少孺子。）滿懷忠誠，想進諫言，卻又害怕殺頭。最後，想出一條妙計，他拿着弓，揣着打獵用的鉛彈，在御花園樹林花叢裏，跑來跑去，跑得滿身都是汗水。如此這般，一直跑了三天，吳國王大驚曰：「小子，你這麼辛苦狼狽，到底爲啥？」小子對曰：「老頭陛下，有所不知，御花園有棵大樹，大樹上有蟬，蟬老爺爬到直沖霄漢的高枝上，引風高歌，快樂非凡，認爲天下第一安全，卻不知道螳螂已站牠屁股之後，要吃牠哩。而螳螂先生，全神貫注，眼看口腹大果，美食下肚，好不高興，認爲天下第一幸運。卻不知道黃雀已埋伏在一旁，伸長脖子，流着口水，要一啄吞之也。牠閣下心花怒放，認爲這可是探囊取物，十拿九穩，早起的鳥兒有蟲吃，早起的蟲兒只有被吃，而俺恰恰是早起的鳥，卻不料我卻拿着弓彈，正站在樹底下，只要一鬆手，牠閣下就得來個倒栽蔥，一命歸天。」吳國王一聽，恍然大悟，連喊「善哉」「善哉」，下令復員。

——說苑只說「吳王」，沒有說哪個吳王。

這則寓言是警告野心家和貪得無厭之輩，別只看眼前三寸地方的蠅頭小利，而

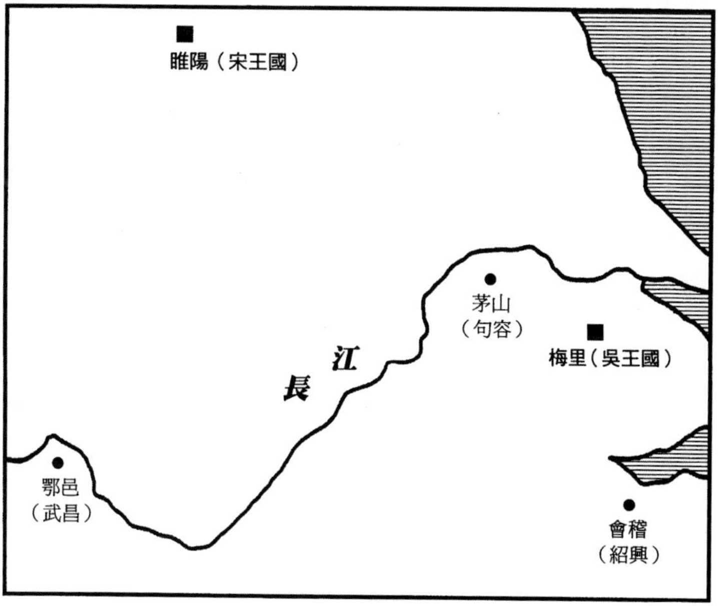

忘了後患。宇宙間萬物運轉，永遠是這種形態。楚王國背後興起了吳王國，如果不是吳王國沉重的打擊，楚王國是當時第一超級強權，統一天下，根本沒有秦王國的份。然而，吳王國正在如日東升之時，它背後也興起了尅星，就是後來演化成爲越王國的越部落。

越部落根據地在錢塘江南岸的會稽山，會稽山上有座被稱爲「越王城」的古堡，傳說就是越部落酋長當年的營寨。會稽山北麓五公里，後人在那裏築城，定名會稽（浙江省紹興市）。就是這個越部落——稍後蛻變爲越王國的首府，在近代史上，這個越王國的古都，先後產生了兩位偉大人物，一位魯迅先生，他以筆代劍，向黑暗和不合理的可怕傳統挑戰。一位孫觀漢先生，他第一個把原子科學和原子爐引進中國，被尊爲中國原子科學之父。

俘虜的反撲

每一個寓言都是一項智慧的結晶，探討到事物最隱密的關鍵。紀元前六世紀二〇年代到紀元前七世紀二〇年代，一百年間，吳王國始終扮演螳螂，越部落（越王國）則始終扮演黃雀。吳王國君王們最初瞧不起越部落，（跟當初楚王國瞧不起他們一樣。）最後卻認爲越部落雖然日趨強大，但決不會是黃雀，不過一隻馴服的蚱蜢罷啦。這項錯誤的判斷，使他們付出錯誤判斷的代價。

歷史模式有時是一樣的，楚王國一旦有了力量，就立刻向周王國侵略。吳王國一旦有了力量，也立刻向楚王國侵略。越部落一旦有了力量，同樣立刻向吳王國侵略，蠻族永遠嚮往高度文明的花花世界，身不由主。史書上沒有記載越部落是啥時候攻擊吳王國的，但國際上最激烈的交鋒，恐怕發生在兩國之間的次數最多。吳越之間，跟吳楚一樣，邊界上幾乎一直發生衝突。

比起斷髮紋身的吳王國，越部落的文化水準，更等而下之。但傳統的「正史」，仍是老毛病，給他裝上一個漢民族的名人。

史記曰：

「越王……其先禹（姒文命）之苗裔，而夏后帝（姒）少康之庶子也。」

姒少康先生以「少康中興」的功業，名垂千古，爲啥把一個兒子搞到那麼遼遠的蠻荒地帶乎耶？（比吳太伯先生跑得更遠，跑得更早。）只爲姒文命先生的墳墓在焉。

吳越春秋曰：

「禹（姒文命）周行天下，還歸大越，登茅山（江蘇省句容市）以朝四方群臣，封有功，爵有德，崩而葬焉。至（姒）少康，恐禹（姒文命）迹宗廟祭祀之絕，乃封其庶子於越。」

這位庶子，據會稽記說，名姒於越，「於越」兩字，遂成爲部落的名字，久久之後，方塊字加單音節，「於」字取消，只剩下「越」字矣。

——這種見了神仙就喊娘舅的幹法，是古史學家偉大的傳統之一，事實上紀元前二十二世紀時，姒文命先生出巡的會稽，不是現代的浙江省紹興市，而是河南省伊川縣。姒文命先生就死在伊川縣，葬在伊川縣。跟紀元前六世紀（相距一千六百年）越部落的會稽，三百竿子都搭不上線。然而，這是有考據癖朋友的事，不在我們討論範圍。

我們討論的是，吳越之間兵連禍結。

紀元前五四八年，吳王國第二任國王吳諸樊先生戰死，依照老爹吳壽夢先生的吩咐，二弟吳餘祭先生繼承王位。史書上對他幾乎沒有記載，只記載他跟越部落的最後一戰，這一戰不過是兩國間纏鬥不休的一個小小戰役，卻導致事變。

吳餘祭先生繼位後五年（前五四四），曾對越部落發動攻擊，史書上沒有說明在啥時候和啥地方發動攻擊，只是戰果豐富，捉回了很多俘虜，其中有一個名字叫「焉」的傢伙，用作看門的人，派到吳餘祭先生乘坐的御船上。有一天，吳餘祭先生在他御船上休息，這位焉先生突然撲上去，衛士們急起阻攔，焉先生的刀子已戳進吳餘祭先生的肚子，一命告終。

左傳：

「吳人伐越，獲俘焉，以為閽，使守舟。吳子（吳王）（吳）餘祭觀舟，閽以刀弒之。」——有人說「焉」不是人名，而是「多」字之誤。我們不去鑽這個故紙堆，因為不影響主題。

這位焉先生的結局可以斷言，不是剎那間死於亂刀之下，就是慢慢的接受酷刑。刺殺君王仍能逃命的，歷史上只不過一二人而已。焉先生當面行凶，必不可免。他所以行凶的原因不詳，可能基於國家意識，也可能他不堪虐待，與暴君同歸於盡。左傳竹添光鴻先生（日本人）「箋」論之曰：

「夫置戎首於臥榻之旁，未有不速禍者。推赤心以待人，如劉秀之按行銅馬營，郭子儀之單騎退虜，豈易易者。故來歙、費禕，禍皆不旋踵也。則刖（斬十趾）俘以守舟，驕忽尤足戒焉。」

看情形，吳餘祭先生是把焉先生十個腳趾砍斷後，仍要他做苦工，怨毒深矣。

國家圖書館出版品預行編目資料

帝王之死：可怕的掘墓人・忘了他是誰 / 柏楊作 .
-- 二版 . -- 臺北市 ： 遠流， 2016. 02
面 ； 公分 . -- (柏楊精選集；38)
ISBN 978-957-32-7787-3(平裝)

1. 中國史 2. 野史

610.4 105001443